百年生物 继火传薪

王 兰 田在宁 主编

南开大学出版社

天津

图书在版编目(CIP)数据

百年生物 继火传薪 / 王兰,田在宁主编. —天津:
南开大学出版社,2023.4
ISBN 978-7-310-06395-6

Ⅰ. ①百… Ⅱ. ①王… ②田… Ⅲ. ①南开大学—生
物学—专业—校史 Ⅳ. ①G649.282.1

中国国家版本馆 CIP 数据核字(2023)第 003988 号

百年生物 继火传薪
BAINIAN SHENGWU JIHUO CHUANXIN

南开大学出版社出版发行
出版人:陈　敬
地址:天津市南开区卫津路 94 号　　邮政编码:300071
营销部电话:(022)23508339　营销部传真:(022)23508542
https://nkup.nankai.edu.cn

天津创先河普业印刷有限公司印刷　全国各地新华书店经销
2023 年 4 月第 1 版　2023 年 4 月第 1 次印刷
240×170 毫米　16 开本　22 印张　2 插页　381 千字
定价:130.00 元

如遇图书印装质量问题,请与本社营销部联系调换,电话:(022)23508339

《百年生物　继火传薪》编写组

主编：王　兰　田在宁

编委：由　佳　王一涵　李鹏琳　禹秋成　王天皓

序

　　南开生物学科是南开大学建校之初最早设立的学科之一，1922年建立生物学系，2022年10月将迎来学科百年，一百年弦歌不辍，一百年风雨兼程，一百年爱国奋斗，一百年矢志育人。南开生物学科在百年发展历程中始终秉承"允公允能，日新月异"的校训精神，弘扬"爱国、敬业、创新、乐群"的优良传统，为民族振兴、国家富强、科技创新做出了重要贡献，成为我国生命科学人才培养和学术研究的重镇。

　　"所谓大学者，非谓有大楼之谓也，有大师之谓也"。学科之基，师资为要，南开生物学科自创立伊始即面向全球延聘顶尖学者，第一位教授钟心煊先生毕业于美国哈佛大学，李继侗先生是在美国耶鲁大学获得林学博士学位的第一位中国人。以钟心煊、应尚德、李继侗、熊大仕、萧采瑜、顾昌栋、綦秀蕙、刘毅然、崔澂、戴立生、周与良等为代表的一大批知名学者不仅是南开相关学科的开创者，也是我国多个学科领域的奠基人。鹤发银丝映日月，丹心热血沃新花，正是由于一代代学科先贤躬耕教坛，悉心育才，始有学子芊芊，英彦蔚起。百年来，南开生物学科走出了一大批国之栋梁，业界翘楚。

　　值此学科百年之际，全面梳理发展历程，系统整理重要人物事迹，广泛搜集反映师者风范、校园生活、学术传承、励志成长的文字记录十分重要，《百年生物　继火传薪》编撰之初衷正源于此。

　　该书分为学科先贤、院士校友、校友回忆、校友代表访谈录、在校生征文五个部分。其中，学科先贤部分选取11位创立学科方向的老前辈，以小传或简介的形式呈现他（她）们的生平事迹；院士校友部分选取4位曾经在南开大学生物学系学习或进修的中科院院士进行介绍；校友回忆部分选取了21篇校友的回忆文章；校友代表访谈录，专门成立由在校生组成的访谈记者团，对代表性校友进行访谈，成文16篇；在校生征文收录10篇由优秀在校研究生和本科生撰写的讲述个人成长故事的文章。

　　通过这些文字记录，我们可以真切地感受到前辈先贤立教创业之初心，勇往直前之气概，感受到生科校友身上浓郁深厚的爱校意识和公能日新的南开精神，感受到在校生积极向上之蓬勃朝气与青春力量。

　　《百年生物　继火传薪》自 2021 年 10 月开始策划，生命科学学院党委副书记兼副院长王兰和药物化学生物学实验室副主任田在宁（生命科学学院原副院长）负责此书的整体内容编排、材料整理、校友联系、文稿校对等工作，学校团委由佳、王一涵、禹秋成、李鹏琳、王天皓与 20 余名学生记者负责线上校友访谈及后期访谈录撰写工作。

　　学院希望《百年生物　继火传薪》能为全体南开生科人奉献一份精神食粮，以进一步传承、弘扬南开精神。受资料搜集条件的限制及部分教师、校友个人意愿因素的影响，编者无法完成全部代表性老师和校友的访谈工作；同时，由于时间、精力和能力水平所限，该书难免存在错误和疏漏之处，恳请各位师生、校友批评指正。

　　是为序。

谢桂玲

2022 年 9 月 20 日于南开园

目　录

第四部分　校友代表访谈录

第五部分　在校生征文

第一部分　学科先贤

钟心煊

　　钟心煊（1892—1961），字仲襄，江西南昌人，早年入南昌私立心远中学、南昌公立江西高等学堂读书，1910 年夏考取清华学校首届留美预备班，先后在美国伊利诺伊大学、哈佛大学学习，1920 年获植物学硕士学位，毕业论文《中国木本植物名录》，这是中国早期植物学重要文献之一，常被引用。在美国留学期间，钟心煊就有志于从事理科教育，并购置了许多相关图书和仪器带回国内。1920 年获得硕士学位后，当年即回国应聘南开大学，是南开大学第一位生物学教授，开设"植物学初步"等课程，并悉心规划生物学科的建设和发展，在南开期间还翻译了英国植物学家亨利·威尔逊的文章《台湾樟脑业之现状与未来》，后因天津冬季气候寒冷，难以满足其对热带植物研究的需要，1922 年离开南开大学，转赴厦门大学任教。1922—1931 年任厦门大学教授，1931 年转任武汉大学教授，1961 年逝世。

　　1916 年，钟心煊即在我国早期科学启蒙刊物《科学》杂志上积极介绍科学知识，是该刊物的特约撰稿人。发表了多篇与现代微生物学有关的文章，在《食物保存与微生物之关系》译文中，他首次向国人系统地介绍食品防腐的原理和方法。《裂殖菌通论》一文，证明他是最先向国人系统介绍细菌知识的科学家之一，在该篇近万字的文章中，他将 bacteria 一词译为"裂殖菌"，并认为日本通行使用的"细菌"一词国人不必沿用，但应熟识其含义（今天看来，此观点不无道理。一个"细"字，怎能表达 bacteria

特征，不如"裂殖菌"可以从增殖方式上概括其主要特征，可惜约定俗成，再也难变了）。在该文中，钟心煊介绍了细菌的发现史，细菌的分布、形态、繁殖方式、分类、营养与生理，以及细菌与人类的关系。在谈及裂殖菌与人类关系时，他指出："盖裂殖菌之能致病者，最占少数……多数之裂殖菌，均直接或间接有益于人类，向使世界无裂殖菌，则人类与他种生物之能生存与否，是一大可疑之问题也。"在该文中，笔者发现他使用了"微生物"一词作为裂殖菌的同义词，且认为"裂殖菌又常误作霉菌。按霉菌属于藻菌类（Phycomycete）之霉菌科（Mucoraceae，此词现译为毛霉科），与裂殖菌无涉"。这是 20 世纪初将细菌与微生物等同视之的西方科学界的普遍看法。从现有资料来看，他可能是最先使用"微生物"一词的科学家。

　　钟心煊教授回国后，一直从事大学的教学工作。在教学过程中，也曾指导学生进行科学研究，内容主要是有关植物学的。他的众多学生中不少人后来成为颇有成就的大学者，其中包括曾呈奎、杨弘远等中国科学院院士。他亲手创建了武汉大学植物标本馆，该馆迄今已收藏标本 20 余万件，是闻名海内外的中国植物标本馆之一。

　　钟心煊教授从事与微生物有关的科学研究，包括"武汉水生真菌研究""松树和栎树的菌根研究""曲霉属菌研究""几种熟悉的四川植物菌根研究""中国产青霉菌产生抗细菌物质的研究""非豆科植物之共生固氮细菌之研究"等。他利用武汉大学附近东湖的条件开展的武汉水生真菌研究，是我国在该领域的开创性工作（可惜没有正式发表文章）；结合自己对木本植物的研究专长，分别指导学生李良凤在 1944 年、欧惠春在 1955 年研究菌根，也是我国学者开展菌根实验研究的先驱；1942 年他指导学生胡玉连对非豆科植物之共生固氮细菌的研究，同样是我国较早的记录。抗战期间，武汉大学内迁乐山，为解决战时的物资匮乏，他指导学生施有光研究当地的食品发酵用霉菌，利用它们酿造出优质醇香的酱油，深得当地消费者好评。

　　1935 年钟心煊教授与戴芳澜一起，被当时在荷兰菌种保藏中心做访问研究的方心芳推荐，成为该中心的国际赞助委员会委员。认识钟心煊的人都记得，钟老瘦高个儿，戴一副黑框眼镜，喜着一袭长衫。他表情严肃，目光坚毅，除酷爱读书外，别无爱好。他严谨治学，专心从事教学和科研，淡泊名利，尽管他亲自完成的或在他指导下由他的学生完成的研究成果并不少，但他公开发表的论文不多，然而公开发表的著作却绝少疏漏，经得起时间的检验。

文章作者：青宁生

应尚德

　　应尚德（1887—？），字润之，浙江奉化人，早年在上海求学，毕业于上海中西书院，后赴美国留学，先后获得胡思托大学学士学位、哥伦比亚大学硕士学位，毕业后回国在南京私立金陵大学任教授。1919年"五四运动"爆发后，南京学界组成联合会，应尚德担任会长，与陶行知等共同领导南京学界游行和罢课，抗议北洋政府卖国行为。1922年离开金陵大学，受聘南开大学教授。1926年弃教从商，就任美国纽约裕黔公司经理一职，后任京奉铁路山海关工厂协理、津浦铁路管理局秘书等。1948年去职后定居美国（1930年后从事外交工作）。

　　在南开大学期间，适逢南开大学生物学系建立，应尚德担任首任系主任，他不仅亲自讲授理论课程，还非常重视实验课的设置，逐步为生物系建立起较为完整的课程体系。

　　生物学系最初设在思源堂，思源堂一共三层，是南开大学理科所在地。首层是化学系和算学系，中层是生物系，第三层是物理系。

20 世纪 20 年代生物系实验室

20 世纪 20 年代生物系标本室

　　根据 1923 年 6 月出版的《天津南开大学一览》中关于课程设置的介绍，应尚德教授共开设课程 11 门，其中生理学及卫生学、普通生物学、无脊椎动物学、脊椎动物学、普通植物学、植物分类学等都是一学年的课程，每周授课 2 小时，后 4 门课每周各有实验 3 小时；动物组织学、动物胚胎学、植物生理学、植物组织学各讲一学期，每周授课 1 小时，实验 3 小时；遗传学每周授课 3 小时。

文章作者：田在宁

李继侗

　　李继侗（1897—1961），江苏兴化人，生于 1897 年 8 月 24 日，1912 年就读于上海青年会中学，两年后转入圣约翰大学附中。1916 年考入上海圣约翰大学，1918 年由于家境贫寒，财力不支，转入可获得奖学金的南京金陵大学林科学习。1921 年毕业后考取清华学校公费留美，1925 年获得美国耶鲁大学林学博士学位，1926—1929 年任教于南开大学生物学系并担任系主任，为生物学系早期发展做出突出贡献。1929 年起任清华大学教授，1937—1945 年担任西南联合大学生物学系系主任。1952 年全国高校院系调整后，由清华大学调任北京大学任教，1955 年当选中国科学院首批学部委员（院士），1957 年起参与筹建内蒙古大学并担任副校长直至 1961 年逝世。

　　李继侗先生是一位爱国的教育家和杰出的生物学家。他于 1926—1929 年在南开大学生物系执教，并任系主任，为南开大学生物系的创办和发展做出了贡献。他毕生从事植物学、植物生理学、植物生态学及地植物学的教学及研究工作，是这些学科的主要奠基人之一。同时，他还培养了许多知名的专家和学者。上海中科院植物生理研究所所长殷宏章教授、北京农业大学校长娄成后教授均是李继侗先生在南开大学任教时培养出来的弟子。

　　抗日战争爆发后，李继侗随清华大学迁到长沙。在长沙由清华、北大、南开三所大学组成临时大学。由于战火继续蔓延，1938 年 2 月临时大学不得不由长沙继续南迁到昆明。在南迁过程中，李继侗先生放弃坐船的待遇，

① 南开大学办公室. 南开人物志：第一辑[M]. 天津：南开大学出版社，2016.

不顾自己生病，随同闻一多、曾昭抡、黄子坚等教授带领 200 余名师生，跋涉 3000 余里，历时两个多月到达昆明。临行前，李继侗写信向家人表示："抗战连连失利，国家存亡未卜，倘若国破，则以身殉。"这一豪言壮语充分体现了李继侗深厚的民族感情和强烈的爱国主义情操。1938 年 5 月 4 日临时大学改名为"西南联合大学"。在西南联大任职期间，他不辞辛劳，勇挑重担。别人做不了的他做，别人不愿干的他干，先后担任先修班的班主任、生物系的系主任、合作社的经理以及校景委员会的主席。热心公益、公而忘私。抗战胜利后，李继侗先生担任清华大学校景委员会主席及公费救济委员会主席，直接参与学校的行政管理。

1949 年李继侗先生同全国人民一样，以无比喜悦的心情迎来了中华人民共和国的成立。他热烈拥护共产党，积极工作。当时为向苏联学习，探索米丘林学说的真谛，他虽年逾半百，仍用惊人的毅力开始刻苦学习俄文。仅用一年的时间，就能翻译原著及有关俄文资料。1952 年，全国高校院系调整，李继侗先生随同清华大学生物系调整到北京大学，继续担任植物学教研室及地植物学教研室主任，负责教学和科研的领导工作，为北京大学生物系的发展贡献了自己的力量。

1957 年为支援边疆建设，他虽已年届花甲，又患病卧床，毅然挂着拐杖，带着全部的植物学资料，亲自率领北京大学生物系部分教师，来到内蒙古大学任教，他组建了内蒙古大学生物系的地植物学教研室及草原生态研究室，肩负内蒙古大学副校长的重任。他带领全教研室的教师历尽艰辛，对内蒙古草原的植被进行了全面的调查，并参与了科学院综合考察队对黑龙江、宁夏、内蒙古、甘肃、青海等地区植被状况的考察。经过艰苦细致的工作，掌握了这些地区草原植被的第一手资料，为内蒙古草原的开发建设做出了贡献，不愧为"今日昭君"。

李继侗先生为事业执着地追求，不断地求索，在学术上颇有造诣，是国内外享有盛名的学者。他于 1955 年当选为中国科学院学部委员，并担任常委，又兼中国科学院植物研究所研究员。他为了教育事业的发展，为了我国经济建设的繁荣，顽强地拼搏，从而赢得了人民的信任。1959 年他被推选为第二届全国人民代表大会代表，周恩来总理曾亲自接见过他，给了他极大的鼓舞。不幸的是正当大家需要在李继侗先生的领导下，为改变内蒙古的面貌而继续奋斗的时候，他却由于日夜操劳，积劳成疾难以治疗，于 1961 年 12 月 12 日与世长辞，享年 64 岁。一代宗师将自己的毕生精力和学识，贡献给了我们国家伟大的科学教育事业。

为人师表　治学严谨　为教育事业的发展鞠躬尽瘁

李继侗先生一生热爱教育事业，全身心地投入教书育人当中，为发展我国教育事业呕心沥血。1926 年他受聘到南开大学生物系时，适逢生物系刚刚创建不久，师资力量非常缺乏，实验设备又十分简陋，但他不畏困难，一个人承担了讲授生物系全部课程的任务。除普通生物学、植物学、植物生理学及植物解剖学外，还兼任动物学方面的课程，如无脊椎动物学、比较解剖学以及进化论等。这些课程并非他的本行。为了讲好这些课，他要用更多的时间进行准备，还亲自准备实验，亲自带实验课，不辞辛苦，难能可贵。正是在这样的条件下，通过他勤奋忘我的工作，精细的观察和机敏的思考，于 1927 年和他的学生殷宏章一起用气泡计数法发现了光合作用的瞬间反应。后来又经过反复的实验，于 1929 年在南开大学写出了《光照改变对光合作用速率的瞬间效应》，并在英国《植物学年鉴》（Annals of Botany）第 43 卷上发表。30 年后，当西方学者发现瞬间效应（Blinks，1957）和双增光效应（Emerson，1958）以后，才注意到，原来李继侗先生是瞬间效应的最早发现者。自此，李继侗先生的工作获得了应有的地位。在南开大学期间，李继侗先生还进行了有关植物吸水力的科学研究，并于 1929 年写成了《气候因素对吸水力的影响》的论文，发表在国外期刊上。该项研究强调了环境因子对植物生理作用的影响，在当时植物生理的研究上是较新的方向，也是向生态生理学方向迈出的第一步。当时，国内在这方面关注的人很少，就是在国外，对这方面的研究人也不多。李继侗先生在南开大学生物系仅仅工作了三年时间，但由于他勤奋忘我地工作，在教学和科研方面取得了突出成绩。

李继侗先生对基础课非常重视，他经常对同学们讲："对青年来说，基础越好将来越有希望。不应把学生培养成各式各样的面人，而应把他们培养成面团，从而适应各种需要。"他亲自讲授多门基础课程。他的教学态度认真负责，讲课方式深入浅出，生动易懂，即使对实验课也同样要求极严，亲自指导，而且实验报告也要求学生字迹工整，时刻注意对学生的基本功训练。他对考试成绩从不迁就，即使 59.5 分也不予通过。他为人耿直，不徇私情，当时他的儿子正在他所主持的先修科学习，先后读了三届，直到成绩合格方才允其升入大学。由于他治学严谨，因此深受师生们的敬仰。

李继侗先生在教学中非常重视实践、重视理论联系实际、重视调查研究，人们经常看见他在实验室做实验，就连星期天也没有空闲。他总是用新的实验成果丰富课程内容，因此他讲课深受同学们的喜爱。他讲授植物生态学，为了能把课讲得形象，每年利用暑假到各地采集标本，在北京他跑遍了香山、八大处、妙峰山、潭柘寺、南口、八达岭和百花山等地。在昆明，他跑遍了整个西山，采集了许多珍贵标本，把课讲得生动诱人、条理清晰，效果极好。为了理论联系实际，搞好教学，李继侗先生从 1952 年到 1956 年多次领导和参加海南岛橡胶树林地综合考察、黄河中下游水土保持综合考察、河北坝上草原以及内蒙古草原的考察等，他的足迹踏遍了大半个中国，却从未考虑过个人的生活是否安逸。为了提高教学质量，为了给国家培养合格人才，更为了国家的经济建设，他不顾自己年事已高，体弱多病，经常奔波于荒山野岭，这种忘我的工作热情，深深地感染着周围的师生，使他们由敬佩到模仿。

李继侗先生平易近人，非常关心学生。1946 年，清华大学迁回北京复校，看到学校被破坏得不像样子，他便亲自带领工人一起美化校园，亲自种花植树，常常弄得满身灰尘。当时他还负责学生公费的分发，虽然工作繁杂，但他不厌其烦，秉公办事，处处从学生的切身利益着想，深得学生信赖。看到学生生活有困难，李继侗总是倍加关心。抗战时期，有的学生和家乡断绝了联系，失去了经济来源，为了使这些学生能继续求学，李继侗先生想方设法从经济上帮助他们。有时用自己省下来的钱帮助学生，对学生的关心胜似亲人，深受学生们的爱戴。

李继侗生活非常朴素，衣食住行从无奢求，常穿粗布鞋，旧布衣，一件衣服穿了又穿。星期天或节假日很少出去游玩，总是把休息时间用于工作，经常见到他坐在一张旧书桌前全神贯注地钻研业务。

李继侗严于律己，宽以待人。每次和学生一起外出考察，总是和学生同吃同住，从不搞特殊，与学生关系融洽。但在业务上，他对学生要求很严，野外工作一律步行，还要自背行李，并且要依从林学家的训练，走山路速度要快，并要求少喝水，培养同学能够吃苦。李继侗自己从不例外，处处起表率作用，凡和他一起工作过的师生无一不心服口服。

毕生从事植物生理及生态学研究　为国家经济建设做出贡献

李继侗最早从事森林生态学研究，1921 年就对我国青岛地区进行过森林资源考察，并发表论文《青岛森林调查记》，这是我国第一篇有关森林生态学的文献，为后来进一步进行森林生态学的研究打下基础。李继侗先生基础知识深厚，在长期教学工作的同时，一直从事生理及生态学的研究。他从 1928 年开始从事植物生理学研究，仅五年的时间，就发表了十余篇论文，如《强烈日光对树木幼苗的影响》《燕麦子叶去尖后之生理的再发作用》《光与银杏叶子的发育》《银杏 Ginkqo-bibba 胚的发生》《温度与银叶胚的发生》等，他认为"银叶胚在体外生长率为未去尖前之生长率的 84%—120%。40 厘米以上子叶去尖后，此种作用之强度骤减"。他的这一结论具有创造性，对后来植物生理学的生长素研究具有重大意义。

20 世纪 30 年代以后，李继侗先生又开始从事植物生态学及地植物学的研究工作，发表论文《植物气候组合论》，这是我国最早的一篇植物区划论文。

李继侗先生主张科学研究要服务于国家的经济建设，要解决生产中存在的问题。从 20 世纪 50 年代开始，他便对全国各地进行考察。当他考察了北方山地以后，竭力反对山地开荒，认为山地开荒，平川遭殃。他提出要大力造林，保护山地环境，要发展木本油科与板栗等干果，向木本植物要油粮的主张。当他考察了黄土高原以后，看到了由于掠夺式利用资源而引起的水土流失，非常痛心，便提出了要培育当地的优良草种，保持水土，以恢复地力的意见。当他对内蒙古草原进行考察以后，认为这是一块宝地，提出了要培育当地优良品种，扩大人工草地的面积，以提高草原生产力。当他考察了河套平原以后，极力反对盲目开垦，滥灌不排的做法，明确提出要排灌配套，防止次生盐渍化的发生，等等。由此可以看出，李继侗先生的科研方向是与国家的经济建设紧紧结合在一起的。1956 年李继侗先生参与了我国《十二年科学技术发展规划》的制定，为我国科技腾飞献计献策。

李继侗一生从事教育和科研工作，勤勤恳恳，廉洁正直，为培养人才，为国家的经济建设奋斗了一生。他将名垂千古。

文章作者：阎家本　白玉华

熊大仕

熊大仕（1900—1987），江西南昌人，兽医学家、寄生虫学家，中国兽医寄生虫学奠基人，中国现代兽医教育先驱者之一。1930年毕业于美国艾奥瓦州立大学，获兽医学博士学位，1930—1935年任南开大学生物学系教授兼系主任，1936年起任四川省农业改进所技正兼畜牧兽医组主任，并兼任中央大学教授，1946—1949年，任北京大学农学院教授，兼任兽医系主任、农学院秘书长、代理院长等，1949年起，任新成立的北京农业大学教授，并先后兼任兽医系主任、学校秘书长、总务长等职。

1914年，熊大仕在江西南昌中学就读时，以优异成绩被选送到北京清华学校留美预备班学习，1923年，他赴美国留学，入艾奥瓦州立大学兽医学院学习，1927年毕业，获兽医学博士学位，继又在该校理学院深造，1928年和1930年，分别获得科学硕士学位和哲学博士学位。在美国求学期间，就开始从事马寄生虫的研究，查阅和搜集了大量有关寄生虫学的资料，并将有关马属动物寄生线虫圆形科、毛线虫科的资料汇集起来，这不仅为研究工作积累了颇有价值的文献，而且也为研究中国马属动物寄生线虫提供了非常珍贵的参考资料。

1930年，熊大仕学成回国，任南开大学生物学系教授兼系主任，开设的课程包括：普通生物学及实验、动物学及实验、无脊椎动物学及实验、生物学研究方法、脊椎动物学、胚胎学及实验、组织学、原生动物学及实验、寄生虫学、生物学讨论课等。研究重点转为对牛羊第一胃共生纤毛虫的钻研，取得了很多重要成果，《中国蛙类及淡水鱼类吸虫之调查》《马科寄生原生动物之调查》，分别发表在《静生生物调查所汇报》第五卷和第六卷。关于纤毛虫的研究，奠定了离体培养纤毛虫，进而研究"人工瘤胃"和利用粗纤维做家畜饲料的基础。时至今日，在这一重要课题中，他的著述仍然是最重要的基础文献。

20 世纪 40 年代，他专心从事线虫学研究，其论述引起苏联学者的重视，并转载于苏联科学院编著的《线虫学基础》第七卷中。50 年代，他对结节虫研究的论文，是中国研究结节虫最系统、最完整的文献。60 年代以后，他领导了两项具有重要意义的课题研究，均取得了重要成果。一是猪肾虫病研究，取得了从形态学、分类学、生活史到流行病学、病理学与防治等多方面一系列成果，在国内外均处于领先地位；二是对鸡球虫病的研究，他是中国鸡球虫病研究的开拓者，所获成果对中国大规模养鸡事业的健康发展具有十分重要的作用。

抗战胜利后，熊大仕返回北京，1946—1949 年，任北京大学农学院（中国农业大学前身之一）教授，并先后兼任兽医系主任、农学院秘书长、代理院长。1949—1956 年，他还先后担任学校秘书长、总务长、科学研究部副主任等职。为三校合并（北京大学农学院、清华大学农学院和华北大学农学院于 1949 年 9 月合并为北京农业大学），为新型农业大学——北京农业大学的建设与发展，他付出了辛勤的劳动。1950—1987 年，他还担任过中国农学会常务理事，中国畜牧兽医学会副理事长、名誉理事长，北京市第一届科学技术协会副主席，农业部第一届学术委员会委员，《中国兽医杂志》主编，第三届、第四届、第五届、第六届全国政协委员等职。

中华人民共和国成立后，熊大仕一直致力于马属动物寄生线虫、反刍动物寄生线虫、猪肾虫和鸡球虫等方面的研究，对解决中国家畜、家禽寄生虫病害问题做出重大贡献。其中，"中国马属动物圆线虫的区系分类与地理分布研究"，荣获 1980 年农业部技术改进一等奖。

猪肾虫病是猪的一种寄生虫病，它先是在长江以南地区流行，后向北方地区逐渐侵蚀，严重威胁养猪事业的发展。为了控制这种寄生虫病的蔓延，年过六旬的熊大仕冒着酷暑，多次奔波于广西、江西等南方 5 省，亲临一线指导工作，组织并主持有兽医科技工作者参加的调查研究，积极攻关，终于搞清了猪肾虫病的病原体和病原体生活史，以及流行病学、致病作用等方面的问题，提出了一整套行之有效的防治措施。

20 世纪 60 年代初期，中国养鸡业还很不发达，但熊大仕已开始考虑中国养鸡业如何走发达国家规模化养鸡的道路这一问题。而规模化养鸡，鸡球虫病的防治则非常关键，应该摆在极为重要的位置，并应提前进行研究。因而，他提出了鸡球虫的研究课题，这是一项极具前瞻性的思忖。他带领课题组的成员进行了鸡球虫病病原体、流行病学及其防治等方面的研究，对鸡球虫病有了明确认识和深入了解，提出了行之有效的防治措施。这对中国家庭养鸡和大型鸡场规模化养鸡防治鸡球虫病都具有重要的指导意义。如今，每一个大型鸡场的每只鸡、每一天都离不开抗球虫药投饲，否则可能会出现毁灭性后果。抗球虫药的研发、生产已成为国际各大药厂的大事，中国农业大学寄生虫学教研室在这一课题的研究和防治实践方面一直处于领先地位。在对鸡球虫病研究的同时，熊大仕还对兔球虫病、鸭球虫病等畜禽球虫病进行了广泛而深入的研究。

熊大仕强调搞科研要培养兴趣，即发现和揭示自然奥秘的兴趣。他说，小时候想知道蚂蚁怎样挖蚁穴，在瓶子里养过蚂蚁，虽不成功，但兴趣推动了他此后的学习和科研工作。他认为不应把研究获得的成果当作达到某些目的的手段，不应当把研究作为"敲门砖"。

熊大仕是中国现代兽医学教育事业的先驱者之一，也是中国兽医学教育蓝图的设计大师。他在去世前两天，还关心兽医学院的各项工作，兽医学教育和科技事业占据了他整个心思。

熊大仕为人正直、胸怀坦荡、光明磊落、高风亮节，他学识渊博、治学严谨、一丝不苟、实事求是，他严于律己、认真负责、平易近人、诲人不倦。他对助手和学生要求严格，注重深入思考和独立工作能力的培养。他当兽医系主任几十年，总是以大局为重，从整体出发。兽医学家王洪章教授曾多次说过，熊大仕先生当系主任几十年，没有把兽医系办成寄生虫系，一语概括了熊大仕的高尚品德，堪为后人的良师和楷模。

熊大仕热爱祖国、热爱人民，关心社会主义各项事业建设。他为中国兽医事业辛勤耕耘了半个多世纪，倾注了全部精力。他无私奉献的崇高精神和高尚品德，永远值得后人纪念和学习。

文章作者：刘建平

萧采瑜（1903—1978），字美西，别号美洗，山东人，昆虫学家，中国昆虫学研究的先驱之一，中国盲蝽、缘蝽、姬蝽、猎蝽等科分类研究的开拓者，为我国昆虫分类学事业发展和人才培养做出了重要贡献。早年毕业于北京师范大学，1941 年获得美国艾奥瓦州立大学博士学位，先后在俄勒冈州立大学、华盛顿国立博物馆和美国海军部工作，1946 年受聘南开大学生物学系教授并担任系主任，曾兼任中苏友好协会秘书长、天津市生物学会理事长、天津市自然博物馆馆长等，1978 年逝世。

一、由贫苦农民的儿子到美国生物学博士

萧采瑜，1903 年 7 月 25 日出生于山东省胶南县的农民家庭。幼年家境贫寒，但其聪颖过人，6 岁时就读于村中小学校，10 岁时参加全县初级小学生会考，以优异的成绩名列全县榜首，成为全县闻名的少年才子。少年时期的萧采瑜以穷人家孩子早熟的灵性、悟性和顽强意志，心怀强烈的求知欲望和学习热情，既务农又读书，积极谋求升学的机会。小学毕业后，家庭无力供给他继续升学的费用，但数年后，他以初中同等学历的优异成绩，得到公费生待遇，进入山东济南第一师范学校。1925 年师范学校毕业时他已年满 22 岁，比常规的毕业生年长三四岁。由于他的学业优异，又勤奋好学，学校特准他报考师范大学。同年萧采瑜考入北京师范大学预科，

① 南开大学办公室. 南开人物志：第二辑[M]. 天津：南开大学出版社，2016.

两年后转入该校英语系。1931 年读完大学课程，获学士学位，而后在北京的中学任英语教员。1933 年他重新回到自己的母校——北京师范大学，在生物学系用一年半的时间修完生物科学方面的基础和专业课程，为他以后成为著名的昆虫分类学家和生物科学教育家奠定基础。

1935 年因受当时著名教育家陶行知教育思想的影响，萧采瑜应邀回到故乡山东，就任新成立的济南乡村师范学校校长之职。为该校初期的创办做出了重要的贡献。

1936 年他以纯熟的英语和雄厚的生物学专业基础考取山东省设立的公费资助赴美留学资格，并于同年赴美，入俄勒冈州立大学农学院，主攻昆虫学。在他入学不久，日本侵略者的铁蹄踏入了他的家乡，山东军阀韩复榘的不抵抗主义，使齐鲁大地大片的国土失陷，他赖以学习生活的公费资助中断。于是他又一次采用在北京求学时的半工半读方式完成学业，1938 年以优秀的成绩获该校农学硕士学位。

意志坚强的萧采瑜并不因此满足对知识的追求和停止对攀登科学高峰的渴望，他立即转入美国艾奥瓦州立大学动物与昆虫学系攻读博士学位，在著名的盲蝽科昆虫分类学家耐特（Knight）教授的指导下从事半翅目昆虫（盲蝽科）的分类研究，并于 1941 年获理学博士学位。

正当他学有所成，积极进行回国准备报效桑梓之时，珍珠港事件发生，美日正式宣战，太平洋海路交通断绝，报国无门。

二、在美国十年的辛苦与成就

20 世纪 30 年代中国的生物科学和农业科学研究几乎一片空白，根本谈不上创造性的研究。萧采瑜自幼酷爱自然，到美国后，更感到自然界丰富多彩，尤其是生物种类繁多，各具特色，对人类的发展有很高的利用价值。在他读农学硕士的过程中，在美国的许多大博物馆见到他们搜集了相当可观的中国昆虫标本供研究和观赏，而在自己的祖国则是一片空白。从消灭蝗虫保护农作物这种朴素的感情出发，他决心填补这一空白，把昆虫分类学的研究和应用作为终生奋斗的目标。他在美国看到中国的昆虫分类学由外国人研究、著述，感到不平，于是他选择了《中国盲蝽科昆虫分类》作为博士论文课题进行研究。因为盲蝽科是半翅目昆虫中种类最多、经济价值最高、分类最难的种群。如果攻克这一难关，将对全面研究中国的昆虫分类学奠定重要的理论基础。这一选择表明了他报效祖国的决心和科学家敏锐的洞察能力。尽管当时他只能利用美国各大博物馆中收藏的中国昆虫标本进行研究，使这项研究工作结果带有一定的局限性和片面性，但是他的这篇博士论文依然是中国人自己第一次对中国盲蝽科昆虫分类的全面分析研究报告。他博士论文的主要内容于 1942 年在美国《艾奥瓦大学学报》上发表，从此结束了没有中国人研究中国盲蝽科昆虫的历史，在 1939—1946 年间，他结合自己科学研究的主攻方向，还对东南亚和美洲地区的若干盲蝽科昆虫分类问题做了比较研究，此后发表了 10 余篇论文，引起学术界的重视，在美国昆虫分类学界崭露头角。萧采瑜这时又应聘回到他读硕士时的母校——俄勒冈州立大学任研究助理，跟他的导师继续进行昆虫分类学研究，其工作性质与现在的"博士后"相同。结束了两年的"博士后"生涯，他以卓越的研究能力受聘于美国国家自然博物馆任研究员。1943 年正值第二次世界大战在欧洲和太平洋进入决战的前夕，美国社会进入全民动员的临战状态，萧采瑜也不得不暂时结束他所热爱的昆虫分类学研究，去做与轴心国作战的后援工作。他应召到美国海军部医务局做研究员，从事太平洋地区传染病昆虫区系和流行病的调查研究工作，直至 1946 年回国前夕离职。这也是他在异国他乡为国际反法西斯战争胜利而做的一份贡献。

萧采瑜在美国的 10 年，由一个靠打工谋生计和求学问的青年成为头顶博士桂冠，身为教授的学者，其艰难与喜悦，只有他自己感受最深。战争即将胜利时，他就加紧搜集资料，整理行装，婉言辞谢美国两个母校出任教授的聘请，决心偕夫人、植物学家綦秀蕙女士和子女返回百孔千疮、多灾多难的祖国。赤子之心，毋庸言表。1946 年，这位远方游子，终于回到祖国的怀抱。

萧采瑜在美学有所专，成就卓著，但他心系祖国，表现出矢志不移的爱国和报国精神。这正是中华民族、炎黄子孙的精神脊梁和人格价值。

三、对中国生物科学发展的深谋远虑

萧采瑜的生活经历和求学过程非同寻常，极其艰难，这养成了他坚忍不拔的性格和执着追求理想的精神。在美国攻读学位时，他敏锐地意识到西方科学文献对中国科学体系的建立和发展具有特别重要的意义。科学本身的发展就是科学历史的延续，不了解前人创造性的科学研究成就，就不

可能有今人对科学发展的贡献，萧采瑜在自己的研究实践中深深地明白这个道理。他的《中国盲蝽科昆虫分类》博士论文，就是在外国人研究中国昆虫学文献和采集中国昆虫标本的基础上完成的，而又超过了外国人的成就。由于萧采瑜的学习始终是一个艰苦的自主、自强、自谋生计的过程，他更珍惜一点一滴来之不易的成就，从而培养出自己良好的科学素养和求实精神。他知道中国科学落后的根本原因是经济落后，西方国家众多的高等学府、图书馆、博物馆收藏着世界各国的科学图书和文献资料以及各种标本、实物，而中国却少得可怜。于是他十分重视搜集和整理生物学领域的专著和文献资料，为回国后发展祖国的生物科学事业和培养人才做准备。萧采瑜夫妇回国带回了他们多年辑录的一整套半翅目昆虫分类学研究的文献资料，其中最珍贵的是他亲自拍摄的缩微胶片和几十盒半翅目昆虫标本。

萧采瑜从事的昆虫分类学涉及种类极多，历史的文献资料异常丰富，其中包括若干早期的和某些绝版的经典著作。要把这些浩如烟海的资料搜集起来，带回祖国，谈何容易。他发现当时尚未广泛使用的缩微胶片摄影文献储存法，既可大量节省费用，又便于携带。他们节衣缩食，把省下的钱用来购买照相器材和设备，开始了广泛搜集资料的工作。萧采瑜还专门撰文总结自己收藏文献资料的经验。他指出用缩微胶片拍摄文献资料的办法是解决科学文化不发达国家图书资料短缺的可行途径，建议落后国家的学者可以采用这种省钱而又利于携带、储存的有效方法。这在当时信息储存技术尚不发达时，的确不失为一项有远见的意见。经过长时间艰苦的搜集资料和顽强拼搏的工作，共带回缩微胶片文献近 3000 篇，累计达 50000 页，还有 2000 余篇论文油印本和一大批昆虫分类学的专著书籍。这批资料文献是萧采瑜和夫人留学十年的全部物质与精神财富，为南开大学生物学系的恢复重建工作起了极其重要的作用，为他和他的学生们在中国昆虫分类学的学科建设和发展以及在南开大学建立昆虫分类学博士点中发挥了奠基作用。

四、为南开生物学系建设做出重要贡献

萧采瑜在众多的回国工作选择中，接受了南开大学的聘请，出任生物学系主任之职。当时的南开大学刚刚由昆明迁回天津，原校舍被日本侵略者狂轰滥炸已成一片废墟，而且当时内战不休、时局动乱、物价飞涨。在

极其艰苦的条件下，他临危受命，以他长期工读结合、不怕艰难困苦的精神，不辱使命，热情洋溢地进行生物系的重建工作。在经费和人员不足的情况下，与顾昌栋、刘毅然、綦秀蕙等教授一道，自己动手制作动植物标本、建立实验室，进行教学和研究工作，亲自担任多种课程的讲授和实验教学。由于他的身体力行、带头苦干，加之团结师生、毫不利己的学者和导师风范，使生物学系在短短的几年中初具规模，并成为重建最有成绩的系之一。

1949 年以后，党和政府非常重视教育和科学事业，萧采瑜真正感到实现科学理想、大展宏图抱负的机会到了，他更加勤奋地学习和工作，全身心地为生物学系的建设和发展呕心沥血，制定发展规划，积极筹建教学与科研相结合的动物生理和植物生理专门化，组织师生员工自制实验设备和外出采集动植物标本，并自行制作，积极扩建实验室和标本陈列室。在学校为生物学系新建的近 4000 平方米的大楼于 1953 年竣工迁入时，该系的实验室、标本室和教学科研条件令人瞩目。在全国的重点大学中名列前茅，吸引了相当多的访问和参观者，不少学校派专业人员来学习和取经，当年生物学系已有萧采瑜夫妇、顾昌栋夫妇、刘毅然、戴立生、周与良等七位具有美、英等西方国家博士学位的教授执教，这在南开大学理科各系中教授数量是最多的，并初步建立起教学、科研和三级学科门类较齐全的教师梯队。

20 世纪 50 年代初的萧采瑜意气风发，正值有为的壮年时期，除搞好本职工作外，积极参加利国利民、上下沟通、中外交流的社会工作，先后兼任中苏友好协会秘书长、天津市世界和平大会分会理事兼宣传部部长、天津市生物学会理事长、中国昆虫学会理事、河北省人大代表、河北省政协委员、天津市自然博物馆长等职。他对这些兼职工作依然是尽职尽责、尽心尽力，从不敷衍塞责，因此他不仅是学者，也是一位受人尊敬的社会活动家。

20 世纪 50 年代中期，在建系的各项工作初具规模后，他积极响应周恩来总理 1956 年初发出向科学进军的伟大号召，认真组织全系教师和高年级学生参与各自专长且感兴趣的研究工作，他自己则从繁忙的教学、系务和社会工作中挤出时间逐渐恢复已中断 10 年之久的专业研究——昆虫分类学。他常常利用午休、深夜和节假日的时间进行毕生追求的科学研究探索。

这一时期，由于萧采瑜把高度的爱国热情、报国诚心与本职工作紧密结合起来，表现出极大的无私奉献精神，从一个爱国者成长为具有共产主义理想、觉悟和道德情操的学者。1958 年中共河北省委特批他成为中国共产党党员，实现了萧采瑜多年的愿望。

"文革"期间，他遭受迫害，但只要能争取到一点工作的时间，他就埋头从事昆虫分类研究工作。他将从全国各地采集的数万个半翅目类昆虫标本，一个一个地在双目镜下分析研究，分出数百种盲蝽，成为我国盲蝽科昆虫分类体系的先导者，奠定了后继者进行盲蝽科分类研究的基础。

1973 年在他刚恢复工作不久，鉴于自己已经拥有全国范围内的大量标本收藏，他认为组织编写全面性的中国半翅目昆虫分类学专业书的条件已经成熟。于是，在出席当年于广州召开的"全国动物志会议"上，他提议编写一套具有我国特色的昆虫分类工具书。他认为这部书要便于昆虫分类检索，以"表"区分类别，每种昆虫要有形态描述和整体照相图。由于萧采瑜是我国昆虫分类学的先驱和开拓者之一，他的提议又具有重要的社会经济价值，自然具有科学性和权威性，受到与会者的赞同和支持并决定由他主编《中国蝽类昆虫鉴定手册》。其后几年，他不顾年老力衰，身体多病，更加努力地抓紧时间，广征各地昆虫资料，在助手们的配合下，于 1977 年完成了该书的第一分册《半翅目异翅亚目》。本册包括分属于龟蝽科、土蝽科、蝽科、同蝽科、异蝽科、缘蝽科、狭蝽科、跷蝽科、束蝽科等 9 科，742 个种类，其中有 93 个新种，72 个种类为我国的首次记录，附特征插图 1300 余幅，其中整体照相图 680 幅，计 50 余万字。萧采瑜在病重期间看到他毕生辛勤劳动的第一部专著出版，心情非常激动，特邀请参加编写工作的青年教师到他的病床前商量"手册"后几册如何编写的计划。他主编的第二册于 1981 年出版。本册包括分属于长蝽科、皮蝽科、红蝽科、扁蝽科、网蝽科、奇蝽科、瘤蝽科、猎蝽科、姬蝽科等 9 科，其中有 60 个新种，161 个种为我国的首次记录，附特征插图 1700 余幅，整体照相图 840 多幅，计 90 余万字。集萧采瑜毕生研究成就的这两本力作，均由我国权威的学术出版社——中国科学出版社出版。

1941—1989 年，萧采瑜先后在美国和中国的生物学杂志上发表了有关中国半翅目昆虫分类研究的论文 70 余篇，发现了 400 余个种上的昆虫新物种，填补了大量的学界空白，成为中国半翅目昆虫研究领域的重要开拓者和奠基人之一，其成果为世界同行学者所瞩目，并与 30 多个国家的 50 多位同行进行过资料和标本交换，还为外国鉴定了大量的蜻类昆虫标本。

萧采瑜教授用自己的毕生精力和工作实践，为人民的科学和教育事业，吐完了丝，流尽了汗，留给后人的是他的崇高精神、为人师表的学者和教育家的风范。

文章作者：曾涤

顾昌栋

顾昌栋（1909—1978），江苏吴江人。1933 年毕业于清华大学，先后在东吴大学、清华大学、湖南国立师范学院工作，1947 年起任南开大学生物学系教授，长期致力于动物学教学、吸虫分类和水产的研究工作，建立了吸虫的 3 个新属，发表涉及 27 个科的 115 个新种以及大量的宿主和地区新记录，并在我国首先开展海鱼的吸虫分类研究，填补了国内的许多空白。

一

顾昌栋，曾用名顾祥森。1909 年 7 月 2 日出生在江苏省吴江县同里镇，一个书香家庭。父亲顾永淦是中医外科大夫，行医乡里深受乡人的尊敬。1917 年，顾昌栋入同里区立同川小学上学，学校的校长、教员有三位是他家的叔伯，受到叔伯们的直接教育和严格要求，他幼小的心灵中暗暗种下了要努力奋斗、做出一番事业的种子，他发奋读书，立志将来报效国家。

1924 年，顾昌栋顺利地考入苏州工业专门学校附中。在校学习期间，他爱国热情高涨，曾参加过抗议帝国主义枪杀顾正红的宣传和游行活动。北伐胜利后，他投考了省立苏州中学，毕业后又考入浙江大学生物系，当时因该系没有教授，又仅有顾昌栋一名学生，因此一年后生物系停办，他于 1930 年考入清华大学生物系。

1931 年"九一八"事变后，全国人民奋起反对日本帝国主义对我国的

---

① 南开大学办公室. 南开人物志：第二辑[M]. 天津：南开大学出版社，2016.

侵略，顾昌栋出于对日本侵略军的愤恨，积极参加了学生的示威游行，并踊跃报名参加了清华大学学生会组织的南下请愿队，去南京要求政府对日宣战。

1933 年，顾昌栋于清华大学生物系毕业后，在苏州私立东吴大学研究院从事研究工作，同期在苏州中学高中部兼任生物学教员，这期间由于他酷爱寄生虫学，开始了对家禽吸虫分类的研究。

1935 年 8 月，顾昌栋到了北京，在清华大学生物系任助教。此期间他努力开展吸虫学的研究，同时编写了《新学制生物学实验教程》《普通生物学指导》《教学参考用普通生物学实验准备书》等教学用书。

1938 年秋，经西南联合大学介绍，顾昌栋去江西中正医学院任讲师及生物科主任，后来该校也内迁至昆明。

1942 年 8 月，顾昌栋离开中正医学院，与夫人潘次侬一同在赣州中正大学任教。当时赣州常有日本敌机轰炸，于是他转到蓝田国立师范学院任副教授，后又辗转迁至溆浦。

抗战胜利后，顾昌栋赴湖南南岳任国立师范学院教授兼博物系代理主任。后经人介绍于 1947 年到南开大学生物系，当时的南开大学刚刚从昆明迁回天津，生物系急需重建，顾昌栋积极协助系主任萧采瑜教授投入重建工作，并承担多门课程的讲授与实验，使生物系很快恢复原有的规模。

二

顾昌栋来到南开大学生物系后，担任动物教研室主任职务。他坚持教学和科研为经济建设服务，认为天津位于渤海之滨，九河下梢，这种天然的咸水、淡水以及咸淡水的环境，为发展水生生物和渔业水产提供了得天独厚的条件，他充分利用这一条件多次带领师生积极开展教学实习和生产实习。20 世纪 50 年代曾赴河北省金钟河下游的金溪河；60 年代曾先后带领师生赴张北县坝上安古里淖、黄盖淖，黄骅县的南大港（张巨河）以及白洋淀等，在咸淡水鱼虾养殖方面提出了许多有益的主张。顾昌栋最先率领师生开展了对虾人工孵化、梭鱼养殖以及长途运输鱼苗等水产方面的研究工作，为我国水产科学事业的发展做出了不懈的努力，同时培养了大量的人才。鉴于此，国家水产总局于 1977 年委托南开大学生物系承办"梭鱼、对虾、饵料训练班"，年近七旬的顾昌栋以满腔热忱积极投入教学，给学员讲"港养"，他的论文《河北省的咸淡水养殖业——港养事业》曾在四国渔业会议上发表，在国内外颇有影响。为更好地发展我国水产事业，他曾于1956 年创办了《咸淡水生物学丛刊》，搜集了师生多年来与生产实践相结合、具有天津地区特色的有关论文，为进一步开展咸淡水养殖事业研究做出了贡献。

三

顾昌栋学识渊博，生物学知识面很宽，尤其是动物学的教学经验丰富，曾教过动物学、脊椎动物分类学、脊椎动物比较解剖学等数门课程。他刻苦钻研教学内容，一丝不苟地编写教学讲义，教学态度十分严谨。他对本科生、研究生要求严格，考察方式既幽默又严肃，经常在讲课当中出其不意用小测验的方式来检查、督促学生勤奋学习。他对科学严肃认真的态度、刻苦钻研学问的精神为周围师生们树立了学习的榜样。

他对青年教师关怀备至，帮助他们提高业务能力。对青年教师在学术上提出的问题，他总是耐心地解答；对实验技术人员，他也非常爱护，帮助他们提高业务水平，给他们制定培养计划；对学生的提问，他更是有问必答。为了扩大学生的知识面，他从 6 种期刊里选出 20 篇论文作为动物学补充教材，取名"课外阅读论文选集"发给学生，此举受到广大师生的好评。这既增加了学生的课外知识，培养了其阅读期刊的浓厚兴趣，也在一定程度上帮助学校弥补了学生课外参考书的不足。

顾昌栋多年来在教学第一线辛勤耕耘，获得了累累硕果，他为国家培养了一批动物学方面教学、科研的栋梁之才，中国科学院动物研究所原所长王祖望、中国科学院海洋研究所原所长相建海、中国科学院昆明动物研究所原副所长熊江、中国科学院黄海研究所原副所长杨崇海、中国医学科学院实验动物研究所原副所长景绍亮等一批科研单位的中坚骨干以及一些高等院校的院系领导均系顾昌栋的学生，真可谓桃李满天下。

顾昌栋是我国最早开展家禽体内吸虫研究工作的学者。在清华大学任助教期间，他边教学、边写书，还兼做吸虫学的研究工作。抗日战争期间，学校迁到内地，他只要有条件便进行吸虫学的研究。来到南开大学生物系后，虽然他身体不好，但始终以顽强的毅力，坚持不懈地从事着他所热爱的事业——吸虫分类学的研究工作。

　　六十多岁的顾昌栋身患严重的脉管炎，腿痛得已不能从家走到生物系去上班，他便自带小板凳，在去系里的中途稍休息一下，以饱满的热情从事鸟类吸虫学的研究。他不仅从事鸟类吸虫的研究，而且扩展到其他领域，特别是扩大到海产鱼吸虫分类的研究。

　　在全国科学大会、全国自然科学规划会、全国教育工作会议精神的鼓舞与激励下，顾昌栋更加满怀热情地努力工作，为了发展天津市的科学研究事业，不顾自己年长体弱，四处奔走，就在他去世前不久，还热情地接待了他的老同学美籍华人牛满江教授，他期盼能在天津建立生物科学研究中心，带动南开生物学科的教学、科研工作的发展与提高。

　　顾昌栋教授一生孜孜以求、勤奋工作，他严谨治学的态度，诲人不倦的精神，热爱祖国、报效祖国的热忱及其丰硕的科研成果和高尚的品德值得我们后人永远怀念。

文章作者：杨竹舫　冯小品

綦秀蕙

　　綦秀蕙（1906—1996），山东利津人，1906 年 9 月生，1926 年毕业于山东省立女子师范学校，1933 年毕业于北京师范大学，并与当时在生物系进修的山东同乡萧采瑜结为夫妇。后回到济南，在山东省立女子中学担任生物教师。1937 年赴美留学，1940 年获得美国艾奥瓦州立大学植物学硕士学位，曾先后在美国俄勒冈州立大学和华盛顿博物馆工作。1946 年回国，任教于北京师范大学，1947 年受聘南开大学，任教于生物学系，主要从事植物发育和形态解剖学的教学与科研工作，在高粱根组织发生及解剖研究，大豆根尖结构和侧根形成方面取得突出的研究成果。1996 年 1 月逝世。

　　1936 年，萧采瑜考取山东省公费研究生，赴美国俄勒冈州立大学农学院攻读研究生，綦秀蕙旋即于 1937 年也来到美国俄勒冈州立大学。1938 年，萧采瑜获得俄勒冈州立大学硕士学位后，进入艾奥瓦州立大学，跟随国际著名昆虫分类学家耐特（Knight）教授继续攻读博士学位，綦秀蕙随之转入艾奥瓦州立大学。不幸的是，"七七事变"后，平津沦陷，山东很快也被日军占领，綦秀蕙夫妇的公费资助中断，生活顿时陷入困境，但他们凭借顽强的毅力，克服重重困难，通过半工半读，继续坚持学业。最终，依靠奖学金和微薄的勤工助学收入，不仅养育了一双儿女，而且圆满完成了学业，綦秀蕙于 1940 年获得植物学硕士学位，萧采瑜于 1941 年获得理学博士学位。

　　綦秀蕙和萧采瑜都是具有强烈爱国思想的青年科学家，立志学成之后回国报效，以科学救国为己任，改变中国积贫积弱、任人欺凌的局面。正当夫妇二人踌躇满志，准备回国时，珍珠港事件爆发，日本军国主义将战火燃烧到整个太平洋，美国全国进入紧急状态，中美海陆交通顿时中断，綦秀蕙和萧采瑜不得不暂时放弃回国计划。

1945 年 9 月 2 日，日本无条件投降，中国人民取得抗日战争的伟大胜利。消息传到美国，綦秀蕙和萧采瑜再也按捺不住内心的喜悦和兴奋，立即着手做回国的准备。为了便于回国后能顺利开展教学科研工作，为国家建设早日培养出有用的生物科学人才，綦秀蕙和萧采瑜开始搜集文献资料和科研专著，以便带回国内。

由于卷帙浩繁，不便携带，且资金有限，无法全部购置，无奈之下，綦秀蕙和萧采瑜只得采用拍摄方式，将部分文献制成缩微胶片。同时，夫妇二人还拿出省吃俭用的积蓄，购买了十几台观察动植物微观结构的显微镜。

1946 年冬，綦秀蕙和丈夫乘坐太平洋航路复航后的第一班邮轮踏上了回国的旅程。他们的行李，除了必要的生活用品，其他全部是书籍、资料和显微镜，以及缩微胶片文献 3000 多篇，油印文献 2000 多篇等。这些不仅是綦秀蕙夫妇留美 10 年积累的科研结晶，也是一笔宝贵的物质和精神财富。回国后，綦秀蕙任教于北京师范大学，她的丈夫萧采瑜则受聘南开大学。

南开大学于 1946 年 5 月从昆明返回天津，由于校园遭到严重破坏，重建的任务十分艰巨。加之国民党撕毁《双十协定》，发动内战，局势动荡使得师资延聘异常艰难。

在此情况下，学校打破惯例，同意綦秀蕙调入南开大学工作，綦秀蕙的到来解决了生物学系没有植物学专业师资的困窘，她一人承担起生物学系植物学专业的全部课程并亲自指导学生实验。同时，她还和顾昌栋教授共同协助萧采瑜先生制定教学计划，恢复教学秩序，筹建动物和植物标本室，为生物学系重建做出了重要贡献。

与此同时，面对国民党当局的种种倒行逆施，綦秀蕙和丈夫坚决站在正义和进步的一面，支持学生们的罢课行动，想方设法保护进步学生，不畏威逼利诱和反动政府的高压政策，坚决抵制迁校，拥护党的民主纲领，协助中共地下党员做好保护学校，迎接解放的工作。

1949 年 10 月 1 日中华人民共和国成立，南开大学迎来新生，师生群众欢欣鼓舞，为中华人民共和国的诞生感到精神振奋。綦秀蕙虽然是旧时代的知识分子，但她追求进步，崇尚光明，发自内心认同中国共产党的方针政策，热情拥抱新时代的到来。1949 年 11 月 7 日，綦秀蕙在天津市民主妇女联合会上被推选为副主任。

1952 年，全国高校院系调整完成，南开大学成为文理综合性大学。生物学系的教学科研条件迅速改善，1954 年新建的生物系大楼投入使用，招生规模得以扩大，植物标本室、植物温室等相继建立，实验设备也从仅仅满足动植物形态解剖的需要到能开展动物、植物、遗传、生理、细胞、发育等研究的各种实验。綦秀蕙担任了植物教研组的主任，主持植物学专业教学大纲修订及教材编写，组织学生开展野外专业实习，采集和制作植物标本，北戴河实习基地就是在这一时期开辟的。在科研方面，綦秀蕙教授指导和培养了多名研究生，开展了山桃芽的形成和发育、木本植物的形态问题、高粱的花序发生过程等课题的研究，并发表多篇关于木本植物山桃、紫藤、丁香花芽的分化研究成果。

綦秀蕙非常注重青年教师的培养，为补充年轻力量，生物学系选留了一些优秀毕业生作为后备师资。綦秀蕙指导青年教师开展科研，并带领植物教研室青年教师进行集体备课，自己动手编写教材和讲义，每个年轻老师上讲台，她都随堂听课，帮助青年教师掌握教学基本功，提高教学能力。实验课上用到的实验材料，她要求青年教师自己动手采集。

1978 年萧采瑜先生因病逝世，綦秀蕙非常悲痛，但她没有因此消沉。党的十一届三中全会后，党中央果断把党和国家的工作重心转移到了经济建设上来，科学和教育事业迎来了春天，綦秀蕙教授已是古稀高龄，但她依然活跃在教学科研第一线，协助新组建的系领导班子重整系务，恢复教学秩序，修订教学计划，调整专业设置，面向工农业生产需要开展科学研究，鼓励青年教师出国进修，为生物学系在改革开放新时期的发展做出了重要贡献。

綦秀蕙非常热心社会工作，和萧采瑜先生一起为天津自然博物馆的建立、建设和发展献计出力，将她曾在美国华盛顿博物馆工作多年的经验用于天津自然博物馆的展陈设计和展品保藏。天津自然博物馆从建立之初就与南开大学建立起密切的关系，一直是生物学系的专业实践基地。1986 年，她发起成立天津市植物学会并担任第一届学会理事长。

綦秀蕙也是一位知名的民主人士，具有非常高的政治觉悟和参政议政能力，从 20 世纪 50 年代初起，她多年担任天津市妇联的副主任，还连续多年被推选为天津市人大代表、天津市政协委员。1964 年至 1975 年，綦秀蕙当选第三届全国人大代表，在 1978—1988 年，她又连续被选为第五届和第六届全国政协委员。

1996 年 1 月 7 日，綦秀蕙教授在 90 岁高龄之际安然逝世。她年轻时就怀揣科学救国的梦想，有幸在人生盛年回到祖国参加建设。中华人民共和国的成立，她豪情满怀，充满力量，孜孜不倦地投入工作。在 50 年代，她就提出了入党申请，并矢志不渝坚持入党，直到 1984 年获得党组织的批准，终于实现了 30 多年的心愿。无论身处顺境还是逆境，她始终心向光明，热爱党的教育事业。她的科学态度、工作热情、奉献精神和始终忠诚于党的教育事业，一生追求光明和进步的崇高品格永远值得南开生科院的后人学习。

文章作者：田在宁　白玉华

刘毅然①

　　刘毅然（1895—1987），北京人，植物学家。1917 年毕业于清华大学，1933 年获得美国威斯康星大学植物病理学博士学位，回国后先后任教于燕京大学、北京师范大学、河北农学院、西北大学等，1950 年 9 月调入南开大学生物学系，任教授，主要从事植物学、植物病理学及遗传学的教学和研究工作，曾担任植物学教研室主任、遗传学教研室主任等。

一

　　刘毅然于 1903—1909 年在北京基督教伦敦会小学读书，1909—1913 年在北京通县潞河中学读书，其时酷爱英语和体育。1913—1917 年 6 月在北京清华学校读书，并加入清华网球队和歌咏团。1917 年 9 月—1918 年 6 月在清华大学教英语。1918 年 9 月—1919 年 1 月进入美国欧柏林大学读书。第一次世界大战爆发后，刘毅然积极从事社会活动，担任法国华工青年会干事，奔赴法国组织华工夜校，开展华工教育活动，两年后回到美国。1921 年 4 月至 1924 年 12 月就读于威斯康星大学研究院药学专业，毕业后于 1925 年 1 月至 1930 年 7 月在北京协和医学院药理系任助教。这期间他花费五年时间，对华北的药草做了详细的调查，并出版专著。1930 年 9 月—1931 年 7 月受聘于北京燕京大学生物系任副教授。1931 年 9 月—1933 年 12 月重入美国威斯康星大学研究院，获得植物病理学博士学位。1934 年 1 月回

---

① 南开大学办公室. 南开人物志：第二辑[M]. 天津：南开大学出版社，2016.

国，应聘燕京大学生物系教授。1934 年 6 月离开燕大，9 月在北京师范大学生物系及河北农学院任教授。1936 年 9 月刘毅然反对日本帝国主义的侵略和占领，离开北京，到西北后方，任西北联合大学教授、系主任。1949年 5 月任西北大学生物系教授。1950 年 9 月调南开大学任生物系教授，先后兼任植物学教研室和遗传学教研室主任，在南开大学从教 37 年，1987年 10 月 27 日病逝，享年 92 岁。

二

在 1949 年之后的 37 年中，刘毅然一直工作在南开大学教学和科学研究的第一线，积极为我国培养青年教师和学生，贯彻理论联系实际、学以致用的原则，为科学和教育事业的发展贡献出自己的全部聪明才智。20 世纪 50 年代初期，南开大学生物系经历了巨大的调整，北京中法大学生物系的并入，使南开生物系陡然增加了多于过去几倍的学生，教学任务很重。刘毅然到校后，很快开设了大班的普通植物学、植物分类学两门课程，还替尚在美国未归的崔澂担任植物生理学的讲授。三门课程都是生物系的基础课，课时多且涉及面广，他都能以生动活泼的方式讲授，取得了很好的教学效果。刘毅然讲课的特点可以归纳如下：（1）自编讲义或教科书，自成体系，如"普通植物学"用他的自编讲义，"植物分类学"以他编辑出版的英文版《华北植物分类》为教本，"植物生理学"以他编辑的《植物生理学》为教本。他还为三门课编写出了实验指导。（2）演讲生动，每节课都有高潮，吸引学生的注意力。（3）课堂上随时向学生提问，了解学生理解的程度，掌握学生的水平。尽管刘毅然的教学任务十分繁重，但他在课堂上却表现得轻松、潇洒、胸有成竹，令学生着迷。

刘毅然为了学习苏联先进的生物科学，积极组织全系青年教师集体学俄文，并且定期考试，以检查学习成果，在生物系掀起学俄文的热潮。刘毅然学习成绩最佳，他很快翻译出版了苏联易萨因教授编写的《植物学》（上、下），作为生物系的参考书。他又以极大的毅力参阅了苏联的大量文献，编辑出版《米丘林遗传学纲要》，作为当时生物系遗传学课程的教科书。上述两本书被教育部推荐在全国大专院校使用。重视实验技术是刘毅然的特点，凡是他讲授课程的实验都认真编写实验指导书，没有可参考的教材时，他就口授外文原版书，助教笔录整理成教材。他还根据学生在农业实践中的需要，开设了"植物病理学纲要"等课程。

　　刘毅然的博学多才，是由他卓越的进取精神决定的。他曾以敏锐的洞察力判定米丘林遗传学不能停滞于李森科教条式的理论基础上，必须深入发掘苏联更多科学家先进的生物学理论，他拟定了目标之后，便夜以继日地在京津两地的图书馆查阅文献、整理资料、伏案疾书，编写出当时国内最为新颖和先进的"发育生物学"和"受精生物学"讲义，作为高级课程开出，并为这两门课开出实验课，其学术水平居国内领先。

三

　　刘毅然一生极为重视理论联系实践，主张"学以致用"并身体力行。早在 20 世纪 50 年代初期学习苏联教学计划时，他就满怀热情地认真研究比较苏联莫斯科大学生物土壤系与美国一些大学生物系教学计划的优缺点。他采纳了苏联生物系注重理论课的同时也重视应用科学发展的原则，与生物系主任和其他教授共同讨论并制定出计划，派出青年教师，到国内著名高等院校学习地质学、畜牧兽医学、人体解剖学、土壤学、果树栽培学、作物育种学等课程及实验课，培养大批能开新课的青年教师，为生物系毕业生开拓了更广阔的工作岗位，使其大批地补充到中国科学院、中国农业科学院、中国医学科学院的有关研究所和国内大专院校中去，并对我国生物学、医学和农学领域做出了贡献。

　　面对生物系门类过多、课程学时过多、学生学习负担过重的问题他提出双轨制教学的主张。根据这一主张，生物系按照学生专业要求将某些基础课程划分专课、短课，实事求是地解决了学用一致的问题。

　　刘毅然教授为南开大学组建了植物学教研室、遗传学教研室和遗传学专业，并担任教研室主任，为南开大学生物系的进一步发展奠定了基础。他永远是我们后人的导师和学习的榜样。

文章作者：周之杭　张玉玲

崔　澂^①

崔澂（1911—1997），山东人，植物生理学家，中国植物生理学研究的
奠基人之一，在植物激素和矿质营养等研究领域取得开创性研究成果。1939
年重庆中央大学毕业后，先后在中央大学、浙江大学、中央研究院植物研
究所工作，1944 年赴美留学，1947 年获得美国密歇根大学博士学位后在该
校植物系任研究员，1950 年受聘担任南开大学生物学系教授，曾担任生物
学系副系主任，1962 年起工作重心转移至中科院植物研究所。1979 年至
1984 年受聘担任生物学系系主任，也是南开大学分子生物学研究所的创始
人和首任所长。

一

崔澂，原名崔澂之，1911 年 5 月生于山东省淄博市西古城村。父亲崔
肇祺是中学教师，在山东益都任教。他从小随父在外生活，读初中时，父
亲突然病逝，次年他初中毕业，考入第一师范学校。入学后一年，适逢日
本侵略者制造"济南惨案"，被迫辍学回家务农。一年后转学到青岛铁路中
学就读。1933 年高中毕业，经亲友帮助克服经济困难，考入山东大学。他
深知大学生活来之不易，学习非常努力，不幸因病休学一年。抗日战争爆
发后，山东大学先迁济南、南京，继迁安庆、武昌、万县。崔澂也随校南
下，开始过着颠沛流离的生活。后山东大学并入重庆中央大学。崔澂爱好

① 南开大学办公室. 南开人物志：第二辑[M]. 天津：南开大学出版社，2016.

植物生理学，在此师从著名植物生理学家罗宗洛教授，做助教生（半工半读领助教工资一半的学生）以解决其经济困难，并有机会接触老师，向老师学习。

当时，中央大学在重庆郊外沙坪坝，条件很差。抗战时期人民生活很艰苦，教师的生活也很清苦，但老师们依然认真备课教书，严谨治学，这使崔澂深受教育，懂得了作为教师应持的敬业精神以及从事科学研究应有的严肃态度。

崔澂 1938 年大学毕业后，留系任助教，后随罗宗洛老师去贵州湄潭浙江大学任教，一边教学一边进行科学研究。在当时，要开展科研，一切条件全要靠自己去创造，因陋就简，克服重重困难。例如，没有所需蒸馏水，就自己动手做；没有自来水冷却，便抬高水位自制"自来水"；没有连接冷凝管的橡皮管，就用打通竹节的竹竿代替。就这样崔澂完成了他的第一篇研究论文。在这样艰苦的环境条件下，培养了他克服困难的毅力和不断进取的精神。老师多年的教育和熏陶，也对青年崔澂的成长有深远的影响，奠定了他后来在植物生理学领域发展的基础。

为了追求科学，走科学救国之路，崔澂于 1944 年远渡重洋赴美留学深造。在密歇根州立大学攻读博士学位，1947 年获得博士学位后，在威斯康星大学植物学系任研究员，与斯科格（SKoog）合作研究植物生长和芽形成的化学控制，获得了具有重大意义的成果。

1949 年中华人民共和国成立，崔澂欢欣鼓舞，毅然决定返回祖国，投身于祖国的建设。他于 1950 年回国，后来到南开大学任生物学系任教，组建了植物生理学教研室和植物生理学专业并任教研室主任。1952 年起兼任中国科学院植物生理学研究所研究员，并设立了中国科学院植物生理研究南大工作组。1955 年国务院又任命崔澂为天津市农业水利局兼职副局长。1957 年他加入了中国共产党，1962 年起他的工作重心转移到中国科学院北京植物所，仍在南开大学兼职。他于 1979 年秋起兼任南开生物学系主任职务，执掌系政四年有余。1986 年，他突然发生脑血栓导致语言障碍及行动困难，失去了工作能力，迫使他不得不放下他一生热爱并为之奋斗的事业，1997 年春病逝。为了表彰崔澂对人民做出的贡献，他曾先后被评为河北省、天津市劳动模范和全国先进工作者。

二

　　崔澂任职重庆中央大学和贵州浙江大学期间，一直在罗宗洛先生领导下，从事植物矿质营养、生长素以及组织培养方面的研究工作。他的第一篇论文是研究各种营养液对浮萍生长的影响。当时植物生理学研究的主要方向是关于微量元素的必要性和生长素的生理作用，认为两类物质虽然化学性质不同，适量的微量元素和生长素都能促进植物的生长，但两者是如何起作用的还不清楚。崔澂对这一问题极感兴趣，他开始研究锌对生长素合成的影响，于 1948 年，发表研究结果：锌不仅影响游离的生长素减少，使结合的生长素明显下降，更重要的是在缺锌植物体内色氨酸明显减少或缺乏，证明在植物体内由色氨酸合成生长素（吲哚乙酸）的代谢途径。由此崔澂提出缺锌植物生长素减少的原因，是缺锌破坏了色氨酸的合成，进而影响了生长素的形成，这一论断有力地解释了锌与生长素的关系。论文发表后受到国际植物生理学界重视，作为经典文献载入德国植物生理学百科全书，这一成果在国际各种版本的植物生理学教科书中被广泛引用。

　　1947 年，崔澂与斯科格合作研究植物生理生长和芽形成的化学控制，发现腺嘌呤有促进植物细胞分化出芽的功能，开创了植物组织培养中器官形成化学控制的先例，具有划时代的意义，被载入植物生理学史册，为后来对激动素的发现奠定基础。

　　1950 年崔澂回国后，始终坚持研究与生产、理论与实际相结合的原则，结合天津市的具体条件积极领导和组织研究人员与教师开展科学研究。首先开展了水稻水分生理的研究，调查总结北方水稻高产栽培技术并进行理论分析，根据生产中的问题，着重研究水稻的水分条件和氮素营养对水稻产量与有关生理过程的影响。这些研究对当时合理用水和创造高产起了重要作用，为我国北方地区水稻生产的发展做出了贡献。

　　此外，崔澂还在南开大学和中国科学院组建了微量元素研究实验室，从多方面探讨研究微量元素的生理功能，在国内首次建立了缺乏微量元素的植物实验材料的水培技术，从而加速了研究工作的进展。他利用缺锌植物开展了锌对植物体色氨酸合成影响的研究，研究了锌对有机酸和氨基酸代谢活动的影响，提出了在缺锌条件下，植物体内有机酸和氨基酸代谢途径的变化模式。该研究发现了植物缺锌病症及其严重程度与日光的光照强度有密切关系，证明了强光促进植物对锌的吸收，被吸收的锌较多地分布在叶绿体上，缺锌破坏了叶绿体的亚纤维结构，并影响叶绿素蛋白复合体及叶绿体核糖核酸（RNA）、脱氧核糖核酸（DNA）和蛋白质的合成，阐明了锌与植物光合作用有关。

他还领导研究室成员，继续用组织培养技术研究植物激素对愈伤组织的生长、呼吸代谢、有关酶活性的影响及对器官分化的调节作用，与核酸和氨基酸的变化在植物愈伤组织脱分化过程中的作用。1964年又发现在荸荠汁液中有促进细胞分裂的物质，经分离、提纯和鉴定证明，该物质是一种细胞分裂素吲哚丙酸（IPA），并在第十三届国际植物学会上发表，受到同行的重视。所获得的研究成果均有助于解决植物组织培养、细胞工程、基因工程中存在的一些问题。

崔澂一贯重视并积极将植物生理的研究成果应用于农业生产。例如20世纪50年代就研究用微量元素肥料提高农业产量的问题，为我国在农业生产中应用微肥打下基础。又如，调查研究果树缺乏微量元素营养的状况并对微量元素缺乏症进行防治的方法的研究，对指导果树栽培与生产起了重要作用。此外，他还研究了多种植物激素在农业生产中的增产作用，都取得了较好的经济和社会效益。

崔澂在植物生理学领域的研究成果卓著，多年来，他发表学术论文近80篇，出版著作及译著8本，为植物生理科学的发展做出了贡献。

三

20世纪50年代初期，植物生理学尚属新兴的基础理论学科，国内各高校还很少设有植物生理专业，植物生理学方面的师资和科研人才甚为匮缺。当时，南开办学条件极其简陋，经费有限，人员缺乏。崔澂从实际出发，精心设计，努力创造条件，先组建教研室培养助教，经过几年的辛勤劳动，条件较为成熟后，再创办植物生理专业。除招收本科生外，还率先招收研究生和进修生，为国家培养了一大批植物生理方面的骨干力量。

为办好植物生理专业，让学生既学好基础课又能扩展专业知识范围，提高教学质量，崔澂除讲授基础课外，还亲自开设高级植物生理课、植物激素、矿质营养等专题课。他知识渊博，治学严谨，讲课生动、活泼，观点明确，逻辑性强，循循善诱，深得广大同学爱戴。

　　他既要求学生掌握理论知识，也要求学生掌握实验操作技能，培养科研能力，为此他带领教研室成员，分别设计、亲自做实验、认真分析总结出带有科研性质的植物生理大实验，让高年级学生利用两天时间从仪器安装测试、试剂的配制、实验材料的培养、实验进程的操作到实验结果分析都亲自动手独立进行，直到写出较详细的实验报告。通过这种基本训练，使同学掌握了科学实验的全过程，提高了操作能力，为其后期的毕业论文及毕业后走上工作岗位开展科学研究奠定基础。

　　崔澂不仅在业务上严格要求，在政治上也很关心青年人的成长，他经常教育学生要又红又专，热爱党和人民，时刻关心国家大事，在政治上不断进步。经过他培养的毕业生分配到祖国各地从事教学和科研工作，他们中绝大多数都成为教学和科研骨干，不少人先后走上领导岗位，成为学术带头人。

　　崔澂除抓本科生教学外，还于 1954 年率先在南开大学培养研究生。崔澂对培养研究生工作认真负责，要求非常严格，他根据每个研究生的实际情况制定教学计划，规定哪些是必修课，哪些是选修课，要求他们循序渐进打好扎实的基础，并每年为其指定自学的专著书目，定期汇报。除为研究生开课外，他还邀请国内著名植物生理专家、教授来校做专题讲座。事后要求研究生结合所讲内容认真阅读有关参考资料，进行讨论，参加考试，记录成绩。

　　为尽快提高研究生的外语水平，崔澂要求他们除参加外文系开设的外语课外，还组织研究生和青年教师参加有关植物生理方面的书刊的翻译工作，他亲自给予修改指导。为培养研究生的教学能力，还安排研究生带本科生的植物生理实验课和辅导课。这些培养方式使研究生受到多种锻炼，得到全面发展。

　　崔澂深知提高教学质量的关键是提高教师的素质和教学科研能力，因此他对教研室和前来进修的青年教师的培养极为重视。除要求他们每人都能讲授植物生理基础课外，还结合专业发展需要和每人的情况，商定了专业发展方向，制定具体培养计划，如有的侧重"植物激素"，有的侧重"水分生理"，有的侧重"矿质营养"，有的侧重"光合作用"等，要求他们积极备课，分别开设相关的专题课程，面向本科生讲授，并结合自己的研究方向开展相关的科学研究，不断提高教学质量，使每个人各得其所，循序渐进，有所发展。对来校的进修教师，崔澂也为他们制定培养计划，要求他们认真参加为研究生开设的各种专题课，参加植物大生理实验的准备，听课程都要进行考试，对水平较高的进修教师还为他们拟定了科研题目，开展微量元素生理功能和组织培养方面的科研。

据粗略统计，接受崔澂培养的进修教师来自十多个省市多达数十人，他们通过一至两年的学习，返校后都成了该校植物生理学的教学骨干，其中不少人担任了教研室主任和系主任。他们把崔澂教书育人的优良学风传播到全国各地，对植物生理学的发展产生了深远的影响。

为了让大家紧跟学科发展前沿，活跃学术气氛，崔澂领导下的教研室每周开展一次"书报讨论会"，大家轮流做报告，内容为近期外文刊物上的学术论文，他要求大家认真准备，热烈讨论，每次讨论后他都总结论文内容的优点和应该继续研究的方向，大家深受启迪。他还利用一切机会组织大家参加国内有关学术会议，使大家了解和熟悉本学科的发展趋势，开阔思路。

崔澂为人正直，心胸坦荡，待人真诚，宽容豁达。在他的带领下，植物生理教研室团结友爱，亲密无间，在政治上积极进取，在业务上刻苦钻研，形成了一个朝气蓬勃、奋发向上的集体。

四

崔澂先后在南开大学执教三十余年，他中年以后的生命历程，大部分熔铸于南开生物系的历史之中，对南开生物系的建设和发展做出了重大贡献。南开生物系的发展历程并非坦途，建系虽然很早，但历经坎坷，直到抗战胜利后，才恢复重建。当时人单力薄，条件很差。20 世纪 50 年代初，全系教职工也仅有十人左右，设有两个专业，两个教研室。崔澂就是在此背景下来系任教的，他在植物生理学方面做了许多开拓性的工作，他亲自抓教学，亲自授课，大力开展科研工作，狠抓青年教师的培养，建成了一支基础扎实又各具专长的植物生理学师资队伍，使南开的植物生理学得以发展。

崔澂对南开大学及其生物系的建设和发展做出过重要贡献。例如，他为生物系建立教学、科研与生产劳动基地，积极建议并亲自奔走说服天津市领导，将与校园相邻的约 130 万平方米的农场划归学校，它既是生物系的教学科研基地，又是全校生产劳动锻炼场所，还曾一度成为学校副食品供应基地。后来市里虽收回部分土地，但其中大片土地还是归学校所有，这对学校的发展有重要贡献。

"文革"期间，崔澂调离南开大学数年，但"文革"结束后生物系急需一位德高望重的国内外著名的学者来掌系政，领导全系教职工进行恢复重建和发展工作。杨石先校长恳请崔澂来系任职，崔澂虽已年近七旬，也深知此项任务难度极大、矛盾极多，但他未加推辞，慷慨应允兼职，可见崔澂对南开是多么情深义重。

1979年秋，崔澂来校主持系政，他团结系里其他负责同志，首先恢复系里的教学秩序，建立了各项规章制度。他广泛深入了解情况听取意见，并在发动教师多次讨论的基础上，对全系的专业及课程设置进行了调整，修订了教学计划。在科研上，他贯彻理论研究与应用研究并重的原则，制定了科研规划，确定了重点课题。经过生物系的努力争取，再建生物楼列入了基建计划，崔澂每次来校总要过问基建进展情况，察看现场直到大楼建成。他还利用世界银行贷款购置了现代化仪器设备，建立了中心实验室，从而使生物系教学科研条件得到了很大改善。

为使生物系建立在坚实的基础之上，培养出一支高素质的师资队伍极为重要。除了制定长远的师资培养计划，采取一些常规措施外，崔澂还想方设法，开通国内国际渠道，取得各方支持，并根据学科需要，分期分批地将教师送往国内外进修深造，同时也请国内外专家来系讲学，举办短期培训班。例如，南开生物系举办了全国第一个分子生物学技术学习班，国内有关科研和教学单位也派人来参加学习。这不仅使本系师资水平得到提高，也为全国开展分子生物学的研究做出贡献。

随着科学技术的迅速发展，1979年春，天津市科委决定在南开大学投资建立分子生物学研究所并由生物系负责，崔澂承担起建所的任务。他与系里其他领导同志研究调整，加强了原有筹备组成员，在抓分子所大楼基建的同时，着手组建分子所的科研队伍，引进人才。为了确定分子所办所方向及研究课题，崔澂听取本系相关学科教师的意见，并广泛征求了中国科学院有关专家的意见。在分子所初具规模之后，为了实现开门办所，集思广益，学校决定，以生物学系为主，化学系、物理系为辅，协助办所，以促进学科间互相渗透，求得分子所更快地发展。由于学科的差异，需求不同，因此三系在一起共商大事时，往往从各自不同的角度提不同的看法和要求，使作为领导的崔澂十分为难，大伤脑筋。但崔澂为人宽厚，严于律己。他顾全大局，想方设法化解矛盾，达到团结大家把所办好的目的。崔澂为分子所的建立、发展，呕心沥血，立下了汗马功劳。

　　回忆崔澂教授在南开工作的岁月，令人感佩。尤其是他作为七旬老人重返南开，承担重任，不辞辛苦奔走京津两地，只身一人越洋远行，为生物系教师出国进修开辟渠道。他带领全系教职工奋发图强，为生物系和分子所做出了重大贡献，为后来的再发展打下了坚实的基础。他的工作精神和业绩将永载南开史册。

文章作者：张玉玲　赵素娥

戴立生

戴立生（1898—1968），江苏无锡人，动物学家。1921 年毕业于南京高等师范学校，1932 年获得美国斯坦福大学博士学位。自 1932 年起，先后任教于清华大学、中国西部科学院、四川大学、山东大学等，1951 年 7 月调入南开大学生物学系工作，任教授，主要从事原生动物学、无脊椎动物学的教学和研究工作，曾担任无脊椎动物学教研室主任。

一、坎坷波折的一生，也是奋斗的一生

戴立生，曾用名戴炳奎，1898 年出生于江苏省无锡市东湖塘区陈墅镇。幼时祖父经营商业，家道丰盈。祖父平素喜好参与地方公益事业，颇得邻里们的敬重。父亲自幼读书发奋，志在科学，由于几番努力未能及第，便在私塾中任教。戴立生四岁时母亲早逝，在祖父母的呵护下由姑、姐照顾长大，跟随父亲入私塾读书。十五岁时由于祖父母先后去世，家境日趋困难，依照祖父的遗愿和父亲的希望，于 1913 年春入无锡医学讲习所学医。入该讲习所的一般都是成年人，只需半年即可以结业，于是 1914 年考入常州省立第五中学，1918 年考入南京高等师范农业专修科，同年父亲去世。在南京高等师范读书时与同班同学王家楫、伍献文同住一个房间，往来密切，时常在一起谈抱负、谈理想，立志在农业上专攻一门，将来一展宏图，为社会做出贡献。

---

① 南开大学办公室. 南开人物志：第二辑[M]. 天津：南开大学出版社，2016.

1919 年 5 月 4 日，在北京爆发了一场轰轰烈烈的反帝爱国群众运动，戴立生出于爱国的热忱及对日本对华经济侵略的愤恨，多次积极参加抵制日货的活动。

1921 年，戴立生高等师范农科毕业，留校任教。第一年在蚕桑系任教，深感所教的课程都是技术性很强的一些内容，要想进一步提高水平，还必须从科学理论研究入手。当时秉志先生正担任该校生物系主任，提倡搞科学研究，于是邀请戴立生到生物系任教，担任"普通生物学"和"遗传学实验"等课程的教学。在教学的同时他兼听了有关动物学方面的课程，并获得了学士学位。

1925 年，戴立生来到清华学校，当时清华学校正改办成大学，成立院、系，到校后一年半，戴立生主要进行生物系的教材建设工作，并讲授"脊椎动物比较解剖学"，同时开展了北京原生动物的调查研究工作，写出了研究论文。1928 年，他向中美文化教育基金会申请研究辅助金，抱着科学救国的良好愿望进入美国斯坦福大学学习，后又转入加州大学学习一年，然后复回斯坦福大学完成了博士论文，获得博士学位。

1931 年"九一八"事变，日本侵略者侵占我国东北三省。次年戴立生回国，在清华大学生物系任讲师，讲授"普通生物学""原生动物学""寄生虫学""组织学""无脊椎动物学"等课程。当时，日本侵略者在华北蠢蠢欲动，社会很不稳定，遂于 1934 年辞职回苏州，此期间开始编写《无脊椎动物学》一书。

1935 年秋，经秉志先生介绍，只身入四川省重庆北碚中国西部科学院工作，担任生物研究所所长。1936 年 8 月，他又去四川大学任教授，讲授"普通生物学""无脊椎动物学"，同时继续编写未完成的《无脊椎动物学》一书。

抗日战争全面爆发后，四川大学迁校到峨眉山。他对峨眉山的鸟类产生浓厚的兴趣，掌握了好几种鸟的种类识别。在此期间，四川大学生物系出现系主任权力之争，戴立生对此非常不满，于是应中正大学农学院院长周拾禄的邀请，1941 年到江西泰和中正大学农学院生物系任教，讲授"普通动物学""无脊椎动物学"课程，因当时学校初办缺乏设备条件，戴立生除教课外，自己学习种菜、养鸡等园艺和畜牧方面的实践知识。

1943 年冬，日本侵略者已经深入湖南，中正大学虽迁址宁都长胜，但迟迟开不了学。应江西兽医专科学校校长王址川之邀，戴立生至白沙任教，共教两班：生物学一班，英文一班。

1946 年暑假期间，江西省教育厅在庐山为中学教员举办了一个讲习会，为时五周，请戴立生讲授遗传学知识，很受学员的欢迎。暑假后他回到家乡无锡，投入很大精力，撰写出《生物学与人生》一书的初稿。

1947 年夏，上海的朱树屏先生邀请戴立生到青岛山东大学水产系执教，讲授"无脊椎动物学"，并为水产系写出了一整套的发展计划；同时还在该校代理童第周先生任动物系系主任之职。1948 年暑假离开了山东大学回到家乡无锡怀仁中学任教，后留居无锡乡下，认真修改《生物学与人生》一书。

二、专家学者风范，善为人师的风采

中华人民共和国成立以后，年过半百的戴立生来到南开大学生物系，积极投入"原生动物学""无脊动物学""水生动物学"等课程的教学活动之中，曾担任过无脊椎动物教研室主任。他认真主持教研室的工作，并于 1958 年和顾昌栋教授共同创建了南开大学生物系的水生生物专业。

戴立生早在 1925 年于清华大学任教时，就对原生动物产生了浓厚的兴趣，教课之余对北京的原生动物进行了深入细致的调查研究，并写出研究论文。在美留学期间主要对海洋双鞭毛藻进行了深入的研究，并自创双鞭毛藻骨片分离的新方法，对双鞭毛类进行细致分类，并阐述该类系统演化的关系，提出个人独到见解，写出博士论文，获得了博士学位。他是我国最早从事原生动物研究的学者之一，早在 20 世纪 30 年代就曾发表过《北京淡水原生动物的记载》一文，是国际上公认的双鞭毛类的专家。他学识渊博，20 世纪 60 年代初于假期曾被中国科学院海洋研究所请去指导研究，被海洋所的同志们称之为"活字典"，为给国家培养一批年轻的海洋生物工作者贡献过自己的力量，同时他也为南开大学培养了一支中青年无脊椎动物学的师资队伍和科研力量。

戴立生一生投入我国的生物学教育事业，他刻苦钻研学问的精神，实事求是的科学态度，一直激励着几代学生效仿和学习。

戴立生的学生吴小航（原南开大学生物系、现辽宁师范大学生物系教授）、邢金铭（南开大学生物系教授）回忆说：戴老为人师表，治学严谨，教学态度非常认真，一丝不苟，对学生要求十分严格，却又十分平易近人，待学生如家人。他讲课从不带讲义和教科书，只带一个小盒，盒内装一到数张小纸片，用很小的字写出讲课的提纲。他讲课内容丰富，条理清晰；板书十分清楚明确；语言富有节奏，娓娓动听，旁征博引，绘声绘色，描述准确；分析精辟，重点突出，很容易让学生理解和记忆，学生们很喜欢上他的课。

戴立生的学生中有不少已是知名的专家和学者，其中湖南师范大学生物系尹长民教授是国内知名的蛛形类专家，省政协副主席；新疆医学院生物教研室的马梅筠教授是研究染色体的专家，全国政协委员；戴立生在山东大学水产系任教时的学生赵传洇，曾任东海水产研究所所长。

戴立生对自己的学生从严要求，对自己的独生子戴念慈亦精心培养，使其成为我国建筑界著名的专家。

戴立生任南开大学生物系无脊椎动物教研室主任期间，对中青年教师的要求十分严格，曾谆谆教导他们：教学过程不在于让学生记住多少知识，而在于对学生学习方法的指导。如在原生动物学的实验课中，没有实验指导可供参考，他就让学生自己动手使用英文检索表来分辨池塘水样中 50 余种原生动物，并用卡片画出图来，说明该种动物辨认方法，使学生终身受益。

戴立生于 1956 年春加入了九三学社，参加过中国动物学会，任天津市动物学会理事；曾任天津市人大代表、政协委员。

戴立生教授是我国生物学界的老前辈之一，他深受教育事业，一生奋斗在教学第一线并做出卓越贡献，专长于无脊椎动物学，是我国原生动物学的创始人之一。他学识渊博，为写《无脊椎动物学》这部书，他呕心沥血，积累了大量资料，从 1935 年开始动笔，1965 年全书完成并交书稿于高等教育出版社。"文化"期间，该书稿竟丢失于出版社，三十年的心血付之东流。戴立生教授未能给后人留下这部遗作，实属一大憾事。

文章作者：杨竹舫 冯小品

周与良（1923—2002），安徽至德（今东至）人，微生物学家，1946年毕业于辅仁大学，1952年获得美国芝加哥大学博士学位，1953年回国，任教于南开大学生物学系并创建微生物学科，主要从事植物病理学、真菌学的教学和研究工作，2002年逝世。

1952年周与良先生在美国芝加哥大学获生物学博士学位后，毅然回国并于1953年到南开大学生物系任教。她曾任全国政协常委、天津市微生物学会理事长和中国微生物学会理事。她的爱国情怀和与中国共产党风雨同舟、肝胆相照、参政议政、无私奉献的精神，以及她在我国微生物学与真菌学界的学术地位和贡献有目共睹。我们作为周与良先生的晚辈和学生，曾与她朝夕相处，感受到她多方面的高尚品质和人格魅力。我们以崇敬和激动的心情撰写此文，以表达我们对周先生的缅怀。

一、积极推动南开微生物学科创建和真菌学方向的发展

1953年周与良先生到南开大学生物系任教后，开设了植物病理学、病原真菌分类和病毒学等基础微生物学课程。1960年周先生与程名芬等创建了微生物学专业。周先生一生主要从事真菌分类和应用真菌学研究。1975年周先生等承担编写《中国孢子植物志》中《镰刀菌志》的任务。在1976—1980年期间，她带领微生物教师从全国10多个省、市、地区采集微生物标本，并分离出3000株镰刀菌，鉴定出30多个种，填补了中国镰刀菌分类及资源调查的部分空白。1979年与周先生一起赴外地采集真菌标本的教

师回忆说："他们一行人先后去了山西大同和河北张家口，虽然当时已为改革开放的初期，但燕北地区还是非常贫穷落后，生活条件很差。记得刚到燕北地区时，因为周先生是时任全国政协常委，又是老教授，所以当地的领导非常重视，派一位行政人员亲自接待我们，提出给周先生特殊招待，被她婉言谢绝。周先生与我们同吃同住，白天一起坐车到边远山区和农村采集标本，晚上回来与我们一起记录整理，周先生对待科研工作严谨认真的态度非常值得我们学习和传承。"进入 80 年代周先生等又承担了"黄渤海水域酵母分类和资源调查"的国家自然科学基金项目，从渤海水域中分离出 400 余株酵母菌。经鉴定归属 60 余种，其中 20 余种为中国新记录，还确定 5 个种为优势种属。1986—1990 年周先生指导其硕士研究生将分子杂交、全细胞脂肪酸和数值分类等新技术用于酵母菌分类，为在分子水平上进行酵母分类奠定了坚实基础。周先生等人还对天津郊县流行的真菌植物病害进行了普查，并提出防治措施，同时为防止进口小麦携带植物致病性真菌传入我国，周先生两次参加天津进口小麦网腥病检疫，并提出对进口小麦进行技术处理的意见。1986—1990 年周先生又主持了"深层发酵法工业化生产食用真菌蛋白和饲料蛋白"国家"七五"攻关项目。用筛选出的两株高蛋白无毒镰刀菌，进行了深层发酵条件等系统学研究，为真菌蛋白开发应用研究提供了科学依据。

1978 年周与良先生作为南开微生物专业负责人和天津市微生物学会理事长，代表天津市微生物学会邀请中科院微生物学研究所专家范云六来津，在天津大学礼堂做"微生物质粒（plasmid）与基因工程国外研究进展"学术报告，听讲者人数众多，深受欢迎和赞誉。1982 年周先生在全国综合性大学中率先招收真菌学方面的硕士研究生。她还组织微生物专业教师翻译国外先进教材，并于 1986 年出版了《分子微生物学》译著，当时全国类似翻译教材非常稀缺。同年周与良、邢来君编著的《真菌学》教材由高等教育出版社出版。周与良在南开微生物学科创建和真菌学方向的发展中起到了重要作用。

二、组织并指导南开进行微生物多糖研究

1972—1976 年南开微生物专业赵大健和蒋如璋主持了国家科研项目"S114 细菌石油发酵黏多糖提高原油采收率的研究"，并取得很好的成果。

此后石油部领导在肯定了该研究成果的基础上，指出"我国石油资源匮乏，黏多糖转化率低，发酵周期长，油田实际应用成本高，不适合中国国情，建议南开参考美国用糖质原料发酵生产聚合物，认为这在油田会有广泛应用"。作为微生物专业负责人，周与良先生认真考虑石油部领导建议后，她说："我国是农业大国，如果我们开展微生物利用玉米淀粉发酵多糖的研制和开发应用研究，定会适合中国国情并有很好的发展前途。"同时她积极向专业教师推荐国外相关专著 *Extracellar Microbial Polysaccharides*（微生物胞外多糖），并召集教研室老师开会，介绍书中 9 篇关于"黄原胶（Xanthan gum）多糖"的研究成果。她指出：美国用工业葡萄糖经甘蓝黑腐病黄单胞菌（Xanthomonas Campestris）发酵已实现黄原胶工业化生产，并广泛用于油田开采、食品、非食品等几十个行业。我们要以"微生物利用玉米淀粉发酵黄原胶的研制和开发应用"为研究方向，用我们筛选的菌株进行发酵黄原胶研究，要产业化，要填补我国黄原胶产品的空白，要和相关单位协作从事黄原胶开发应用的研究，要闯出一条适合中国国情的黄原胶发展之路，为国家做贡献。刁虎欣曾问周先生："您是五十多岁的老先生，仍信心满满，斗志昂扬，您怎么会有如此好的精神状态？"周先生笑着认真地说："中国要改革开放了，国家科学大会的召开标志着科学春天的到来。我们肩上的担子很重，我老太太也要加油干！黄原胶研究靠你们，我还想组织真菌多糖研究呢！"

经过教研室老师们多年的努力，"微生物利用玉米淀粉发酵黄原胶的研制和开发应用"课题组与国内 10 多个单位协作承担并完成国家科技攻关项目 3 项，召开黄原胶研制和应用研究成果鉴定会 6 次，发表科研论文 40 多篇。1988 年在江苏金湖首先实现黄原胶的工业化生产，同时首次制定了"食品添加剂黄原胶"第一个国家质量标准（GB-13886-92），不仅填补了我国黄原胶产品的空白，还为我国黄原胶产业的发展奠定了基础。因此南开大学黄原胶研制、产业化与开发应用荣获原国家教委科技进步奖二等奖、地质矿产部科技成果二等奖、轻工业部科技进步奖三等奖、科技部国家星火计划三等奖、国家"七五"科技攻关重大成果奖。周与良先生是"微生物利用玉米淀粉发酵黄原胶的研制和开发应用研究"项目的决策者和组织者，但在研发人员和获奖人员名单中却没有周先生的名字。她淡泊名利、无私奉献与努力付出而不图回报的精神值得我们学习和传承。

周与良先生待人和蔼可亲，对校外来南开的科研协作人员，她都热情接待和真诚帮助。1985 年 10 月山东食品发酵工业研究所设计院副院长童静萍等，带着轻工业部"新型食品添加剂黄原胶的研制与应用"和国家"七五"科技攻关项目，来南开拜访寻求科研合作。在周与良先生的支持下，双方很快达成科研协作意向。为表示欢迎和祝贺，赵大健在家中招待童静萍等客人。开饭不久，周与良先生提着食盒突然来到饭桌前并微笑着说："我亲自做了两个拿手好菜供客人品尝，祝我们合作成功！"赵大健赶快向客人们介绍来者是南开微生物专业负责人，全国政协常委周与良先生。童静萍听后立刻握住周先生的双手眼含泪花激动地说："感谢德高望重的老先生来看望我们！我们一定精诚合作，高质量完成攻关项目，不辜负您的希望。"周先生与我们交往从来没有架子，更不颐指气使，谦谦君子之风令人钦佩。

周与良先生还亲自主持了真菌多糖的研制与应用研究。1984—1985 年周与良、张心平等开展了真菌利用玉米淀粉发酵普鲁兰多糖的研究，并探索普鲁兰多糖在食品保鲜方面的应用。1986—1990 年周与良、刘如林主持了国家"七五"科技攻关项目"小核菌葡聚糖的研制"。在周与良先生主持、组织与指导下，南开大学微生物多糖研制和开发应用研究取得了丰硕成果。

三、采取多种措施建设高水平的师资队伍

1971 年南开微生物专业开始招收工农兵大学生。当时微生物专业仅有教师 12 人。教师数量和质量均不能满足教学和科研的需要。为了提高本科生教学质量，周先生广揽人才，她把在外地工作的优秀毕业生杨文博、刘如林和张心平调入微生物专业任教。接着又招收北京大学生物系毕业生梁凤来、韩廷顺加入微生物专业。同时从自己培养的品学兼优学生中选择耿运琪、陈月华和牛淑敏留校任教。至此微生物专业教师增至 20 人。为改革开放后教书育人，承担多项国家科技攻关项目，开展分子微生物学研究奠定了师资队伍基础。

为了提高教师的业务水平和学术素养，周与良先生采取多种方式对教师进行培养、提携和重用。该专业半数以上的教师都曾出国访问或进修，如她推荐耿运琪到中科院焦瑞身先生实验室进修，这为他后续去日本、美国学习奠定了基础。她要求并组织教师必须参与科学研究，安排来校不久的杨文博主讲"微生物学"课程，耿运琪讲授实验课，让刘如林开设新课

"微生物发酵"，鼓励张心平承担"免疫学"课。同时，推荐年轻教师攻读学位，首先推荐杨德成报考中科院微生物研究所，在放线菌学专家闫逊初先生指导下攻读硕士学位；推荐刘方报考香港中文大学博士研究生，师从周先生芝加哥大学校友、世界知名蕈菌学专家张树庭先生。

1978—1990 年间，周与良先生作为微生物专业负责人，刁虎欣作为党支部负责人，组成微生物专业领导小组。周先生作为长辈，又是党的高级统战对象，刁虎欣等对她十分尊重，全力支持其工作。周先生也积极支持党的工作，他们配合默契，使专业有很好的发展。在周先生的指导和培养下，经过微生物基础课程组教师的共同努力，杨文博、刁虎欣等"微生物学与实验课"荣获天津市教学质量优秀奖；刁虎欣主讲的"微生物学实验课"荣获南开大学 1984—1985 年度教学质量优秀奖，由他主讲的"微生物学"短课荣获南开大学 1987—1988 年度教学质量优秀奖。总之，周与良先生为建设高水平的微生物学师资队伍做出了重要贡献。

周与良先生在南开任教的一生，是在党的领导下为高等教育事业的发展，勤勉工作并为之奋斗的一生。在 21 世纪的今天，我们更加感受到周与良先生为国家努力工作、甘于奉献、敢于担当的精神和人格魅力，令我们敬仰和钦佩。时间在流逝，但是周与良先生崇高的爱国精神以及为南开大学科研和教育事业做出的贡献永远铭记在我们心中。

文章作者：刁虎欣　刘方

第二部分　院士校友

殷宏章[①]

殷宏章（1908—1992），原籍贵州，1908 年 10 月 1 日出生于山东省滋阳县（今山东省兖州市）。祖父殷谦中进士，曾在广西、河北任知府、知县。父亲殷有济亦为前清举人，曾在山东任过几处县长，擅长书法。1912 年，殷宏章随全家迁居天津。1922 年从天津直沽庵小学毕业考入南开中学。因考试成绩优秀，被直接编入二年级，读了一年。因为家住河北区，离学校太远，加上家里读书的子弟多，遂在家聘请老师与弟妹一起受教，学习数学、外语、古文等。他用了不到 3 年的时间学完了 6 年的中学课程。1924 年考取南开大学预科。1925 年转入南开大学理科。当时，南开大学生物系初创，高年级学生只有殷宏章 1 人，修习植物生理、植物学、植物生态学、解剖学、组织学、遗传学、脊椎动物学等课。这时，李继侗来南开生物系任植物学教授，李先生的渊博知识激发了他对植物学的浓厚兴趣。3 年半（1929 年初）就完成了大学 4 年所要求的学分，于 1929 年夏天正式毕业。毕业后，留校任助教、讲师。教学任务是讲授普通生物学实验。当时，他常去图书馆翻阅各种书刊，还旁听了化学系所有课程；一些文学院的课也去听，如心理学、变态心理学等。1933 年至 1934 年在清华大学研究院，随李继侗先生进修一年。1934 年又返回南开大学任教。1935 年考取了清华留美公费生才离开南开。前后在南开大学学习、工作 10 年多。

1935 年，殷宏章赴美国加州理工学院学习，开始随植物生长素的发现者温特（Went）教授选题研究，用两年的时间完成了博士学业，其后在生

---

① 南开大学办公室. 南开人物志：第一辑[M]. 天津：南开大学出版社，2016.

物物理研究室和系主任摩根（Morgan）主持的生物遗传研究室做生长素和遗传方面的研究。1938 年回昆明，任西南联合大学兼清华大学农用研究所研究员。1944 年至 1945 年接受英国剑桥大学聘请，任交换教授。1945 年至 1948 年任北京大学教授，1948 年被选为中央研究院院士。1948 年 12 月接受联合国教科文组织聘请，赴印度德里任南亚科学合作馆科学官员。

　　1949 年中华人民共和国成立，1951 年殷宏章毅然辞去了联合国教科文组织的职务，携全家回国，出任中国科学院实验生物研究所研究员，并协助罗宗洛建立植物生理研究室。1953 年植物生理从实验生物所划出，单独成立了上海植物生理研究所，他出任副所长。1978—1983 年任所长。1983 年 5 月任名誉所长。他是中国科学院学部委员（院士），曾任中国植物生理学会第二、第三届理事长，第四届名誉理事长，《植物生理学报》和《植物生理学通讯》主编，《中国科学》《科学通报》《生物化学与生物物理学报》编委，第二、第三届全国人大代表，第五、第六届全国政协委员。

　　殷宏章于 1992 年 11 月 30 日于上海逝世，终年 84 岁。

　　殷宏章是我国植物生理学研究的主要奠基人之一，他在半个多世纪的科学生涯中，呕心沥血，顽强拼搏，为植物生理学的发展做出了卓越的贡献。

　　1927 年殷宏章在南开大学读书时，就在导师李继侗教授指导下发现了"瞬间效应"，他采集一些水生植物，切断茎部，在不同光照条件下数放出的气泡，试证当时为最重要的限制因子（Blackmail）所提供的定律原则。例如在适当温度及充分二氧化碳浓度下，每秒放出的气泡与光照强度成正比，强光下气泡多，弱光下气泡少。在做这个实验时，殷宏章发现，在光强度转换时，放出气泡的速度不是从一个较低的恒定值立即升到另一个恒定值。例如从弱光转到强光，放出气泡速度突然上升很高，然后下降到高光强恒稳定值。李继侗教授对此发现极感兴趣，并称之为"瞬间效应"。经过反复试验，写成了《光照改变对光合作用速率的瞬间效应》一文，1929年在英国《植物学年鉴》（Annals of Botany）第 43 卷上发表。这个发现的意义当时并没有被人认识。30 年后，由于西方学者对瞬间效应（Blink 于 1957 年）和双光增益效应（Emerson 于 1958 年）的发现，人们才重新注意到这篇论文并认识到它的重要意义。所以美国科学家弗里（Freeh）在他写的光合瞬间效应的文章中指出：殷宏章他们是两个光化学反应学说的先驱。

　　在 20 世纪 30 年代，当植物激素生长素发现不久，殷宏章就开展了这方面的工作，研究生长素对小球藻生长的影响，取得了不少有意义的成果。1941年他对植物运动规律及机理的联系进行了探讨，发现番木瓜叶子昼起夜垂的原因是叶柄上端前后面早晚生长的速度不同，而这种不同是受叶片中生长素影响造成的。他在生长素方面的工作，在国际上算是开展得比较早的，曾被生长素发现者温特（Went）在论著中所引用。

1944年，他作为第一批交换教授，到英国剑桥大学工作一年，开展了植物体内磷酸化酶糖类转化方面的研究。1947年他发现了一个化学组织方法，即把植物组织切成切片，加入底物作用一段时间然后染色，观察酶的分布情况。1948年，他用这个方法证明了磷酸化酶在高等和低等植物细胞中都存在，其分布的位置与淀粉形成的部位基本上一致，并且酶活性变化与淀粉形成的量有相关性。他用组织化学方法研究细胞中淀粉形成的实验结果，多年来一直为国内学者所引用。气孔的关闭和开放与磷酸化酶在不用pH情况下活性不一样有关系。

1951年，殷宏章辞去联合国教科文组织的职务，留在中国科学院实验生物研究所任研究员，继续开展磷酸化酶的工作。他发现了洋葱对磷酸化酶有抑制作用，说明了为什么有些植物不形成淀粉；1956年，研究水稻成熟过程中，磷酸化酶活力与籽粒中淀粉积累速度的变化相符合，推动了谷类植物淀粉的生化工作。植物体内物质的转化，比如蔗糖是植物碳水化合物的重要物质，它如何转变成淀粉等问题，是植物生理学者很感兴趣的问题。殷宏章等1957年进行了探讨，证实了光对叶内由糖形成淀粉的促进作用，是通过磷酸化作用，产生高能磷酸键，使蔗糖转化为磷酸酯而产生的。1958年，殷宏章等对禾谷麦籽粒糖类的转化进行了系统的研究，证明籽粒成熟过程中有麦芽糖产生，麦芽糖迅速通过磷酸化转成蔗糖；在籽粒发芽时，胚乳中麦芽糖大量积累，但通过质状体时全部转成了蔗糖再运幼苗；质片中存在一种麦芽糖激素，将麦芽糖直接磷酸化，然后再转变成蔗糖。籽粒中碳水化合物的这些转变途径，当时文献中都未见报道。1956年，在他的领导下，对水稻开花后籽粒中的物质来源进行了探讨，发现籽粒中2/3的物质是当时的光合作用形成的，其余是从茎秆原存物转运而来；茎中运走的不仅是糖和淀粉，还有大量的蛋白质和部分纤维素。在这些工作的基础上，1957年，他们又用同位素碳十四探明了水稻乳熟期各叶片向光合作用产物没有什么运转，而无效分蘖的光合作用产物可部分转到有效分蘖上去的现象。1960年，他在总结农作物高产经验的基础上，提出了"群体结构"概念。他把一块田看作一个有机的整体,把群体的生物规律与个体的生理活动结合起来考察,开展了大量群体生理研究,提出了一系列学术观点,为农作物合理密植、合理施肥等提供了理论依据。1961年他主编了《稻麦群体研究论文集》,对我国农业生产起到了指导作用。

殷宏章在20世纪50年代后期,把大量精力投入到光合作用的研究上。1959年,我国组建了第一个专门研究光合作用的研究室,在他领导下,开展了光合作用磷酸化研究,很快取得了成果。1961年,他和他的学生对光合磷酸化量子需要量进行了测定,测得形成一个三磷酸腺苷分子需要4—6个红光量子,证明了光合磷酸化反应是整个光合作用反应的一个组成部分。他在莫斯科召开的第五届国际生化学会上将此工作做了报告,会上同时有3篇这方面的研究论文,但以殷宏章等人的研究报告最为完整。1962年他领导的实验室对测定量子需要量时所观察到的光强效应做进一步探讨。实验证明,经预先照光的叶绿体在暗中能使二磷酸腺苷(ADP)和磷酸合成三磷酸腺苷(ATP)的能力,是由于在光下积聚的光合磷酸化中间步骤有关的物质或状态所构成,这是在国际上首先发现了光合磷酸化研究的两篇重要论文之一。1977年在联邦德国出版的《植物生理百科全书》引述中国首先发现了高能态。在此之后,殷宏章主持下的实验室研究了闪光、不同波长、不同电子受体外等对光合磷酸化的作用以及叶绿体的结构功能,探索了光合作用的调节和控制,获得了一系列研究成果。有关"光合磷酸化高能态的发现及其有关机理的研究"于1982年获国家自然科学二等奖。

殷宏章对我国科学事业的贡献是多方面的。几十年来,他为我国生物科学发展倾注了全部精力。

20世纪50年代初,他为我国抗菌素生产和研究付出了辛勤的劳动。他以极大的热情参加了我国《十二年科学技术发展远景规划》起草工作。殷宏章还是开展我国空间生物学研究的积极倡导者,早在1960年他就发表了《人造小世界》一文,提出了同时送植物和高等生物上天的设想,并分析了能完成物质循环的生物系统的必要组成问题。60年代初,他还领导建立我国第一个人工气候室。

50多年来殷宏章共发表论文59篇,其中2/3是1951年归国后发表的,译著有《光合作用》《生长调节物在农业中的应用》《高原植物的呼吸作用》《植物生理学的分子探讨——绿色植物中的化学变化》等。他撰写了25篇综述,系统介绍了光合作用历程、植物生化现状、近代生物科学展望、农业生产中的群体概念等，撰写了 10 篇科普文章。晚年他还撰写了专著《植物的气体代谢》。

殷宏章是一位学风严谨，功勋卓著的学者，他亲切和蔼，宽厚待人，作风正派。他对晚辈循循善诱，严格要求，大力提携。经他培养的学生，不少人已成为国内优秀的科学家。

殷宏章 1977 年被评为上海市先进工作者，1978 年全国科学大会上被评为先进工作者，1985 年获中国科学院从事科学工作五十年奖状，1988 年获美国加州理工学院杰出校友奖，1989 年获中国科学院荣誉奖章。

文章作者：王淑芳

娄成后

娄成后（1911—2009），祖籍浙江绍兴，1911 年 12 月 7 日出生于天津，外祖父是我国著名教育家、藏书家、刻书家卢木斋先生（曾捐建南开大学木斋图书馆），祖父娄春蕃长期任职于直隶总督幕府，父亲娄裕焘毕业于美国耶鲁大学，曾在美国檀香山等中国领事馆任职，母亲卢云青曾主持私立木斋蒙养园及小学校务工作，该校后来发展为著名的木斋中学。

受家学影响，娄成后自幼聪颖好学，12 岁考入北京育英中学，后转入天津扶轮中学就读，1928 年高中二年级时考入南开大学，当时生物系主任李继侗先生讲授的"普通生物学""进化论"等引发了娄成后对生物科学的兴趣，从此立志学习和研究生物学，1929 年随李继侗先生转入清华大学继续学习，1932 年毕业于清华大学生物系，1934 年岭南大学研究生毕业，1939 年获得美国明尼苏达大学博士学位后受聘于清华大学，1946 年赴英国伦敦大学进修，1948 年回国继续任教于清华大学。

1950 年，清华大学农学院、北京大学农学院和华北大学农学院合并成立北京农业大学（今中国农业大学），娄成后转入北京农业大学任教，1956 年被评为一级教授，曾任北京农业大学研究生院副院长、副校长，并兼任中国科学院上海植物生理研究所、中国科学院植物研究所研究员，1980 年当选为中国科学院学部委员（院士），1982—1992 年担任第六、第七届全国政协委员。

娄成后先生是我国著名的植物生理学家和农业科学家，他长期从事高等植物生长发育过程中细胞间物质运输及信息传递的研究，并在理论与实践上做出了卓越贡献。他在国际上首次发现与论证了植物细胞间的

"电偶联"现象，显示胞间连丝是电波传递与电解质转移的最有效通道，此项成果是国际植物生理学研究中的一项重大突破；他首次提出并证实了植物细胞核物质和多种胞质成分经胞间连丝在细胞间运动，由此提出了胞间连丝随发育时期与外界条件影响而表现为可控、封闭与开放三种状态的转变来实现对细胞间交通的调控，这一新见解发展了物质运输理论，在国际上推动了对植物细胞胞间连丝结构和功能的关系及其调控的研究；在植物根冠间的信息传递方面，他研究了植物动作电波和变异电波的传递、植物在逆境下化学信号的产生和传递，发现不同刺激诱发的信号在质外体和共质体进行远程传输，维管束不仅是根冠间物运输的动脉，也是各种信号传递的途径，由此实现根系对地上部的遥控；根据对植物体内电波传递的研究、神经递质乙酰胆碱在植物信息传递中作用的发现以及原生质运动中微管微丝的作用，他又提出了植物界存在"神经—肌肉机制"的新设想，为研究植物感应性的机制开辟了新思路与新途径。

娄成后先生（后排左二）与汤佩松先生夫妇、俞大绂先生夫妇、殷宏章先生（后排右三）、崔澂先生（后排左三）等合影。

娄成后先生与殷宏章先生合影

娄成后先生曾担任国务院学位委员会学科评议组成员，中国植物生理学会副理事长，中国植物学会和生物物理学会常务理事，中科院生物学部常委，曾主持《植物学报》工作，并担任《植物生理学报》编委。由于在科学研究方面的创新成果和对农业的突出贡献，他曾获得多项奖励，1980年获农业部科技成果一等奖，1982年获得国家自然科学成果二等奖，1995年获得亚洲农业发展基金奖和中华农业科教奖，1996年获得何梁何利基金科学与技术进步生命科学奖，1997年获得陈嘉庚基金农业科学奖。

1995年，娄成后先生获得亚洲农业发展基金奖

1997年娄成后（左四）获陈嘉庚基金农业科学奖

文章作者：田在宁

匡廷云

匡廷云（1934—），1934 年 12 月 29 日出生于四川资中，植物生理学家，中国科学院院士，国际欧亚科学院院士，中国科学院植物研究所研究员、博士生导师。匡廷云于 1956 年从北京农业大学毕业；1957—1959 年在南开大学生物系进修，成为留苏预备研究生；1962 年获得苏联莫斯科大学副博士学位后回国，进入中国科学院植物研究所工作；1981 年作为高级访问学者，前往美国密执安州立大学植物实验室工作；1998—2003 年担任中国植物学会第十二届理事长；2000 年担任中国科学院生物学部副主任；2002 年受聘为首都师范大学生物系特聘教授；长期任清华大学生命科学学院兼职教授；2008 年受聘担任杭州师范大学生命与环境科学学院院长。匡廷云长期从事光合作用光合膜的研究，在光合作用、光合膜、叶绿素蛋白复合体结构与功能研究方面取得了系统的、创造性的成果，在国内外发表论文 400 余篇，并获得国家自然科学二等奖两次，中科院科技进步奖及中科院自然科学奖等。

匡廷云的青少年时期是在战火纷争、满目疮痍的年代中度过的，她从小目睹祖国被列强侵略、教育严重匮乏、科学技术落后、人民生活在水深火热之中，因此小小年纪便萌生了科研救国的志向。匡廷云的父亲受新思想影响，到了上学的年龄，匡廷云即被父亲送到学堂读书。青少年时代的匡廷云努力学习，1952 考取北京农业大学土壤农业化学系读本科，正值百业待兴之时，她希望通过自己的努力，能够解决人们的温饱问题。匡廷云在大学期间积极投身学习与科研，并积极参加学校组织的各项活动，1955 年在大学期间加入中国共产党，更加坚定了为党和人民献身科研事业的崇高理想，她在志愿书中写道：在这伟大的毛泽东时代，我不能生活在党的外面，我要参加到党的队伍中去，更自觉地为党的事业，共产主义事业奋斗一生，把自己的整个生命，献给党的事业。这是我的入党动机。青年时代的匡廷云严格要求自己，不断追求思想和学业上的进步。匡廷云 1956年大学毕业，获得学士学位。

匡廷云入党志愿书手稿

青年时代的匡廷云

　　从大学毕业后到 1958 年留学苏联前，匡廷云一直在南开大学生物系进修，成为留苏预备研究生。匡廷云将这个时期称为"她一生中最难忘的记忆之一，为留苏打下了坚实基础"。1958 年至 1962 年，匡廷云在苏联莫斯科大学留学，并获得副博士学位。在莫斯科，匡廷云遇到了她的丈夫章申，两个意气风发的年轻人很自然地走到一起，完成学业后，匡廷云到中国科学院植物所工作，章申到中国科学院地理研究所工作，两人开启了追求科研探索的艰辛道路，两人都入选中国科学院院士。

匡廷云在苏联莫斯科大学学习期间

20 世纪 60 年代，匡廷云就开始了光合作用机理的研究。当时国内的研究条件很差，与国际水平相差也很大，但她还是选择了这个"硬骨头"。因为匡廷云认为光合作用机理的研究理论和实践意义非常重大，是自然科学、生命科学研究的前沿。

20 世纪 70 年代中期，匡廷云把全部精力投入到光合作用的机理研究，成为我国光合膜结构与功能研究新领域的开拓者，取得了重大学术进展：她揭示了捕光叶绿素蛋白在膜上横向迁移调节激发能分配的规律；首次证明 21kD 膜蛋白是光系统 I 长波荧光发射的最初来源；提出光系统 II 反应中心可能的动力学模型；首次发现光系统 II 反应中心叶绿素蛋白的组氨酸残基及原初电子受体去镁叶绿素受到光照破坏，提出了反应中心第二条电子传递链具有光保护功能的假设等。这些研究对我国光合作用的发展做出了突出的贡献，在国内外光合作用研究领域产生重要影响，曾获得国家自然科学奖二等奖、中科院科技进步奖、中科院自然科学奖等多项奖励。她被评为国家级有突出贡献的中青年专家、中科院优秀研究生导师，并于 1995 年当选为中科院院士，1999 年被评为中科院"巾帼建功"先进个人和中央国家机关"巾帼建功标兵"。

2002 年 9 月，匡廷云爱人章申因脑癌逝世，她忍受巨大悲痛，依然没有停下科研奋斗的脚步，她作为第一批国家 973 项目的唯一一名女性首席科学家，将国内生物学、化学、物理学、农学等 200 多名科研人员组成科研团队，夜以继日开展科研攻关；2003 年，匡廷云出版专著《光合作用原初光能转化过程的原理与调控》，并获得第十四届中国图书奖；2004 年 3 月，匡廷云团队与生物物理所常文瑞院士团队合作在《自然》（Nature）以主题论文的方式发表长文——《菠菜主要捕光复合物 LHCII 2.72 分辨率的晶体结构》，且研究成果中的 LHCII 晶体被选作当期杂志的封面照片。该成果成功超越了德国等发达国家的研究，被国际同行评价为光合作用研究领域的重大突破，成果被选为 2004 年中国科学十大进展之一，获国家自然科学二等奖。这也是国际上第一个用 X 射线晶体学方法解析的绿色植物捕光复合物高分辨率空间结构，推动了我国光合作用机理与膜蛋白三维结构研究进入国际领先水平。在此后十年，匡廷云创新团队包括秦晓春教授、韩广业研究员、王文达研究员等，又首次在原子水平解析了光系统 I 反应中心及天线色素蛋白超级复合物的空间结构，以及硅藻天线蛋白复合体 1.8 埃分辨率的三位结构；先后又与清华大学隋森芳院士团队、浙江大学团队合作，解析了硅藻、绿藻、红藻等光合生物的一系列色素蛋白超级复合物的空间结构，国际上给予了极高的评价，入选 2019 年中国科学十大进展。

科研成果被用于《自然》（Nature）封面

　　2005 年，匡廷云身患癌症，连续做了两次手术，临上手术台的时候，她对医生说：如果能从手术台上下来，她要继续完成她的研究，因为还有好多研究没有完成，好多想法没有实现。她的话让在场所有人为之动容。匡廷云用一生诠释了科学家的精神，她说过：科学要求一个人献出毕生的精力。她以对科学的热爱和执着追求科学的极致和美。

　　因为从事光合作用研究，匡廷云被敬称为"追光的人"。当"心中有光"被许多人当作对人生的寄望时，匡廷云阐释了她心中的光："我们要追求光明的前途，我们要追求美好的生活，心里要明亮。对大自然来讲，没有光就没有光合作用，没有光就不可能有人类社会的发展，我一天到晚都在研究太阳能的高效转换，这不仅是科学的前沿，而且跟国家的重大战略需求也是紧密结合的。我愿意做一个追光的人。"

　　匡廷云曾担任国际光合作用协会执行委员会委员，2019 年，获国际光合作用及氢能研究可持续发展大会"杰出成就奖"和亚洲—大洋洲光生物学学会"杰出贡献奖"。

　　2019 年，南开大学建校 100 周年，匡廷云获得"南开大学杰出校友"荣誉称号，她在接过证书后难掩激动之情，她非常感谢母校给予的荣耀。她说："虽然今年我已经 85 岁了，但我一定不忘母校给予的这份荣誉，继续为我们国家的科学事业、创新研究做出应有的贡献。"

匡廷云出席"南开大学首批杰出校友荣誉称号授予仪式"

　　2020 年，在全国植物生物学大会上，匡廷云获得中国植物生理与植物分子生物学学会"终身贡献奖"和"杰出成就奖"。

　　2021 年，匡廷云获评"典赞·2021 科普中国"年度十大科普人物。

同年，大数据科技传播与应用高峰论坛暨"科创中国"试点城市推进式在湖南省衡阳市举办，匡廷云出席并做《光合作用与全智能化的工厂——颠覆传统农业的新兴战略产业》专题报告。

匡廷云做专题报告

文章作者：王兰　杨春红

钱　前

　　钱前（1962—），安徽安庆人，水稻分子遗传学家，现任中国农业科学院作物科学研究所所长，中国水稻研究所副所长，水稻生物学国家重点实验室主任等职。1983 年毕业于南开大学生物系遗传专业，获学士学位。1989 年获日本北海道大学遗传育种专业硕士学位。1995 年获中国农业科学院研究生院遗传育种专业博士学位。2013 年 11 月至 2017 年 6 月曾兼任中国农业科学院深圳农业基因组研究所所长。

　　钱前长期从事作物种质资源研究，在水稻种质资源发掘创新、重要农艺性状解析与分子育种等领域取得一系列重要研究成果，对农业生产具有重要育种价值。他的研究成果先后获国家自然科学一等奖（排名 3）、二等奖（排名 2），国家科技进步二等奖（排名 1）等，并得到国家自然科学基金委员会"杰出青年科学基金"和"创新群体科学基金"资助，牵头国家自然科学基金基础科学中心项目"农作物种质创新与创制"；以通讯作者或共同通讯作者在国际重要学术刊物上发表论文 90 余篇；先后被评为全国农业科研杰出人才和浙江省特级专家等，享受国务院政府特殊津贴。

　　2019 年当选中国科学院院士。

　　在科研和人生的道路上，总有前辈为我们指引前进的方向，作为我们的榜样，给人以高屋建瓴般的启示。南开生物的百年发展史当中，就有这样一大批优秀的前辈，其中最具有代表性的就是在生命科学学院新实验站大厅当中悬挂的那几幅肖像的主人，中科院院士钱前就在其中。他如今在水稻研究中卓有成就，我们不禁对他如何走上农业创新的道路颇感兴趣，并就此与他进行了访谈和交流。

从农敬农

从在南开学习遗传专业到投身农业科研事业，钱前院士从事农业科研工作，要从他大学毕业后的考研经历说起。当时，中国农科院鲍文奎先生利用小麦与黑麦杂交在国际上首次育成了八倍体小黑麦新物种，钱前对这个研究方向很感兴趣，于是他报考了鲍先生的研究生，没想到却名落孙山。原来，鲍先生倾向于挑选农学专业的学生，认为有农学功底更能吃苦。

考研的失利让钱前体会到了挫折，但是他并没有失落太久，他仍旧选择迎难而上，坚持从事农业的初心。彼时恰逢中国水稻所刚刚建立，到南开大学招人，因从小爱吃米饭，对水稻感兴趣，钱前便选择去了中国水稻所工作。

刚到水稻所时，钱前就被安排到了育种系，这对于他是个不小的挑战——做水稻育种，得下田。可是在此之前，钱前没有真的插过秧。刚开始与田间的科研辅助工人一起劳作时，他被认作只懂书本知识的外行人，但是钱前既勤奋又好学，慢慢地，工人们发现钱前将所学与实践结合得很好，开始逐渐相信他，把他当成了"内行人"。

"所以说，什么都要坚持。做农业是很辛苦的。科研人员唯有日复一日、不畏艰苦地把一件事做到极致，才能在自己的领域有所收获。"钱前院士充满感慨地说。

种子梦和水稻梦

如今，钱前在中国农业科学院作物科学研究所从事水稻种质资源的科研工作，同时还担任研究所的所长以及国家作物种质库的主任。这也是让他觉得颇具戏剧性的一件事，因为大学毕业时他报考研究生却未考取的研究所正是如今所在单位的前身。这也成为他勉励学生和后辈要坚持的一个生动的例子，"人生十有八九不如意，一定要努力"。

"新冠疫情当下，我比任何时候都认识到了农业的重要性。"他说："在目前的国际形势下，我深刻地明白了粮食是战略物资。习近平总书记曾说，悠悠万事，吃饭为大。因此在解决所有事情之前我们首先应该把吃饭放在第一的位置。"

　　钱前在水稻研究的发展方向上颇有见解。他认为，尽管中国的水稻发展已经取得举世瞩目的成就，但在种质资源鉴定和基因知识产权保护方面还需进一步发力，推动我国从种质资源大国向基因大国迈进。他建议进一步加强生物育种研究，还与阿里巴巴等企业联合攻关智慧育种方向，致力于提高遗传育种的精准性和效率。

　　钱前在年初为自己定下了三个年度目标，一是用好国家作物种质库；二是建好南繁育种基地；三是送"小薇"水稻上太空。

　　对于有着 14 亿人口的大国来讲，保障国家粮食安全是一个永恒的课题，种子安全是关键。国家作物种质库中保存的种质资源是提升我国种子自主创新能力，打赢种业翻身仗的材料基础。南繁作物表型设施可以实现对作物表型和基因型的精准鉴定，拓展和完善了基地功能，将大大促进种质资源的鉴定和利用，服务种子创新。

　　而"小薇"水稻，是钱前团队创制的超矮水稻新种质，适合用于未来植物工厂类型的生产方式。钱前解释说："现在常说中国人的飞天梦，飞天梦实现之后，要在宇宙中建立起物资支持系统，就要提早谋划在太空中种粮食。"

　　2022 年 7 月，"小薇"已经搭载"问天"实验舱在中国空间站内生根发芽，在星辰大海中播种下新一轮的希望。

中科院院士钱前，央视《开讲啦》

情系南开

钱前是有爱国主义情怀的南开人。在钱前眼中，1919 年建校的南开大学，当时正值"五四运动"风云激荡，百年来南开大学走出了一条与国家民族休戚与共的办学之路。钱前在南开学到了科学知识，结识了志同道合的校友，更深受南开爱国传统和优良学风的影响。他总会提到南开大学杰出校友周恩来总理的那句话，"为中华之崛起而读书，为民族之复兴而读书"。

钱前认为自己现在的成绩与大学时代老师们的教诲是分不开的。每每回校，他第一件事就是去看望大学老师。钱前甚至对他们的近况如数家珍，"周之杭老师是研究育种的非常出色的教授，我当时在他实验室里做染色体分带，他现在已经 93 岁了，还经常发微信勉励我。遗传专业的陈瑞阳先生，获得过国家自然科学二等奖，他在中国很多农作物染色体形态和分带识别方面有突出成果，他去年去世了。遗传学的系主任张自立老师，研究分子遗传学，是曾经的南开教务长"。另外，他还提到了校长杨石先先生，当时杨校长 70 多岁，在新开湖畔散步时遇见，钱前主动说自己是安庆老乡，杨校长亲切鼓励他"好好努力"。

如今，钱前和他的同窗们已经奔赴各行各业，尽管不能经常相聚，但是和大部分人仍保持着联系。"有一位从事医学的同学李培林，现在是耶鲁大学医学院教授，主要研究方向是人类遗传病的鉴定和诊断；还有一位叫马延和，现在天津工业生物所担任所长，在淀粉人工合成方面取得了突破性成果；还有植物所副所长景新明，在国际上首创了植物种子常温保存方法，实现了种子保存研究领域的重要突破，引领了国内超干燥保存研究的热潮"。

"在知识积累的过程中，你身边的老师、同学以及环境，对你以后的人生选择都非常重要。于我而言最大的收获就是身边的老师和同学，他们帮助我树立了正确的人生观，让我知道自己喜欢什么，不喜欢什么。"这是钱前院士对自己大学经历的总结。

自有后来人

采访接近尾声，钱前院士表达了对每一个南开学子的期盼。

他说，做学问，首先要有接受失败的勇气，耐受挫折；其次，不要轻易否定自己，发现一条道路走不通的时候，可以尝试转换思路，只要永远不放弃，是金子总会发光的；最后，更要勇于创新，通过读书学习，在掌握知识的基础上，要敢想敢为。

"南开有一个光荣的历史。奋斗如逆水行舟，不进则退。新时代的我们更要奋进，要把周总理等前辈的辉煌续写。"钱前寄语生科学子，要耐得住寂寞，努力学习知识和本领，厚积薄发，团结协作，努力把南开的特色发扬光大。

采访记者：王楠　杨倩

文稿撰写：王楠　杨倩　王一涵

第三部分　校友回忆

南开十年[①]

殷宏章

我是 1922 年夏天在天津一个小学毕业后考入南开中学的。读了一年，1923 年，因每日走读，来往甚远不便，家中读书的孩子又多，遂不再去，就退了学，家里聘请教师，与姊弟们一起补习国文、英文、数学等。1924 年考取南开大学预科，1925 年转入理学院正科，1929 年毕业后，留校做助教及讲师。

1933—1934 年休假一年到清华大学研究院学习，1935 年考取清华留美公费生，才离开南开，前后算来在南开学习和工作一共十年多，正是我青春成长的时期。现在已过去半个多世纪，回忆过去的环境与生活，师友交往，不胜眷恋缅怀。

提到南开，自然会想到敬爱的周总理，但余生也晚，我上中学时，他已毕业去日本，我上大学时，他已离校去法国，所以没有在学校见过他。但我早知其名，并且参加过他所领导的运动，那时我还在小学，记得一次天津学生大会（是第一次世界大战胜利，还是"五四运动"，记不清了），听到他的讲演（身穿长袍马褂），后来游行示威，被警察冲散，听说他被捕，非常气愤，议论纷纷。以后几十年没再见到他，他有几位堂弟在天津，与我们住得很近，小时常在一起玩，还同过学，以后也未有音信了。我还看到过邓颖超大姐，那时她在天津女子师范学校。

我上南开中学，正值学制改革。原是小学七年，中学四年，改为小学六年，中学初高中各三年，我是七年小学毕业的，所以考进南开就编入初中二年级学习，我在第七组上了一年。现在回想起来，有几位老师同学还记得很清楚，有的后来还见过。

最巧的是，我的国文教师是舒舍予，即后来有名的文艺作家老舍。他

---

① 殷宏章. 未完成的回忆录：续一[J]. 植物生理学通讯，1994，30（5）：392-400.

1922—1923 年在南开中学教了不到一年的书。我也只在南开中学上了一年学，真是难得巧遇。我对他印象极深，他说一口道地的北京话，讲课又有趣，我很喜欢他。教材是什么，我记不得了，大约是古文之类，当时我正爱看小说，整日沉湎于新文艺书刊。记得有一次我借了一本新出版的翻译的外国小说，上课时放在书桌下膝盖上偷看，被他察觉。他一边讲着，一边走到我面前，叫我把书拿给他，他一看笑了，说这本书很好，他也爱看。他没有责罚我，只是说收起来，不要上课时看。这件事我印象很深，一直没有忘记。

另外一人与南开经常联系在一起的是南开学校的创始人——校长张伯苓先生。凡是早期南开的人都忘不了他，真是桃李满天下。南开的一切都是他创建的，总管学生学业、教育行政及生活，还常对学生讲话。不仅他本人，他的大儿子也教过我，二儿子还是我的同学。中华人民共和国成立后，我们全家从国外回来，见到周总理，他还提到我们的老校长。

我在南开中学一年（初中二年级），读了什么课程记不清了。除了国文、英文、数学（似乎是几何、代数），大约还有物理、化学、中国历史和地理之类，但肯定没有世界历史和地理。这对我来说是一憾事。因为我只读了一年，又没有上高中，所以没有机会学习它。有时自己翻阅一些，但没有系统地、整体地读过，至今还是一个缺欠。

我上南开中学时，家住在河北区，每天上学先要跑过海河金钢桥到天津的东北角，再坐电车去西南角，还要走些路才到校，交通很不方便，有时要乘人力车，我与二弟一起去，二弟身体不好。这样上了一年就不想去了。那时也很时兴请教师在家里补习。于是，我们就请了两位教师每天来两三个小时，在家教国文、英文、数学等。过了一年，南开大学招考新生，我报了名，居然考上了预科，1924 年秋进入南开大学八里台新校址。

在预科读了一年，1925 年转入了大学本科。当时全校约二百多学生，理学院的只有几十人。当时理学院有三个系——数学、物理、化学，三位老教授。数学系人少，但培养出的人才很突出。与我先后同学的就有申又辰、江泽涵、陈省身等人，后来都是举世闻名的专家。陈省身在美国加州大学任教多年，十几年前曾在美国见过，现已退休，还在南开兼任，并创立数学研究所。前见报载，陈省身最近在一次国际会议上说，下一世纪，中国将在数学领域领先，将成为一个学术中心。

物理系人也不多，饶毓泰教授主持。与我同年级的吴大猷，现在台湾任"中研院"院长，经常往来于中国台湾与美国之间。前见《人民政协报》载，他曾为不能来大陆而发愁呢。他的弟弟也是南开大学毕业的，曾任南开大学副校长多年。化学系人最多，老教授有邱宗岳、杨石先，学生也多。生物系那时还没有专家教授，只有一门普通生物学课程，到1926年，李继侗先生由美回国任教，才开设一些植物学课。

1925年，我入理学院本科，但要学习什么课程并没有好好考虑。先是想学数学，但第二年，高级微积分很深，感到学习有些困难，自己想可能不是这块材料。学物理又老是有些怕。倒是化学系人多又热闹，就想以化学系为主了，而且更有兴趣，因此多选了些化学课。

1926年秋，李继侗教授来南开，开设植物学课，我也选了。1927年，他开植物生理学课，招纳学生，我也选习了。上课只有我一个人，一学期每周二三小时课，一下午实验。与老师办公桌前对坐，越听越有兴趣。当时还没有什么教科书，只有里维斯顿（Livingston）译的帕拉金（Palladin）的植物生理学（Plant Physiology）。此外，就是萨克斯（Sachs）的两大本，普费弗（Pfeffer）的三大本，李先生常叫参阅，有时还看一点综述性文章。实验也是自己做，李先生指导，有时也亲自参与，采集材料如树枝、叶、花草、水塘里的藻类等，方法也是最简单的，没有仪器，如做光合作用时主要就是用水生植物，切断茎，在水中数气泡，一人数，一人看停表（stop watch）报时，试管外用玻璃缸做水浴（water bath）保温，用电灯作光源，各色滤光片来改变光强光质。测生长则是幼苗画线。

除植物生理学外，李先生还开过几门课，如植物学、植物形态学、解剖学、组织学，以及做显微镜观察石蜡切片等，讲得不多，主要是看书及实验。此外还有无脊椎动物学、遗传学等，记不清了。这些课可以说是李先生专门为我开的，因为当时南开生物系刚开始，高年级只有学生一人（我）。

按南开的规章，大学四年要完成一定的学分，就可以毕业。只有几门课程是指定必修的，其他全可以自己选修，所以我三年半（1929年初）就完成了，还有一个学期我又选了几门课。1929年夏，正式毕业。

记得我们理学院全院同时毕业的只有六个人，数学系一人，物理系一人，化学系三人，生物系一人。我算是生物系毕业的，可是我读的生物学课程不如化学的课程多，也不系统、扎实、全面，动物、微生物方面的课程根本没有学。即使植物方面，最基本的植物分类学也没有学过。只是李先生有时带我们在校园内外采点标本，指教些树木学名等，因为他是搞森林的，所以对木本植物较熟悉些。

同时毕业的，除我之外现在记得有：物理系吴大猷；化学系卞学锦（女）、王端驯（女）、杨照（女）。

除去专业课程外，学习较多的就是外语了。讲授英文的老师主要是美籍华人教授或教授的妻子，他们一般只能说英文或广东话，也不讲什么文法，以看小说和对话为主。有些专业课（如化学）也全用英语教授。第二外语如我所学的德语，则是一位留欧教授所娶的德国人，中国话当然不会说，英语也不会说，只能说德语，因有课本慢慢也能听懂了。回想起来这也是学外文的好办法，就用外文说写，外文思考，比先学再翻译更好些，多看多说比学记一些文法造句规则更自然顺畅些。

也许因为人少，当时在南开大学，师生之间、同学之间交流融洽、欢乐，生活习性都很熟悉，相互关心，这是最难忘的。正如周总理所说"我是爱南开的"，大约校友都有同感吧。因此也记得一些趣事，名人的逸闻。

先说几位老教授吧。首先，说一下数学系的姜立夫老夫子。名师出高徒，上面谈到的几位著名数学家，都是出自他的门下。我对他不太熟悉，因为只上过两门数学课，印象中的他讲话非常清楚，一口普通话，有条理，精练，好像是预演过似的。因为他是浙江人，听课时要专心致志，有时思想一开小差，就会觉得跟不上了。也许我的"数学"脑子不够。

另一位是物理系的饶毓泰老教授。我上过他的普通物理学课。记得一次上课时，他突然提了一个问题，然后指名要我回答。我没有听清楚，站起来不知说什么。因为我一般被认为是好学生，较老实，成绩也好，他没责备我，但我也很尴尬，也许他发现了我没好好听讲才叫我的。对较淘气的学生就不同了，有一次他叫起一位姓李的同学，问他："牛顿的定律你全明白了吗？"李同学不敢说不明白，只好说全明白了，他就瞪着眼睛说："我还没搞明白，你倒全明白了（大意如此）！"全班哄堂大笑（这个故事我听说过两次，问的是热力学第二定律。在"我还没搞明白"前还有"岂有此理"）。

再一位是北京来的邱宗岳老教授。他真是诲人不倦，讲得仔细清楚。有时遇到比较困难的问题，还没等你提问，他就会说如果你要问这么一个问题，那么，他就会为你如此这般地解释明白。他教过我物理、化学、热力学。

我的导师李继侗教授却很不相同，上课有时他启发你提出问题，思考问题，他也不多解说，只是指引你一下，或者介绍某些书中一部分给你。也许是因为学生只我一人，上课并不是完全他讲，而是像讨论似的，这也许是培养科学研究的好方法，至少我觉得很好。他也很关心做实验，指导我找材料、找方法等。例如作光合作用时，采集一些水生植物，切断茎部，在不同光照条件下数放出的气泡，试证那时认为最重要的限制因子。又如在适当的温度及充分的二氧化碳供应下，光合速度为光强所限每秒放出的气泡与光强度成正比，强光下多，弱光下少。在做这种实验时我看到一些现象，在光强度转换时，放出气泡的速度不是从一个恒定值数立即到另一个恒稳定值。如从弱光转到强光，放泡速度不是从一个较低的恒定值立即升到较高的恒定值，而是突然上升很高，然后再下降到高光强的恒定值，反之从强光转到弱光则气泡数突然下降很快，然后再升高到稳定值。李先生看到这点很感兴趣，称之为"瞬间效应"。他做了很多实验观察在不同光强及不同光色转换时的这个现象，结果写成论文，发表在英国的《植物学年鉴》（Annals of Botany，1929），在那篇论文里他还提到是他学生中的一人发现了这个现象，这有些过奖了，其实那时他只有一个学生，就是我。

李先生很用功，天天在实验室里看书或工作，很晚才回家，甚至忘了吃饭。师母常常对我念叨，他的两个男孩也经常找我们玩。

不仅在业务上，在生活方面老师也很关心学生。记得我要毕业那年已认识我的妻子许桂岚。在未结婚前，我们经常在一起玩。南开大学是在天津城内八里台一片低洼地，生长着芦苇，有许多小河、水塘，有些货运小船，还有些双桨小艇，专借人划游之用。我们与船主也熟悉，可以星期天租借一只自己去划，到僻静的苇池边，与女友谈情说爱。同年级有几位男生也是如此，老师也知道，但不便直接干涉。记得在一次师生联欢会上，两位教授曾用一出对口剧来暗示规劝我们。由李老师扮作弟弟，恋着女友，不好好念书；由经济学何廉教授饰哥哥，责备弟弟不要整天昏头昏脑谈恋爱，年纪尚小，要好好读书，弟弟还推托强辩。我们看了明知所指不免面红耳赤。从这里也可看出当时南开师生之间的关系。这也许是"我爱南开"原因之一吧。

至于同学之间那就更是亲密无间了。我在南开读书时，全校不过四五百人，除去几十个女生外，都住在两座三层楼的宿舍里，约有一二百个房间，两三人一房。

宿舍前面（南面）是操场，有篮球、排球、棒球等球场及单双杠等设置。再前则是一条大路一直出校门，路两旁种有一排合欢树。再外是小河沟。在宿舍到后门之间路两边有曲形小塘，塘内有莲等。塘边的楼房为学习及工作的地方。我上学时只有两栋楼，一是秀山堂；另一是新建成的思源堂，是理学院物理、化学、生物实验室等。此外则是女生宿舍小楼，以及一片小平房称"百树村"，是教授住宅。还有一条小路卖小吃等。校园无墙，周围全是水沟。因为学生不多，一两年后就都彼此认识、熟悉，互有绰号。说话多用特殊口语，如称女生为桃子（Peach）等，中外不一。

每天上下课同来同往，下课后在操场上玩球，或出去散步。只有一两条路，再远出了校门可以走到那时的租界地如马场道，或者找一只小船，几个人撑撑划划，随便闲谈。

在宿舍里，晚上自修也不安静。本来指派二三人一个房间，但后来也随意乱搬。为了热闹七八人占一间大屋子，吵闹、玩耍。被褥应该每日自理铺叠，但都不大管，有的人一星期回家叠扫一次，有的人甚至一学期放假回家时才收拾。最有名的是四年大学，只铺过一次被褥，棉絮都剥离了。宿舍后面是食堂，包饭八人一桌，按时进餐，有时也可外面去小吃。吃饭也热闹。记得曾有一次比赛吃小馒头，吃得最少的一位女生只吃两只；而吃得最多争得第一的竟一顿饭吃了七十二只，结果得了一场大病，校医诊治几天才好。

这些趣事已过去六十余载，回忆起来犹在眼前。这也许是难忘南开的另一原因，因为当时处于年轻力壮、精力充沛、无忧无虑的年代吧。

1929年我大学毕业后，留校做助教及讲师，前后共五年。中间有一年（1933—1934）到清华大学研究院学习。

当时李继侗教授已离开南开，转到清华大学任教了，所以生物学系有一段时期没有教授，只有一位讲师是搞昆虫学的和我二人，后来请到由美回国的熊大仕先生任教授，他是研究原生动物学的，他开了普通生物学课，我帮他照顾学生实验，一般都在下午，上午没有什么事。我经常去图书馆看书刊，也去旁听些课程，化学系的所有课，我几乎都学了。此外还去听些文学院的课程，如心理学、变态心理学、哲学等，那时正时兴弗洛伊德（Freud）的著作。看的书刊很广泛，也有外国文学小说。除化学、生物等理科学科外，印象较深的是在《生物学评论季刊》（Quarterly Review of Biology）上李约瑟的文章，其生物学的整体观点，使我产生了浓厚的兴趣，又看了一些这方面的书籍，如怀特海德（Whitehead）等人的著作。那时图书馆还可以介绍买新书，为此也常去外文书店看些期刊书评，看有什么新的东西值得向图书馆介绍的。

我毕业不久就结婚了，与我父母同住，在天津旧城的南门外，离八里台南开大学不远。每天骑自行车往来也还方便。有时也住在学校里。校园内有教授宿舍，"百树村"十几处小平房，各为两单元，每单元为两所，每所有四五间可住的房，附有厨房、厕所等。几位单身的助教讲师住在一个单元，每人一间，约三四米见方，有床铺书桌等，也可烧饭，还有人打扫。过了三四年，30 年代初，我父母姊弟全家迁居北京，我们夫妇也跟着同去了。1933—1934 年我休假，在清华大学研究院，随李继侗先生进修了一年。1934 年我一人返南开任教，住在校园内的"百树村"宿舍大约一年，时间较长。回忆当时同住一处的一些朋友，前后不下十人，多已逝世，今健在还有音讯者只有一人了。回想那些欢乐的日子，正在壮年的朋友，不胜怀念。记得同住较长的有化学系助教两人，物理系一人，工学院两人，还有图书馆一人。工作读书之余，经常在一起谈笑风生，少年气盛，风云际会，实属难得。

20 世纪 20 年代南开大学刚建立，只有秀山堂一座教学楼，学生宿舍两座，此外还有一些平房、教授住宅、工厂食堂等。后来建了理学院实验楼思源堂。30 年代又建造一座图书馆名木斋，是纪念天津名士卢木斋的，还有女生宿舍等。我 1935 年离开时大致如此。十余年后情况大变，抗战中有些建筑如秀山堂、木斋图书馆已被日寇飞机炸毁。中华人民共和国成立后，则大幅度发展，逐渐恢复，校园总面积扩大，建筑面积增加了约十倍，老师学生大约也增加了十倍。我前几年去过一次，已今非昔比，不认识了。只有思源堂还屹立如旧，进去走了一圈，看看我半个多世纪以前工作的地方——实验室和办公室，可惜时间很少，只能坐坐，不胜留恋。

近年虽然有事经常去北京，离天津很近，但苦无机会再去南开。下一次一定设法再去八里台一游。有一两位较晚班的同学，还在校任教，甚望与之一叙旧情。老同学陈省身教授每年回国，必到母校。至于同班吴大猷兄，则不知何日能还。

1985 年，南开大学上海校友会成立，前排左起第四位为殷宏章

作者简介：殷宏章（1908—1992），中国光合作用研究的先驱，中国植物生理学的主要奠基人之一，1929 年毕业于南开大学生物系，毕业后留校任教，直至 1935 年赴美国加州理工学院攻读博士学位，1938 年至 1946 年任西南联合大学生物系教授兼清华大学农业研究所研究员，1946 年起任北京大学生物系教授，1948 年当选中央研究院院士，1951 年进入中国科学院工作，1955 年当选中国科学院首批学部委员，1978 年任中国科学院上海植物生理研究所所长，1979 年任中国植物生理学会理事长，1986 年任中国植物生理学会名誉理事长，1992 年 11 月 30 日逝世于上海。殷宏章先生对中国植物生理学的发展做出了卓越的贡献。

怀念李师[①]

娄成后

李继侗先生是我的生物学启蒙老师。我就读的高级中学附属于民国时期的铁道部，只开数理工课程，不列生物科学。1928 年考入南开大学后，一年级的课程中有三门属于生物科学的范畴：普通生物学、进化史与心理学。李师讲授的生物学尤其引人入胜，从此我对生物科学产生了兴趣。翌年我随着李师转入清华大学，主修生物系的课程。

在清华学习的三年中李师给我最深的印象就是他在教学上孜孜不倦，循循善诱，在治学上，严于律己，宽以待人。他最擅长利用简单的设备，便当的植物材料，针对当时国际植物生理界正在探讨与提出的问题，作独具见解的试验。根据试验结果，深入分析，往往能进一步揭开现象的本质。像燕麦胚芽鞘的再生作用就是这样的范例。燕麦胚芽鞘的向光性长期系列研究最终导致生长素的发现，已成为众所周知的生物史上的佳话，李师就是在生长素产生于胚芽鞘尖的发现之后，观察到在去尖后的芽鞘上端经过再生又可形成生理尖端，重新可以接受向光性的刺激，就这样，他发现了植物组织间的相互制约关系与补偿功能。这个重大发现也体现在他以后设计的银杏胚的人工培养中。"七七事变"后，平津相继沦陷，大学南迁，李师毅然率领大队学生由长沙跋山涉水徒步走到昆明，完成了学术界史无前例的"长征"！从此他不仅完成教学任务，努力钻研生物化学，还兼任行政职务，肩负着在困苦的大后方照顾师生生活等更为艰巨的重任。生物系中有些贫苦无依的学生，他就多方设法以至慷慨解囊为他们继续攻读创造条件。

李师原是学森林学的，曾做过植物生态学的研究。他在讲授植物生态学时，带领我们去北京西山实习。他对西山一带的童山濯濯、沙石填壑感

---

① 李继侗. 李继侗文集[M]. 北京：科学出版社，1986.

慨系之，多次强调必须由政府制定有效措施封山育林，严禁伐树、打草，才能挽回颓势。他举出清代封建王朝的东、西陵寝，经过多年的封山与自然的更替，曾经发展成林木葱葱的山清水秀的胜地，民国以来的肆意砍伐、开垦，不少森林遭到破坏，水土流失到难以收拾的地步。20 世纪 50 年代初期党和政府大力号召植树造林，保持水土，已初具成效，而"文革"时期，山林、草原又被破坏，沙化日趋严重，悲剧重演，令人痛心。最近几年我致力于现代农业中水土保持免耕法的介绍。仔细追究起来，不正是受李师思想潜移默化的影响吗？

在清华大学毕业前，我选修了李师指导的试验设计：把银杏苗的根系封闭在小水瓶内，按时称重，用来测量苗叶在不同条件下蒸腾失去的水分。正是用这样一个简单方法在 1964 年我交给一个研究生作甘薯秧条的蒸腾测量，从而证明：甘薯叶片气孔的正常开闭需要有根系生产的某些物质的供应才能维持，甘薯枝条一旦切除根系而该项物质被枝叶用尽时，叶片的气孔即使不缺水在白昼下也不张开。这项物质的化学成分最近又在重新探讨中，现在怀念李师，不禁令人想到学术探索的继承与发展。

作者简介：娄成后（1911—2009），1928—1929年就读于南开大学，毕业于美国明尼苏达大学，植物生理学家、生物物理学家、农业教育家、中国科学院院士。他在植物的感应性与信息的电波传递等领域取得了丰硕的研究成果，曾获得何梁何利基金科学与技术进步奖等奖项，代表著作有《作物产量形成的生理学基础》等。娄成后始终坚持教学、研究兼做，理论、实践并行的原则，先后兼任中国科学院实验生物研究所、植物生理研究所、北京植物生理研究室、北京植物研究所的研究员，与中国科学院合作开展了大量植物生理学的基础研究，并培养了很多研究生和青年科学工作者。

我的教育生涯

张自立

1949 年秋，一列由上海驶往北京的火车把我带到了刚刚解放不久的天津火车站站台。南开大学学生会迎新小组立刻热情地挤上前来帮我搬行李，领我上了校车开进学校，办理了新生报到手续。这一切，我至今历历在目、记忆犹新。但时间飞驰，我在南开园不知不觉已生活了 55 个春秋。我的一辈子既简单和平淡，也忙碌和辛劳。踏进南开大学时天津刚解放 9 个月，学校组织了很多政治活动，思想教育抓得很紧，新中国的诞生激发了一代青年的政治热情，我也不例外。在学习专业的同时，我积极参加各项政治活动，不断锻炼和提升自己。我 1951 年加入了共青团，1952 年加入了中国共产党，1954 年毕业后留校在生物系任教。我听领导的话，积极肯干，人缘较好，成了教师中重点培养对象，去校外进修、留学苏联等机会都有我的名字。年轻的我满怀感激和报答党组织的心，更加废寝忘食地拼命学习和工作。后来，"文革"开始了，全校教学科研秩序受到冲击，我也一度被关"牛棚"。"文革"结束后国家开始拨乱反正，我又积极投身于教学、科研和改革中。当时不少老教授的年龄渐渐接近退休阶段，经组织推荐，我先后担任系主任、教务长、院长等职务。我开始从普通教师变成双肩挑担干部，工作任务重，只能上班时间抓行政工作，下班后回自己的实验室搞科研和备课。我依旧在系里讲专业课并出版了教科书和专著；科研方面也发表论文几十篇，获国家教委科技进步二等奖两项；培养了 20 多名硕士生和博士生，一直到 1998 年秋我办理了退休手续。退休后的最初几年，我仍承担着博士生课程的讲授并参加生命科学学院的教学改革工作。

20 世纪 90 年代以来，为了适应科技飞速发展、知识经济社会的到来和国际竞争日趋激烈的形势，各国教育界有识之士都高声疾呼 21 世纪必须培养有社会责任感和团队精神的创造性的一代青年。当时我虽然在积极思考大学生培养目标的转型、人才培养模式的改革等问题，但未能及时有力地发动全院教师深入研究和讨论，未能提出相应的教改举措，未能跟上时代发展的步伐，成为我人生最大的遗憾。后来，我逐步意识到大学生的转型要求教师必须先转型，教师自身是否具有创新意识、精神和能力才是关键。只有具有创新精神和创新意识的教师，才能对学生进行启发式教育，培养学生的创新能力，可惜此刻我即将退休，深感自己认识到这一切太迟了。

但我仍然决心在教育改革中为培养学生的创新意识和实践能力再做一些探索和努力。1998 年初，我在生命科学学院面向本科生搞开放实验室和科研基金，并到学校教务处和天津市教委申请改革经费，也和当时院里主管教学的副院长一起，走访生物医药企业争取赞助，动员学生申请开展课余科研，组织学生自己提出有创意的实验研究题目，自己设计技术路线和实验方案，利用 3 个月课余时间独立完成。每学期搞一批，现已经进行了 12 批，前后约 200 名学生参加，其中有些学生的研究成果已发表了科研论文，有些学生的研究成果在天津市大学生创业杯竞赛中获得金奖，还有些学生参加了全国大学生创业竞赛并获奖，这种实验教学改革方式受到学生欢迎。在我承担的博士生公共课中也尽力贯彻启发式教学，着重培养学生的思维能力，课程时间按学生 1/3、讲授 1/3、讨论 1/3 来分配，讨论环节以教师引导、学生为主来讨论问题和分析问题。我负责生命科学学院教学督导组工作，为院里教学建设和改革出谋划策，经常到课堂听课，对主讲教师提出改进意见，交流教学思想。

如今，时光的列车已把我带进了退休的站台，虽然我仍在发挥微薄的余热，终究时间和精力有限。我常想如果年龄能倒退几年，我一定会从头做起，绝不辜负教师的神圣称号。我热爱这份教师工作，不仅是责任心在驱动，而且是与一届又一届的学生产生了真挚的感情。每当元旦前后，我总能收到大量来自国内外的学生们的贺卡与长途电话的亲切问候，其中不少是已经毕业十多年仍保持联系的学生。我把贺卡珍藏在书中多年，我很珍惜它。

在我的教育生涯中，我很感谢我的夫人，她是一位教授，也有自己的事业，但是沉重的家务始终是她一个人撑着，是她分担了我的压力，是她给了我力量才得以坚持下来。我希望退休后好好照顾她，使她有平安喜乐的晚年，不料数月前她患了脑血栓，我正在尽一切努力治愈她的病痛，她是我教育生涯中不可分离的好伴侣。

张自立老师和徐尔真老师

　　作者简介：张自立，1931 年 11 月 1 日出生，1949 年 9 月—1954 年 6 月在南开大学生物系读本科，毕业后留校任教，1981 年晋升为副教授，1986 年晋升为教授，1961—1963 年前往苏联莫斯科大学进修，长期工作在教学第一线，承担本科、硕士及博士课程，曾担任南开大学生物学系主任、南开大学教务长、南开大学生命科学学院院长、南开大学生命科学学院学术委员会主任，为国务院学位委员会第三届学科组成员。在植物染色体及其机理研究方面取得了多项成果，发表论文 50 余篇，获得国家教委科技进步二等奖两项、"宝钢教育奖"一等奖等多项荣誉。

六十五年前在南开

翟兴龙

我在 1951 年考入南开大学医预科，学习四门课：物理、化学、生物、英语，共一年半时间。当时我的年龄是 20 岁。学校不收任何费用，管饭吃。学生食堂在芝琴楼旁边，常吃高粱米饭，有菜，我年轻体壮吃得很香。我们这一届学生应当说是幸运儿，授课老师都是杰出的教授，杨石先教授教我们"有机化学"，申泮文老师教"普通化学"。生物系主任是萧采瑜教授，大部分课程是顾昌栋教授主讲。英语系主任是李霁野教授，授课老师是司徒月兰教授。她在授课时说"你们是我的学生，杨石先也是我的学生"。杨石先当时已经是南开大学的校长，我们和杨校长是同一个英语老师，当时我们都觉得特别幸运。

上课在八里台，住宿在六里台迪化村，每天往返。当时天津大学尚未建，路边是稻地，我每天早晚都经过这里。一天在稻地旁水沟中逮了一只螃蟹，这对我来说是个新鲜事儿。我老家在河南开封，从小没见过螃蟹。有一个同学叫卞学震，他是天津"八大家"的后人。他领我到锅炉房烤螃蟹，教我如何剥螃蟹、吃螃蟹。后来我俩都成了外科医生。

我住在六里台宿舍，与北院很近。北院南边是太平湖。外语系主任李霁野教授的住处就在湖边，夏天能看到他在湖边坐在藤椅上看书。一天我得到一根竹竿儿，拴上鱼钩，用什么鱼食已经不记得了。不一会儿，当我回头时鱼竿倒了，我马上扶起来，手中抖动很厉害，赶快拉出来，是一条大黑鱼，约一斤重。旁边有人说北院食堂可以加工，我就去了，真是好吃极了。现在北院、太平湖已不存在，完全变了样。

芝琴楼前有一棵大槐树，系着一条粗麻绳，约四五米，从上面垂下来，学生可以往上爬。练臂力不用腿，用手抓住往上爬，我能爬得很高，经常爬。现在回忆起来仍很高兴。

申泮文老师授课时应当是三十几岁。现在还记得他讲元素周期表、定性分析、定量分析，取井水测定钠离子的含量，所用分析天平十分精密，可测定毫克小数点后四位数。很多年未见面但师生情谊永存。十年前去老师家看望，十分亲切。他仍然很忙，除教学、科研外，还有国家交给的一些任务。他的书房不大，我看到墙上挂着"模范党员"的镜框，一起与老师合了影，此照片曾刊发在《老年时报》，说耄耋师生相见。人生都会有终点，包括一代一代的老师和学生，由于他们的孜孜不倦，我们的国家越来越好。

我们在胜利楼的实验室解剖青蛙腿，分离出神经，用电流刺激看肌肉收缩，蛙腿会动。当时朝鲜战争正在进行，萧采瑜老师在《天津日报》上发表声明，谴责美国采用的细菌战。

杨石先校长给我们讲"有机化学"。在黑板上给学生画出苯的化学结构，像一个个乌龟壳。他说雷米封和一些农药的制作都是很简单的。有了"有机化学"的基础，再进一步学"生物化学""药理学"就好学多了。

司徒月兰老师给我们上英语课，她在美国学的专业是英国语言与文学。她的中国话说不好，她用英语讲课，有年轻讲师做翻译。她住在芝琴楼南面一套房子里，我有时去她家，屋里有钢琴、有书，老师家的恭桶我看着都很新奇，以前没见过。1953年后，我们在甘肃路上学，有时给司徒老师写信，老师回信是英文，1960年后，她返回了美国。我曾到外语系去问系主任曹老师，她说司徒老师在美国养老院养老，对慈祥的老师终生思念。除上课讲授，她还发给大家一些辅助材料，英文的前缀、后缀、词根与构词方法。用她给的这些资料，一些没见过的字也能知道是什么意思。1954年后各大学都开俄语课，同学有字不认识问我，我经常能告诉他们是什么意思。医学名词基本不费多大事。做医生有了英语基础就能知道其他国家在干什么。原先是靠纸质的杂志，大约在对方文稿发表后半年才能看到。现在通过互联网，杂志尚未出版，网上就已能看到。在南开学到的本领似乎让我长了翅膀，我此生是医生，国家给了我很多荣誉，天津市劳动模范、全国先进卫生工作者、国务院特殊津贴。这一切和我在南开所受到的良好教育密不可分。

1953年后南开大学东院改为天津医学院，我开始学习解剖、病理以及临床课。1956年毕业，我做外科专业。当时外科不像现在分得那么细，我所接受的训练是全面的。1956年，按照毛主席"把医疗卫生工作的重点放到农村去"的方针，我被下放到天津东丽区的军粮城医院。这家医院职工大约四五十人，我算是高级的医生。外科手术用我原有的本领，还有内科、妇产科、小儿科等什么病都治，夜间来农药中毒的病人也能抢救成功，肠梗阻我会开腹手术。骨折病人先复位再上夹板。开腹手术治疗宫外孕多次都成功，病人十分危险。病人进了手术室，外面大喇叭响，为抢救阶级兄弟欢迎献血，很多人排队要多少有多少。我还会给病人拔牙，病人夸我是个好医生。接受贫下中农再教育，我交了不少农民朋友。我学会简单的木工，学会织各种渔网。星期天和农民朋友一起骑自行车出去逮鱼，收获多少都高兴。我是个务实的医生，尽管是在农村，技术并不落后，医院院长也支持我。我经常从国内外的学术期刊上学习前沿的理论和知识，由于工作出色，我很快就成了副院长、东郊区人大代表、政协委员、政协副主席。1976 年后国家各项工作逐渐恢复正常。我开始向市卫生局提出应当开展经尿道手术，这项工作我们已经落后了几十年。得到市卫生局赵云一局长的支持，花三万多美元（约合人民币 20 余万元）采购了联邦德国著名厂家的手术设备。为接待病人方便，我的工作也从军粮城调到张贵庄东郊医院。当时咱们国家前列腺、膀胱肿瘤手术都是用腹部手术。有了不开刀的方法，市内一些病人都去东郊手术，有些是市内一些大医院转来的。一位河北省文安县的老人患膀胱癌，见我时已在一家著名大医院做了五次腹部手术。我用经尿道手术，没用手术刀就把他彻底治愈了。1985 年在成都召开了全国泌尿外科会议，我报告了 45 例经我治疗的病例，引起国内同道的广泛关注。会后应邀到重庆 324 医院、武汉同济大学附属同济医院介绍我的经验。

1986 年，我编译出版的《经尿道手术学》是国内该学术领域的第一本译著，内容基本阐述了当时国际上的最新成果，对在国内推广此项工作起到了积极的作用。十三年后有了些自己的经验，国内也普遍地开展该技术，1999 年，我的第二本专著《经尿道手术》出版，这本书在国内的影响更大一些。科技在不断地进步，2010 年《经尿道手术》一书出了第二版，对国内外当前的情况均有较详细的介绍，有彩图 100 幅，并附有天津总医院泌尿外科教授的手术录像光盘。南开大学已经有了医学院，作为老校友，在纪念南开大学 70 周年返校时，我已将此书送给学校，交给龚克校长。我的晚年处在中国人为实现中国梦而奋斗的年代，虽是耄耋老人，我觉得还应当做一些力所能及的事。

作者简介：翟兴龙，河南开封人，1931 年出生，1951 年入学南开大学医预科。1962 年开始从事泌尿外科工作。1970 年重点研究各种前列腺疾病的诊断、治疗与手术方法。1980 年在国内率先开展经尿道手术切除前列腺，治疗前列腺增生等疾患，是我国最先实施该手术的几位专家之一。1986 年编译出版了《经尿道手术学》一书，是我国这一学术领域的第一本书。1999 年又出版了第二本专著《经尿道手术》。完成了经尿道逐层逐段切除膀胱肿瘤，采用连续灌洗镜做前列腺切除术等科研成果。每年做经尿道前列腺切除手术近 200 例，在国内名列前茅，完成了 2000 余例经尿道手术分析，治疗水平已跻身国际先进行列。

花开 90 载

——忆崔澂师

白克智

崔澂先生的大学学业是在抗日战争时期的颠沛流离中完成的。当时物质条件很差，崔先生适应了这样的环境，克服种种困难完成了多项研究，主要包括植物组织培养技术的建立和矿质营养研究两个方向，为日后取得研究成果打下了良好的基础。在留学美国期间，崔先生主要从事锌和生长素代谢研究，证明锌和色氨酸与生长素有密切关系，并在回国后构建了锌参与色氨酸和生长素的合成途径。

20 世纪 50 年代初崔先生从美国留学回国，受聘于中国科学院上海植物生理研究所和南开大学，常住天津。当时中华人民共和国刚成立，百废待兴，崔先生全身心投入到社会主义建设的洪流当中。他笃信苏联植物生理学家季米里亚捷夫提出的"植物生理学是合理农业的基础"，并身体力行。崔先生到南开大学后不久就成为"明星教授"，不但教学与科研做得有声有色，还提倡体育锻炼，是教职工运动会的长跑运动员。

崔先生领导的植物生理教研组和科研团队人数不多，但名声不小。但凡与生理学有关的农林生产问题他都关注并思考解决之道，不久他就被任命兼职天津市农林局副局长。崔先生做研究最大的特点是紧密结合农业生产实际，他利用以前留下的设施开展水稻合理灌溉研究，为北方节水稻作研究提供理论基础；他与化学系的专家合作开展新的植物生长调节物质的筛选，迅速建立起简易的筛选程序，为杨石先校长领导的新农药合成提供助力。崔先生的研究团队借鉴组织培养中生根生芽的调控对无根豆芽的生产进行了科学探索，此为无根豆芽的肇始。在关注农业生产的同时，崔先生并未放松基础研究，在短时间内建立起组织培养和微量元素研究的基础设施，并开展了富有特色的研究工作。

崔先生领导的植物生理教研组是当时学校的标杆单位，不但他本人亲自授课，还建立了周末读书报告会制度并坚持多年，教研组同仁轮流报告新近的读书心得，研究生和高年级本科学生也参加，会上有讨论、有争议、有点评，气氛热烈。这在当时南开大学是独一无二的。笔者当年作为本科生参与了这项活动，受益匪浅。崔先生很重视对学生的国情教育，他亲自带领学生参观工厂，观摩在简陋的生产条件下生产出植物生长调节剂和农药的新品种。

20 世纪 60 年代初，崔先生调入中国科学院植物研究所担任生理室主任。他的研究团队逐渐扩大，仍坚持在国家需求和基础理论研究两方面探索前行。但凡产业单位派人前来寻求解决问题的方案，崔先生都大力支持。因此六七十年代，生理室联系生产实际的工作多种多样，诸如农业丰产经验的调查与总结、果蔬贮藏保鲜以及微量元素的果树埋瓶应用。与此同时，他继续抓紧基础研究。微量元素缺素症状的显现需要特殊的玻璃器皿，以前都用特定品牌的进口容器。为节省外汇，他带领研究小组筛选出一种可用于这项特殊研究的国产玻璃器皿。在此时期，崔先生的团队在微量元素锌和锰的生理作用研究方面取得多项创新成果。

崔先生很重视对年轻人科学素质的培养。记得在一次学术讨论之后，他举起自己的手说："我这双粗笨的手在暗室里做了 6 年燕麦芽鞘鉴定生长素的精细实验，有志者事竟成。"崔先生教导大家要多听学术报告，多参与讨论，开阔眼界，学人之长，拓展思路。

1969 年，国外有商品乙烯利可用于橡胶增产的报道，当时正值西方对中国禁运橡胶，海南岛和云南的橡胶园刚开始产胶而国家急需橡胶。崔先生得知此事立即组织科研人员查阅文献并找到乙烯利的合成方法，还亲自去北京农药二厂促请合成 1kg 乙烯利样品，派人送到海南岛试验。这成为中国使用乙烯利增产橡胶之始，试验结果增产效果明显，后来很快成为我国橡胶园割胶的常规技术。

20 世纪 70 年代中期，崔先生的组培小组培养马铃薯茎尖获得成功。团队成员想到这一技术可能应用于马铃薯种薯的去病毒。经调查显示，我国马铃薯几个主要产区种薯退化情况严重，可谓触目惊心，这促使他们决心尽快解决这一问题。不久由中国科学院植物研究所牵头，中国科学院动物研究所、中国科学院微生物研究所、内蒙古大学以及多个地方农科所组成协作组联合攻关。经过几年的努力，协作组在国际上率先实现了马铃薯完全脱毒和快速繁殖，并提供大量无毒种薯，增产效果明显。1986 年，"马铃薯无病毒原种生产技术和繁育体系"项目荣获中国科学院科技进步奖一等奖。至 1988 年脱毒种薯已推广近 $2.67×10^5$ 公顷，增产 50% 以上。现在无病毒种薯已在全国普遍推广。

在某些植物的组织培养中需要添加椰子乳，但椰子乳活性成分不详。20 世纪 70 年代北方市场椰子不能常年供应。崔先生的团队在寻找椰子乳代用品时发现月光花和中国特有的荸荠汁有类似椰子乳的效应，于是开展了这 2 种材料中生理活性物质的分离、提取、纯化及鉴定研究，最终发现 2 种生理活性物质。在这一耗时费力的探索过程中锻炼了人才，建立了相应技术。

崔先生早年在美国博士后工作期间曾开展烟草茎段组织培养研究，他发现腺嘌呤或腺苷可解除生长素对芽生长的抑制作用，从而诱导成芽。腺嘌呤/生长素比值高生芽，反之生根，二者相等则不分化。这一工作是植物细胞全能性实验验证过程的重要阶梯。斯库格（Skoog）与崔先生的文章至今仍被植物生理学教科书引用，成为经典文献。植物全能性的证实和大量应用使植物科学研究领先于动物学研究，而动物细胞全能性的发现要晚得多。崔先生是植物细胞全能性证实过程中唯一的中国科学家；他将组织培养由单纯的生长培养转变为生长与分化发育并重的新阶段，使组织培养技术及其应用有了质的飞跃。

崔先生诲人不倦，鼓励不同教育背景、不同资质的学生和助手，勉励他们只要勤恳努力都能发挥长处，学有所用，做出成绩，同时告诫晚辈小聪明是靠不住的。在崔先生身上深刻体现了孔子有教无类的教育思想。在基础研究领域崔先生从未满足于已取得的成绩，在植物细胞全能性的经典工作以及从荸荠汁中发现细胞分裂素类物质之后，晚年他又提出探索植物细胞分化、脱分化和再分化机理的课题，这一设想是超前的，至今仍是分子生物学探索的热点。在崔先生身上充分体现了科学家追求真理永不停步的精神。

斯人已逝，风范长存。

白克智研究员做主题报告

　　作者简介：白克智，1959 年开始在中国科学院植物研究所工作，先后任助理研究员、研究员，长期从事植物生长发育及其调控的研究。1986年，其主持的"满江红生物学特性研究"荣获中国科学院科技进步二等奖。曾任《植物生理学报》编委、《植物学报》常务编委、中国植物生长调节剂协会主任等职。

我与南开的"不了情"

马祖礼

读南开走进新生活

我是 1956 年考入南开大学生物系，那年 19 岁，入学时我已经是中共党员，我是高考填报志愿之后 1956 年 6 月在北京六中入党，当时大学是五年制，考试是 5 分制。56 级学生毕业应该算是 61 届。从 1956 年到 2016 年，我来南开大学已经整 60 年，今年 80 岁了。我和老伴钟贻诚一起考入南开，现在是生物系退休教授，两个孩子先后考入南开，我们全家都是南开人。回忆过往，我牢记周总理那句话"我是爱南开的！"我是真的爱南开！

当年我是个穷学生，学校给了我"二等助学金"，每月 8.5 元。当时伙食费是 12.5 元，姐姐刚工作不久，每月支持我 5 元。因为是回族，学校还补助 2 元，我交 12.5 元，吃 14.5 元。当时吃饭 8 个人一桌，四菜一汤，有荤有素。我给爸爸妈妈写信说："我现在每天都是过年！"这是上大学后最有感触的。伙食很好，生活很稳定。还剩 1 元钱干什么呢？第一交党费，第二理发费，第三买邮票，第四买电影票。当年南开大学是有礼堂（又称大礼堂）的，礼堂后面的广场每周六都放电影（每场票价五分钱）。

当年南开校园很小，只有四个教学楼，生物系在第四教学楼一层和二层，数学系在三层，一层还有三个大阶梯教室供理科四系上大课。现在校园里还保留南开的木斋图书馆。当时学生宿舍只有七个，第一宿舍是在校行政楼的位置，全校女生住第七宿舍二层和三层，生物系男生住一层。那时候吃饭，在大礼堂和二饭厅，主楼是 1960 年盖的。当时天津属于河北省，省政府的楼在主楼对面，就先给南开盖的主楼。

为盖这个主楼，同学们都参加劳动，去西大坑（现在的西校门附近）推轱辘马，每个年级轮班，推两个星期。终于盖出了南开标志性建筑——

主楼，当时觉得很骄傲、很自豪，为南开建设，我们在这干过活！

主楼的西面有一条河，叫小引河，当时在河的西边是八里台大队农田。这一大片全是稻田，当时的孩子们就去地里捕蝴蝶，捉蛐蛐，后来把农田归入南开。这一大片建设起来了，南开就像样了。我们经历了三个图书馆，木斋图书馆，新开湖北边的新图书馆（红房子），当时觉得在里边读书真舒服，后来又修了邵逸夫图书馆。一直看着南开在变，在扩建，现在又到津南区，建立了新校区，真是令人兴奋。

1956 年南开有 8 个系，理科有生物、物理、化学、数学，文科有中文、历史、经济、外文。南开有 4 个学科是全国领先的，理科是化学、数学，文科是历史、经济。南开大学作为综合性大学，当年在全国的排行是"老三"，一北大，二复旦，三南开。作为南开人，感到有一种优越感。

参加高校招生工作

"文革"前，1964 年、1965 年我被派去山东济南录取学生。"文革"中大学复课的时候，又被派出去招工农兵学生，即由地方单位推荐上大学，比如说农村来的学生，都是由所在公社、县、地一级一级选拔，表现好的，有初中文化水平的，推荐来上大学。

各大学根据分配给本校的名额，我们到当地去挑选学生。招生并不是给了生源就要，还得进行考核。我曾负责招收 72 级学生，学员在什么地方，我就得到那去，找这个学生进行面试。有时为了招一个学生，需要跑很远的路，招收工农兵学员是件苦差事。

和报考学生见面，主要是了解他们的思想状况，还要考核他们的文化，必须达到初中水平。最典型的一道题就是"勾股定律"，如果连"勾股定律"都答不出来，那就说明你未达到初中文化水平。

当年招生的时候，看着这些孩子我很同情，我和他们聊天，看他们的材料。有北方来的，也有南方来的，北京、天津居多。起初我以为招生 5 天就够了，结果 40 天才招完。

开学后我去学生宿舍，看看这些被我招进来的学生。有些是招考时候，我建议改的专业，因为他报考的专业志愿满了，但是又不舍得不录取这么优秀的学生，于是建议学生改专业。等报到以后，我到宿舍去见他们，问问他们对专业的满意度，他们都非常满意，很感激我。

有的学生专门到我家里，找我聊天，我就告诉他们，应该怎样上大学。上大学要"过三关"：首先学好基础理论，这是第一关；第二关，是要有实验操作能力，文科就是写作能力；第三关，就是毕业论文，要考核综合资料的能力，归纳概述的能力。上大学只要这三样学好了，其他的都没大问题。我和学生们说："既然把你招进来，我就要对你负责，就得告诉你，怎样上好大学。"好多学生一直和我保持联系，毕业了，工作了，退休了，还来看我，说："马老师，你是改变我命运的第一个贵人！"作为教师的天职是关爱学生，传授知识，看到他们走进南开，实现成才之路，我感到很欣慰。

"文革"之后恢复高考，1982年又派我到江西鹰潭招生，有一件事对我触动比较大。省委招办让北大、复旦、南开三校先看考生资料，其他院校等我们看完才能看。很多学生报考的第一志愿，也主要集中在这三所高校，可见那时候南开的地位与北大、复旦是同等的。

南开师资有"六代"

1990年我在第一届教代会担任常务副主席，党委组织部让我参加知识分子政策调研的工作，领导交给我谈话的工作任务。我根据自己所了解的情况，逐一约谈不同年代的老师。

当时校方列出了我校教师分代的依据，可以分成五代或六代：

第一代，中华人民共和国成立前南开大学的教授，包括杨石先、吴大任，以及各个系的系主任，各个教研室的主任。我的系主任是第一代。

第二代，以"文革"分界，"文革"前已经是讲师的就是第二代。我的老师是第二代。

第三代，"文革"前是助教的，是第三代。我就是第三代。

第四代，可以叫做"两兵时代"，一部分是"工农兵学员"留校做老师的叫"工农兵"，一部分69届、70届留校的，叫"红卫兵"留校以后这些人要重新听课，得给他们补课。这一代人数是最少的，现在基本也退休了。

第五代，叫"学位代"。"文革"后恢复高考招研究生，培养出来的硕士研究生，选拔一部分留校当老师。

第六代，都是博士了，也有回国的博士，有的还当了院长、系主任。

这就是南开"六代"师资的情况。

点点滴滴话当年

1958 年 8 月 13 日，毛主席视察南开园，全校沸腾了！那时候人们对毛主席是无限热爱，化学楼东面是小工厂，正在搞离子交换树脂，这是南开大学首创。毛主席来视察工厂，天津市领导陪同，人山人海，全是学生，把整个中心花园都塞满了！我们班有个泰州同学，挤到毛主席跟前，还和毛主席合影了。

周总理 1957 年陪波兰部长会议主席视察天津大学。我记得是 1957 年 4 月，春天刚到，天气还冷，要求女同学一律穿裙子，上身穿红毛衣。我们整队到天大电影广场，跟天大同学合在一起，听周总理和波兰部长会议主席讲话。1959 年周总理来南开视察，给我印象很深的是，当时总理站在图书馆三楼有个向东的小凉台，我记得总理讲了很多，印象最深的是他说：既然咱们都是学生，我给你们讲一道乘除法的题目。我们国家现在是 6 亿人口，任何一样东西如果分成 6 亿份，那就是少得可怜。如果有一样东西被 6 亿一乘，那就是极大。你们知道我讲这个"乘除法"是什么意思吗？那就是要增产、要节约。这"6 亿人的乘除法"给我印象很深。

周总理还到了我们住的宿舍。跟毛主席一起拍照的同学和我同住一个屋，他的床头墙上挂着他和毛主席的合影。这次他老老实实待在宿舍里，也巧了，总理视察学生宿舍就进了我们住的这个屋。这位同学和总理还是老乡，总理对他说"你这张照片不错"。他赶紧拿给总理看，周围记者又拿照相机拍照。大伙都羡慕他，我这个同学真的很幸福，有两张和国家领导人合影的照片。

当时我们对领袖真是无限热爱啊。周总理说过"我是爱南开的"，我们都深受感染。我们来南开学知识、长本领，当时我也暗暗下定决心，不唱高调、不说空话，要实实在在地完成南开大学交给我的任务。本来我应该是 61 届，但是我 1960 年就提前毕业了。党总支书记找我谈话，指出当前工作需要你先毕业，询问我的意见。我当即表示同意，毕业之后就开始教学，从助教、讲师、副教授，到教授……在南开这 60 年是我最值得回忆的。

大学四年里，我记得三年级和四年级是我真正学知识的时候。1959—

1961 年三年困难时期，我正好是 1960 年 6 月（提前）毕业，当时学生里男生粮票是定量的，每个月 36 斤，我一毕业当了老师，定量变成 27 斤，每天只有 9 两粮食，没有肉。记得有一次从渤海边拉回好几车毛蚶分发下去，大家拿到新开湖洗完之后剥出肉来交给食堂，再做成粥。刚上大学的时候，晚上还能到旁边小河抓河螃蟹煮了吃，后来河中也没有了螃蟹的影子。

提前毕业后，系里派我去上海生理所进修，回来马上就给学生开生理专业课，讲课需要备课，印发讲义，日夜苦干，我脸上出现浮肿连学生都看出来了。学生说："马老师你这脑门，一按一个坑啊。"学校给了我两斤带鱼，两包黄豆，我交给回民食堂的师傅给我做。我们经历过的"困难时期"就是这样。但我们有一个信念，就是要带头吃苦。

1961 年教育部制定了"高教六十条"（《教育部直属高等学校暂行工作条例》），大学的教学工作才开始正规。可惜时间不长，1962 年 9 月"高教 60 条"就被搁置了。1963 年、1964 年还保持稳定教学秩序。1965 年搞"四清"，学校把师生队伍拉到河北农村。1965 年 9 月，生物系和中文系到枣强县，河北省最穷的县，盐碱地最厉害，进村后，白天与老乡一起下地干活，挑水、轮种麦子，晚上开会。中文系党总支书记带队，让我给书记当秘书，任务是联系生物系师生所在各个村的情况。那时白天骑着自行车到处跑，去生物系师生所在各村了解情况，晚上参加调研活动。学校成立留学生办公室，给越南留学生上课，因为我是生理学专业的，点名要我回来。1966 年初我提前回学校，给留学生上课，讲药理和生理。

我们的工资多年没有变过。实习期的一年里，我的每月工资是 46 元，我拿到工资的时候，非常激动，我给爸妈寄 30 元，我留 16 元。等我一年以后转正，工资变成 56 元，我给爸妈寄 40 元，我还是留 16 元，其中 1元交房租，我还有 15 元。后来我结婚了，我和爱人都是每月 56 元工资，不过她没有家庭负担。我的钱给爸妈，我们两个人加上孩子花她的工资。我俩晋升为讲师，工资一下子升到 68 元，我们的日子也好过一点了。我对工作的态度，就是服从党组织的安排，踏踏实实，认认真真。

1972 年生物系组建中草药生物学专业，带了两届工农兵学员搞科研，是从向日葵花盘里提取有效降压物质，结果成功了，转移给药厂生产，开发出来一种新的降压药。1976 年获得科研一等奖，这是后来提升教授最重要的成果。生物系领导换届，我从 1984 年担任副系主任，一直干到 1986 年 12 月。这三年中间出现过一次事，对我来说是九死一生的事，1985 年，在生理学实验课上指导学生做"青蛙坐骨神经剥离实验"，实验屡次失败，最后学生还是把坐骨神经和腓肠肌剪断了。这时已经是晚上八点多钟，我让学生先回去。我头疼得厉害，准备吃晚饭时，刚站起来就摔倒了，什么都不知道了。其他的老师把我送到医院抢救，脑子末梢循环血管破裂，造成脑出血，抢救了 3 天，苏醒后根本不认识人。学校把我送到天津水上公园附近的疗养院住了 7 个月，才调养过来。

经过选举，我当选教代会主席团的常务副主席。"双肩挑"一干就是 5 年。我负责提案委员会，当时有 4 个委员会，分别是分房委员会、提案委员会、教学委员会和财政委员会。我当时主管两个委员会（提案、分房），一直工作到 1991 年教代会换届，教代会换届之后，组织推荐我接任科研处处长，我申请回到生物系从事教学工作，组织充分考虑后同意了的我的申请，给我放了一年的假期。

1992 年，在一年的假期中，我熟读中国传统文化的书籍，《金刚经》《道德经》《易经》等，这一年对我来说，也是一种灵魂深处的自我进修。1993 年起恢复讲课，1996 年我的课被评为"南开大学优秀课程"，我被评为"校级优秀党员"，还晋升了教授。

1997 年我正式退休。退休后学校又聘我给医学院学生上课，给社会心理学专业学生上课。2002 年，受组织委托，参加高考生物命题工作，2003 年，担任生物组的组长，所有生物考试题目由我审查，我深感责任重大，2004 年 6 月完成任务。退休之后又工作了六年半的时间。

我这一辈子，就是在和学生们打交道，招生、出题、教学、考试、搞科研，我想，我作为一名教师，南开培养了我，我要对得起学生，对得起南开。我努力把自身的任务完成好，践行了一名南开人的使命，我就算这一辈子没白来过。

走进南开已经 60 年，经历了南开大学巨大变化，作为南开人，满怀对南开母校不了情，牢记敬爱的周总理教诲"我是爱南开的！"南开要发展要飞跃，还是要靠南开人去尽心尽力爱南开！

作者简介：马祖礼，男，1937 年 3 月 29 日出生于北京，1956 年入

党。1956—1960 年就读于南开大学生物系。
1961 年大学毕业留校任教。1963—1964 年，
公派北京大学生物系动物生理学专业进修，返
校后，担任动物生理学基础课程教师。1979—
1984 年间，生物系成立中草药专业，投入向
日葵盘药理研究，确定有降血压的作用，在吉
林省投入临床使用，获得东北自然科学奖一等
奖。1985—1988 年，担任生物系副系主任，主管教学。1989—1994 年，担
任南开大学教代会常务副主席兼任校工会常务副主席。1995 年返回生物
系，主讲动物生理学课程，该课程被评为校级优秀课程奖。1997 年晋升为
教授。1997—2004 年，参与教育部高考招生命题工作。2004 年退休。

百年生物有感

邱兆祉

我于 1958 年考入生物系动物学专业，主攻水生生物学专业，怀揣开发海洋的梦想。

"动物学"是两年的大课，"无脊椎动物"课由著名的戴笠生教授担任主讲，"脊椎动物"课由顾昌栋教授担任主讲。卞崟年主讲"水生生物学"和"水化学"，张润生讲"浮游生物"，陈天一讲"底栖生物"，韩宏英讲"浮游植物"等主要课程。后来因为国家需要而变动，水生生物专门化改为脊椎动物专门化，系里马上调整师资力量，由李明德教"鱼类学"，张毓琪教"两栖爬行动物学"，戴展志教"鸟类学"，陈叙龙教"兽类学"等课程。在五年的学习过程中，我们还在学校的附设农场劳动，园田、稻田、麦田及养猪、养鸡、养兔等技能都有实践。我们顺利完成学业，毕业后大多分配到中国科学院动物研究所、水生生物研究所、海洋研究所、古脊椎动物研究所等单位，部分同学待第二年分配。我则留校做了顾昌栋的科研助手。

顾昌栋教授知识渊博，在水生生物、水产养殖和动物寄生虫分类等方面都有建树，我主要参与脊椎动物寄生虫的分类区系研究。他早在 20 世纪30 年代就发现了这方面的新种，是我国最早开展脊椎动物复殖吸虫研究者之一，并承担中国科学院动物研究所和海洋研究所吸虫研究的指导任务。在顾昌栋指导下，经多年努力和磨炼，做出了一些成绩，后来被选为中国动物学会寄生虫专业委员会理事长（第四届）。该学会涉及医学、畜牧兽医、水产、农林植保诸方面。我先参与多部教材的撰写，后来主持编写了《中国动物志复殖吸虫志》一二三卷编写。在国内十多个省采集标本，发表相关论文近百篇以及多部专著，包括大量的新属、新种虫种。

在教学方面，我是第一个从无脊椎动物到脊椎动物一个人讲下来，此前都是分两个人来讲的。1996 年在教学评估中，我担任的生命科学学院的"动物学"和医学院的"人体寄生虫学"被评为校级优秀课程。

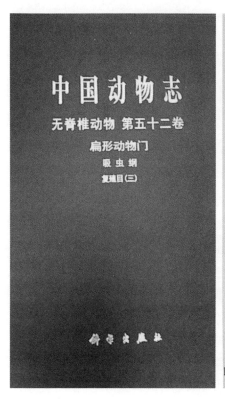

邱兆祉主编的教材

　　自 1991 年起，我受学校派遣担任了教育部中小学教材审定委员会委员，参与了"生物"和"科学"两门课的教材审定工作，直至 2017 年，为提高教材的质量保驾护航，贡献自己的力量。

生物系到生命科学学院是一个发展壮大的历程，从一个教学楼发展到现在多个教学楼和研究所，每个南开人都做出了自己的贡献。我所知动物学方面的南极考察，以及深海探险都做出突出成绩。在学校学习时每个学生都会经历教学实习这个令人愉快和难忘的学习机会。

我们和敬爱的周总理一样，"我们是爱南开的"。

作者简介：邱兆祉，男，北京市人，1940 年生，1958 年考入南开大学生物系动物专业，1963年毕业，留校工作至退休。退休前是南开大学动物学教研室主任、教授，中国民主同盟南开大学常务副主任委员，教育部中小学教材审定委员会委员，中国动物学会寄生虫学专业委员会理事长，天津野生动物保护协会理事。邱兆祉致力于动物分类学研究，尤其是复殖吸虫和脊椎动物等，曾担任《寄生虫与医学昆虫学报》编委，担任第二届动物学名词审定委员会委员，参加《中国动物志扁形动物门吸虫纲复殖目》编写，参与海岸调查及咸淡水生产资源及生物本底调查，盐水丰年虫生物学及养殖。主讲动物学及人体寄生虫学等课程。

回顾石油微生物实验室的建立与发展

刘如林

石油微生物实验室于 20 世纪 70 年代开始微生物多糖黄原胶的研究，初期的主要目的是用于油田稠化水驱油和调剖，提高原油采收率，而后逐渐扩展到食品和轻化工等领域，同时还先后开展了香菇多糖、小核菌多糖、核盘菌多糖、短梗霉多糖以及由不同鞘氨醇单胞菌产生的生物聚合物研究。1994 年开始逐渐转向以石油微生物为主要研究方向，包括烃降解的分子机理、微生物采油、石油污染的生物修复、燃料油的生物脱硫等，承担着国家、天津市等多项课题，并与中石油、中石化开展多项合作研究。

石油微生物实验室与油田合作，确立了高、低、常温菌的筛选、遗传改良、性能分析、模拟评价、菌剂生产、应用试验及跟踪监测等一整套技术，选育了一系列以烃为碳源并对原油有降黏降凝功能的采油菌种。油田试验表明，该技术成本低、易施工、见效快、效益高。五年矿场试验共增产原油 5 万余吨，经济效益显著。

经专家组鉴定认为，该技术研究成果居国内领先并达到国外同类产品水平。先后荣获天津市产学研联合突出贡献奖、天津市科技进步奖一等奖、科技部杜邦科技创新一等奖及市级模范集体称号。

一、微生物多糖黄原胶的研制与开发应用

黄原胶（Xanthan gum）是由野油菜黄单孢菌（Xanthomonas campestris）发酵产生的胞外多糖，具有优良的增稠性、悬浮性、乳化性和水溶性，并具有良好的热、酸碱稳定性。由于它的大分子特殊结构和胶体特性，而具有多种功能，可作为乳化剂、稳定剂、凝胶增稠剂、浸润剂、膜成型剂等应用。

20 世纪 70 年代，南开大学生物系组成了以赵大健教授为首的科研团

队，于 1978 年在我国率先开展了黄原胶的研究与应用实验。

先后主持或承担有关国家科技攻关项目 3 项：

1984—1985 年主持完成了国家科委"发酵生产采油用微生物多糖的研究"科技攻关项目；1986—1990 年以南开大学为组长，与其他 6 家单位合作完成了"微生物三次采油——生物聚合物提高采收率的研究"（国家"七五"科技攻关项目）；同时，与山东省食品发酵工业研究所合作完成了"新型食品添加剂黄原胶的研究与应用"（国家"七五"科技攻关项目）。

黄原胶研究成果荣获国家、部委级科技成果奖 5 项：1985 年，由地矿部成都探矿工艺研究所、南开大学合作完成的"生物聚合物泥浆材料"项目，获地矿部科技成果二等奖；1986 年，南开大学完成的"黄单胞菌多糖的研制及开发应用研究"项目，获国家教委科技进步二等奖；1991 年，南开大学完成的"食品添加剂黄原胶"项目，获国家计委、科委、财政部联合颁发的国家"七五"科技攻关重大成果奖；1991 年，由山东省食品发酵工业研究所、南开大学完成的"新型食品添加剂黄原胶的研制及应用"项目，获轻工业部科技进步三等奖；1993 年，南开大学完成的"食品用黄原胶的研制及推广应用"项目，获科技部国家星火科技三等奖。

公开发表的有关微生物多糖的研究论文 60 余篇。

南开大学带动了我国微生物多糖的研究，对国产黄原胶的诞生和发展做出了开创性贡献。

二、真菌多糖的研究

20 世纪 70 年代发现一些真菌具有一定的抗肿瘤作用，其药效往往与所含的多糖物质有关。

1. 小核菌多糖的研究（国家"七五"攻关项目 75-71-07-03）

小核菌多糖（Scleroglucan）是由小核菌属的一些真菌产生的胞外多糖，具有独特而优越的物化性能，应用面极广。该多糖属于中性葡聚糖，在溶液中不结合金属离子，不改变其高级结构，可用于钻井泥浆、三次采油等，其抗盐钙能力极强；在食品工业上可用于增稠剂、悬浮和凝胶剂；还可应用在陶瓷釉料、油漆涂料、印刷油墨及化妆品等行业。

从菱角叶上分离到一株产生小核菌葡聚糖的丝状真菌，1000L 罐发酵的平均黏度 8200cp，产率 21.1g/L，碳源转化率 53.3%，产品回收率 91.8%。精制的小核菌葡聚糖对小白鼠移植肉瘤（S180）的抑制率达 67.71%（30mg/kg 剂量）。本产品可用于食品加工、石油开采及抗肿瘤药物等领域。

1990 年 12 月 12 日，专家组对该课题研究成果进行了鉴定，认为此项研究达到国外同类产品水平。

2. 核盘菌多糖（国家自然科学基金项目，1989）

核盘菌多糖（SSG）是由核盘菌通过深层发酵产生的一种胞外多糖，它是一种由 β-配糖键连接的葡聚糖。在水中溶解缓慢，但黏度较高，并具有良好的流变学性质。温度≤90℃和热处理对 SSG 溶液的表观黏度影响不大。

初步的动物实验表明，SSG 具有潜在的免疫增强作用和抑瘤活性，其不同制剂对肉瘤 S_{180} 的抑制率分别达 50%—99%。

3. 香菇多糖（南开大学科技发展基金，1993）

由香菇菌丝深层发酵，其上清液经乙醇沉淀、除蛋白等获得水溶性胞外多糖。其基本结构是以 β-1，4 键连接为主链并具有 β-1，6 键支链的甘露葡聚糖，具有较强的免疫增效作用。它能有效促进正常小鼠腹腔巨噬细胞的吞噬功能，显著提高 T 淋巴细胞的百分含量，对小鼠体液免疫也有促进作用。对肉瘤 S_{180} 的抑制率达 39.7%，并能显著延长荷瘤（EAC）小鼠的存活时间。对牛艾滋病毒（BV）有直接抑制作用，抑制率为 66.7%。

4. 短梗霉多糖（自选项目）

短梗霉多糖是由出芽短梗霉产生的一种水溶性中性高分子聚合物。该产品是以碳水化合物为主要原料通过发酵获得，具有独特的物理化学和生物学性质，在医药制造、食品包装、果品及食品保鲜等方面有广泛的用途，是一种多功能的新型生物制品。多糖薄膜有很好的阻隔氧的性能，具有极好的成膜性，无色、无味，且不透气，易生物降解，对人体和环境无毒无害，是一种极具研究潜力和经济价值的新型生物环保材料。用短梗霉多糖涂层鸡蛋，可以延长保存期，并能增强蛋壳的强度。

三、不同鞘氨醇单胞菌产生的生物聚合物

鞘氨醇单胞菌属的一些菌株能够合成结冷胶、沃仑胶、迪特胶等多种结构相似、物理性能多样的生物聚合物，统称为鞘氨醇胶。

由石油微生物实验室研究开发的鞘氨醇单胞菌能合成一种具有增稠性、假塑性、成凝胶特性和乳化性能的新型生物聚合物，其产量已达到21.5g/L。该聚合物由糖类、脂类和多肽构成，其单糖组成为葡萄糖、甘露糖、鼠李糖和葡萄糖醛酸，脂类由十六碳及十八碳脂肪酸组成。由于在聚合物的氨基酸组成中天冬氨酸和谷氨酸两种酸性氨基酸占23.3%，因此采用酸沉法提取，可以大幅度降低生产成本，在油田开发中极具应用前景。

四、生物表面活性剂的研究

脂肽是一类用途广泛的生物活性物质。石油微生物实验室从油田采出液中分离到一株地衣芽孢杆菌NK-X3，产生的脂肽类表面活性剂具有高表面活性，其临界胶束浓度（CMC）值为30mg/L。它具有改变细菌表面的疏水特性，从而改变细菌的黏附性。其疏水基半分子为β-甲基十四碳脂肪酸及β-羟基十八碳脂肪酸；亲水基半分子含Asp、Glu、Ile、Val、Lys等氨基酸，为一种由脂肪酸和肽组成的脂肽类生物表面活性剂。特性分析表明：该表面活性剂可耐高温和高浓度盐，pH适应范围较广，对原油具有较强的乳化、增溶、脱附和降黏作用。

五、微生物提高石油采收率的研究

我国多数油田因蜡、胶含量高，原油流动性差，开发难度大，目前以注水为标志的二次采油已处于高含水期，采出液含水 80% 以上，原油产量逐年下降。

微生物采油技术是生物工程在油田开发领域的开拓性应用，是将优选的解烃菌注入油藏，使其在地下生长代谢，产生表面活性剂、有机酸和气体等产物，有效地降低岩石—油—水系统的界面张力，降低原油黏度，增强流动性，达到提高石油采收率的目的。微生物采油以其成本低、效率高、易施工和无污染等特点而成为新的研究热点。

1994 年，在国内首先与油田合作开展了微生物采油的研究，取得了令人瞩目的开创性成果。通过实践，建立了采油微生物模型和评价方法，优化了生产工艺，建立了产品质检方法和质量标准。1995 年在国内外较早地进行了聚合物驱油后油藏的微生物驱油，两年半增油 5920 吨，为三次采油后的油藏进一步提高采收率提供了依据；1997 年率先在国内开展了高温高含水近枯竭油藏的微生物驱油，一年半增油 3957 吨。另外，还进行了单井注入 200 余口，增油 6629 吨。至 1998 年 10 月，共增产原油 16500 吨，并通过省部级鉴定，成果居国内领先并达到国外同类产品水平。

该项目先后被列为国家"九五"攻关、天津市重大科技攻关及产学研重点项目，荣获天津市 1996 年度产学研联合突出贡献奖、天津市 1998 年度科技进步奖一等奖和天津市模范集体称号；2001 年 10 月荣获科技部杜邦科技创新奖。

1998 年 石油微生物团队获得"天津市模范集体"称号
团队项目获得天津市科学技术进步奖

2001 年 石油微生物团队获"科技部杜邦科技创新奖"

2004 年刘如林老师获得国务院政府特殊津贴

六、教学方面:"微生物发酵工程"课的开设

　　1984 年为生物系本科生开设了"微生物发酵工程"课,在国内理科院系属首创,初期名称是"工业微生物",用自编的油印讲义,1990 年根据发酵技术的进步和教学实践进行了全面修订,1992 年该讲义被国家教委列为全国高校交流讲义。为了理论联系实际,于 1985 年开设了每年一周的"生产实习"。1995 年在积累十余年教学经验的基础上,经学校组织专家审定后,经进一步充实整理,出版了正式教材《微生物工程概论》,用至退休。1991 年、1996 年两次获校教学成果奖。

作者简介：刘如林，男，1942 年生，河北邢台人。1966 年毕业于南开大学生物系，先后在南开大学生命科学学院任讲师、副教授、教授，博士生导师，享受国务院政府特殊津贴。2007 年退休。在职期间，主要从事工业微生物的教学和科研工作。参与或主持了微生物多糖黄原胶等产品的基础研究和工业化试验，其成果达到国内领先和国际先进水平，获国家教委和地矿部科技进步二等奖。1993 年以后，主持了石油微生物的基础研究，并与油田联合开发微生物采油技术，获得显著的增产效果和经济效益。研究成果处于国内领先并达到国外同类产品的先进水平。荣获科技部杜邦科技创新奖和天津市科技进步奖一等奖。

我在南开难以忘怀的三件事

刁虎欣

1964 年 8 月底，我这个农民的儿子拿着南开大学新生录取通知书，来南开生物系学习。在南开求学、任教几十年，虽留有许多美好记忆，但唯有与我成长进步密切相关的三件事令我难以忘怀。为感恩、回报南开对我的培养教育，将这三件事撰写成文，敬献南开百年华诞。

一、难忘的"我为什么能上大学"新生入学思想教育

新生入学后前两周，同学们选择了喜欢的专业。根据家庭经济状况，国家为工农子女大学生提供伙食费和生活费，大家十分高兴。班上进行"我为什么能上大学"新生入学思想教育时，大家发言踊跃。有的说："是共产党、毛主席给了我们上大学的权利和机会。"有的说："国家为我们工农子女大学生每人每月提供 15.5 元伙食费和几元生活费，是国家和人民供我们上大学。"还有的说："为了让大学生健康成长，毛主席把大学生每月伙食标准从 13.5 元提高到 15.5 元，充分体现毛主席和党中央对大学生的关怀。"听着同学们的发言，我深受教育和启发，也眼含泪花激动地说："我出身中农，不是团员，政治条件不如大家好，但也能考入南开大学，我更应感恩共产党和毛主席。我父母是农民，若国家不供给我伙食费和生活费，我是上不了大学的。听说国家每年供养一个大学生需要十多个工人、农民全年劳动所得，是劳动人民用血汗钱供我们上大学，国家和人民才是我们的衣食父母。"

后来，我写了入团申请书，主动要求政治进步。团支部委员翟兰芬同学找我谈心，笑着问我："你高中学习成绩那么好，怎么没有入团呢？"我说："高中时我总认为考大学要凭学习成绩，所以我重视学习，不太关心政治，认为入不入团没关系，只要有才能就好。新生入学教育使我的思想发

生根本变化，深刻认识到高中时的那些想法是错误的。今后我要德智体全面发展。"翟兰芬同学见我思想觉悟大有提高，就鼓励我继续努力，争取早日加入共青团。从此，我的精神面貌焕然一新。1964 年，为庆祝中华人民共和国成立 15 周年，我写了歌颂祖国建设成就的《祖国赞歌》，10 月 1 日国庆节，当南开大学广播站播放我写的"敲响时代的锣鼓，拨动岁月的琴弦，六亿五万千音符啊，共同谱写祖国赞歌……"散文诗时，同学们点头称赞，我也喜上眉梢。为防止同学受资产阶级享乐思想的影响，我主动参加班上组织的"小小针线包"演唱队，去学生食堂演唱，宣传艰苦朴素和艰苦奋斗的革命传统和精神。毛主席发出"向雷锋同志学习"的号召后，我积极参加团支部组织的"掏大粪"小组，拉着粪车在校园地沟内掏大粪运往学校农场。学校新生运动会，我跑 1500 米获得第三名，参加了校田径队。我积极向上的表现受到团支部的表扬。

　　"我为什么能上大学"新生入学教育，不仅使共产党、毛主席、祖国和人民在我心中扎了根，听毛主席的话、永跟党走、报效祖国、服务人民也成为我的人生信条，为我成长进步奠定了坚实的思想基础，令我终生难忘！

二、难忘的半工半读

　　1965 年，为贯彻毛主席"教育与生产劳动相结合"的指示，我们生物系 64 级学生实行半工半读试点。4 月中旬，我们在学校学完了 3 门基础课后，师生吃住在学校农场，与工人师傅一起参加生产劳动。这段经历不仅使我提高了阶级觉悟，增强了工农思想感情，更加热爱劳动人民，还产生了用所学生物学知识发现并解决生产中实际问题的强烈愿望。锄地时，我发现有些玉米苗的茎出现缺刻或断裂而倒伏。我判断这是害虫咬食玉米苗，并在周围的土壤中捕捉到害虫的幼虫。资料介绍该害虫俗名"小地老虎"，白天潜伏地下，夜间爬到地面咬食玉米苗的茎，是危害玉米的主要害虫。我向工人师傅提出从土壤中直接捕捉或用杀虫剂灭虫的防治措施。为观察其生活史，我将"小地老虎"幼虫放在装有土壤的饲养罐中，以玉米苗为饲料，进行了近两个月的饲养实验。我观察到："小地老虎"幼虫在土壤中脱皮生长，六龄幼虫在土壤上层蜕变为蛹，蛹羽化为成虫蛾，蛾爬到土壤表面吮食玉米苗汁液生长，成熟的雄、雌蛾交配并在玉米苗残叶上产卵，数天后卵孵化出极小的幼虫，完成其生活史。

我把"小地老虎"实验研究写成总结，交给"无脊椎动物学"主讲张润生先生。她看后赞扬说："真没想到一个大一的学生，从玉米苗倒伏发现'小地老虎'的危害，查阅资料了解其生活习性并提出防治措施，经饲养实验观察其生活史，从中获得书本上学不到的实际知识，真不简单！"为了让大家向我学习，她让我在田间给同学们讲了"农业害虫小地老虎"课。生物系半工半读领导将我树为好典型。在学校半工半读交流会上，我汇报了"小地老虎实验研究"的收获和体会，并在校半工半读成果展览会上展出。我在半工半读中入团后，生物系党总支副书记、半工半读指导员邵大珊老师鼓励我说："从新生入学教育到半工半读，我见证了你的进步和成长。希望你树立更远大的理想和目标，争取加入中国共产党。"半工半读令我终生难忘！

三、难忘的创建本科科研创新"开放实验"

我 1970 年留校任教，1974 年加入中国共产党，1998 年任生科院教学副院长。为培养学生的创新意识和创新能力，我借鉴当年对"小地老虎"实验研究的经验和体会，和同事们创建了本科科研创新"开放实验"。具体做法是：大三学生根据自己的兴趣和爱好，查阅文献资料，确定有一定创意、切实可行的科研项目，做开题报告；批准立项后，资助经费，立项者在教师指导下，在教学开放实验室，用课余时间进行 12 周项目研究；以科技论文形式写结题报告，汇报项目研究结果、收获和体会。

1999 年 9 月，97 级首批科研创新"开放实验"开题报告，有百余名同学参加，气氛热烈。同学们的开题报告，由项目研究引发的有分析、有判断的多种奇思妙想，常引起同学们的热烈掌声。1999 年 12 月底，结题汇报时，研究项目皆取得阶段性研究结果。王欢同学汇报"各种饮料中细菌种类与含量及紫外线杀菌效果与其最适作用时间"项目结果时说：我读书不喜欢死记硬背，也不是学霸，但动手能力是我的强项。根据项目检测数据，我亲手制作了饮用水紫外线杀菌装置。我喜欢开放实验育人模式。李玥同学汇报说：除了研究结果外，我的另一个收获是在网上向国际著名抗生素抗菌专家、美国大学教授咨询相关问题时，收到他发来的英文文献，得到他的鼓励和支持。多数同学表示，能参加"开放实验"本身就是最大的收获。王欢同学创业团队研制的饮用水紫外线杀菌系列装置，荣获天津市大学生"挑战杯"创业计划竞赛金奖，并免试到香港中文大学读研究生，在学生中引起强烈反响，极大地促进了学生科研创新的积极性。

2002 年下半年，学校在总结生科院和化学院创新人才培养经验的基础上，决定在全校本科生中推广，创建了更高水平的南开大学本科创新科研"百项工程"项目。鼓励、支持全校本科生跨学科、跨年级组建科研团队，确立科研项目，向学校申请立项，批准后利用课余时间进行 8 个多月的项目研究。结题验收后，评出科研项目特等奖和一、二、三等奖，召开全校颁奖大会予以表彰。学校每年投入几十万元资助"百项工程"项目，参加的学生千人以上，不仅培养、造就了许多优秀人才，还取得丰硕科研成果，成为南开创新人才培养的一张名片，在全国高校中颇具影响。2005 年南开大学申报的"构建学生科研平台，努力提高学生创新能力"项目，荣获国家级教学成果一等奖。我作为主要获奖人之一，有幸赴京参加颁奖大会，和全国获奖代表一起在人民大会堂受到温家宝的亲切接见，聆听了总理的讲话。我和同事们创立本科科研创新"开放实验"，令我终生难忘！

2005 年刁虎欣老师前往北京参加国家教学成果颁奖仪式

作者简介：刁虎欣，男，南开大学生命科学学院退休教授。1944 年出生河北省深州市。1964 年来南开大学生物系学习。1970 年留校任教，1974 年加入中国共产党。1993 年至 1997 年任微生物学系副系主任，1998 年至 2000 年任生科院副院长。任教期间，主要从事"黄原胶和采油微生物研制与开发应用"科研工作，从事"微生物学"基础课教学 20 多年，和科研、教学团队一起荣获多项科技成果奖、教学成果奖。退休后从事校、院教学督导工作 10 余年。

我的南开岁月

王小朵

　　1965 年 8 月 27 日，我带着南开大学录取通知书及住宿所需行李，第一次坐火车从河北安平农村来到天津。在火车上遇到医学院的一位老师，他说：南开大学比你们村子大多了。我说：我们村子很大。他笑了笑，没有再说什么。我心里想，我们村 1958 年就 700 多户，这还小吗？当时和我一起来报到的同村同学有天津大学、天津医学院的。到达天津站，南开大学还不到新生接待日期，这位老师把我和天津大学的同学送到天津大学新生接待站，委托天津大学的人把我一起接走。医学院的这位老师才放心地离开我们，我只是微笑，还不知道说谢谢。时任南开大学生物系办公室主任的高雷岳老师用自行车带上我的行李，把我从天津大学小礼堂接到我们的第五宿舍楼。当时，我看到一路上的电影广场、图书馆、新开湖及成片的楼房宿舍，果然南开大学比我们村子大多了！一路上，高老师微笑着介绍南开大学图书馆的藏书规模、阅览室等，告诉我以后可以在那里上自习。

　　生物系这一年只招了 32 名新生，分两个专业，动物学专业和植物学专业。我读的是植物学专业，植物班有 16 名学生。

1965 年植物学专业同学毕业照（植物班共 16 人，杜文芝因参军提前离校）

　　第二天，我们班的同学都报到了，我们正在宿舍时，生物系党总支副书记邵大珊老师来看望新生，询问我们老家都是什么地方，介绍我们的辅导员杨德广。杨德广老师是 1964 年生物系毕业留校工作。他为了多和学生接触，就到我们学生食堂吃饭，到学生中和学生聊学习及生活方面的事。我们宿舍住 7 个女生，都来自农村，刚认识就聊第一次坐火车，第一次用能够冲水的厕所，第一次住楼房，第一次进学生食堂吃饭，一次买一盘子菜，十分热闹。王同学说，她家地处沂蒙山区，常年以地瓜干为主食，没有经济作物，入学所需费用是她的父亲向信用社贷的 20 元钱，才使她顺利踏进大学的校门。当时她头戴斗笠，身穿大花裤子，脚上穿着一双崭新的花鞋来到系接待处报到，接待的老师看着她那极其简单的行李，问她身上还带多少钱，她用左手遮挡着嘴小声地说，还有五元多。老师说，你肯定有助学金，先借给你 10 元买日用品吧。接着，高年级的张同学带她去宿舍，领她去学校商店购买洗漱用具等。后来我们知道，接待她的老师是李鑫老师。李老师善于观察，及时帮助王同学顺利开始了大学新生活。王同学来到宿舍刚刚坐定，看到 1965 年毕业留校的马明老师还暂时住在这间房子。

她们互相打招呼后，马老师问，什么这么臭？王说，可能是我带来的熟鸡蛋臭了，她随手提出一个装鸡蛋的兜子。马老师提起兜子，带她到一个地方一倒，接着就用水冲走那些鸡蛋。回到房间，这时王同学才顾得上找厕所，要知道从天津站下火车后，还一直没有方便呢。王同学走到五宿舍楼外找呀找，怎么也看不到农村那样的厕所。她很急，只好回到宿舍问马老师，厕所在哪儿？马老师惊讶地说，你怎么那么傻？于是又领她走向倒臭鸡蛋的地方，才知道这就是城市的厕所了。当王同学再见到马老师时，马明老师说，对不起，我刚才错了，不应该说你傻。王同学也感到很不好意思。马老师能够向一个农村来的新生道歉，我们感受到老师的亲切和真诚。

在大学一年级，我们的课程是政治、英文、无机及分析化学、植物学及实验、动物学及实验，还有军事课、体育课等。

有一次下午2点上动物学实验课，当天我们宿舍7个女同学都在午睡时睡过头了。我们睡醒时已经是2点10分，我们跑步到教室，也没有顾得喊报告，就赶紧坐到位子上，当时任课的刘安西老师没有说什么，等我们坐好才开始讲课。后来我们再也没有迟到过。

我们平时上课都在主楼或者是第四教学楼，唯独上化学实验课要到离主楼近1000米之外的第一教学楼。这节课赶在大课间的第三节课还好，如是赶在只有10分钟课间去上化学实验，我们必须跑步到那个教室。那个年代，学生们一般没有自行车。

杨德广老师常到我们宿舍和我们交流思想。有一回，他又来到宿舍，我们说，在植物课上，一个植物的根老师讲了一周，还在讲。杨老师说，这算什么，你们知道吗？关于一个细胞，就是这么厚的一本书（他用手比划足足一寸厚）。工作后我才知道，关于细胞的教科书中文、外文版本多着呢，哪门学科都如浩瀚的大海，要掌握它谈何容易！

我们读大学时赶上"文革"，没有条件做更多的实验。我做有关微生物的实验还是在办工厂时向老师学习的。1969年12月，一道紧急战备疏散令，我们系的师生在工宣队的带领下，背着行李徒步7天，来到保定西的一个农村（年长体弱的乘专车达到）。这个村是河北易县的王各庄。在那里我们参加农村生产队平整土地，攀登狼牙山接受革命传统教育。在那儿度过1个月后，我们20名师生被学校大卡车接回天津，开始了办工厂的工作。

　　我所在的小组是研制生产代血浆的，这个小组开始只有 3 个老师、3 个学生。我们先去有生产经验的中国医学科学院血研所学习。那个年代，向人家学习仅凭一张介绍信就行，不交学费、不送礼、连一封表扬信都没有写。我和 1960 年大学毕业的张之轸老师一个小组，负责制作培养基、菌种复壮、接种、发酵及生产代血浆（右旋糖酐）的中试。做这些实验时，张老师细致操作，每个步骤耐心教我，使我接触到了一些微生物实验的方法。每一次实验完毕，我们俩要刷一大堆玻璃器皿。我们当时觉得，刷这些东西比刷碗费事多了。刷干净的玻璃器皿要在倒置时不挂水珠才行。有一天上午，我们俩正准备刷三角瓶、试管时，张老师说，我每天回家还有一大盆。我说，一大盆什么（我想，不会是炖肉吧）？"一大盆尿布！"我恍然大悟，他爱人生完孩子还不到十天，家里得有多少活等他做呀！我着急地说："对不起，我忘了你家里忙，赶紧回家吧！"后来，每当我们做完技术性高的实验，就让老师早些回家。我们系办工厂几个月后，终于生产出了代血浆。

　　那个时候，我们经常参加政治学习与讨论，张之轸老师负责组织我们小组的学习及向系领导汇报我们的讨论情况。有一回我们说完正题后，聊一些生活琐事，这时张老师说，我汇报去了啊。我大声说："您不要汇报我们说的闲话，不然人人就成了谨小慎微的君子，以后谁也不发言了。"张老师微笑着说，只许你们说，还不让我汇报。其他师生都哈哈大笑。虽是"文革"期间，我们师生关系多数还是很融洽的。

　　1970 年 1 月，我得到一张自行车购买券，自行车什么时候到货？说不准，只能等通知信件。那时就快过春节了，我要回河北老家，家里寄来 170 元钱放在什么地方好呢？如果把钱存入银行，到购车时我回家了，购买券过期就作废了。张丰德老师提醒我，把钱存入系办李玉瓒老师负责的保险柜，这样可以随时拿到钱，我不在学校时其他同学可以帮我去取钱代买，我把 170 元钱装在一个普通的牛皮纸信封里，不封口，直接交给李老师，说明是随时可能取的购自行车钱。李老师随手接过信封，不看不数，直接放进保险柜。春节过后我收到购车通知，找李老师取钱。李老师把那个信封递给我，我同样不看不数，拿着装钱的信封就去买车了。用现在的话说，这就是诚信。

南开大学生物系 1971 级技工班学员在百年校庆师生团聚

我们读的是五年制本科，因为"文革"使大学生毕业分配延后。我们大多数同学分配到工厂或农村、农场参加劳动锻炼，之后又参加了再分配。少数留在大学工作的同学，同样参加了劳动锻炼。我们这些 1970 年参加工作的大学毕业生成为"一批人"，被简称为六九、七零。

现在，我们这些同学都进入了退休行列。

我们一旦有机会相聚，就回忆在南开大学的大学生活。感谢给我们讲过课的老师！感谢关心我们思想进步的老师！感谢关心同学生活的老师！感谢培养我们成长的南开大学！

生物系党原总支书记邵大珊老师因解决夫妻分居问题，1980 年左右调到杭州大学工作。2012 年 10 月邵老师来天津旅游，在校六九、七零的同学盛情接待老书记的到来。

今年春节期间，我们部分同学去天津大学家属院，探望年过八十的杨瑞华老师。我们围依在老师身旁，拍照、聊天，师生有说不完的话。

我爱南开！我怀念在南开大学生物系上学五年的幸福时光！

作者介绍：王小朵，1965 年至 1970 年在南开大学生物系植物学专业读本科；1970 年 8 月毕业分配到河北省衡水地区电池厂劳动锻炼一年半；之后留厂工作，任厂政工科干部（1972—1976），后任厂工会干部（1976—1978）。1978 年 8 月调到南开大学生物系资料室，任馆员、资料室主任。1993 年 12 月晋升副研究馆员。2002 年 3 月退休。

我与分子所：往事回忆

蔡宝立

　　南开大学分子生物学研究所，简称分子所，建于 1978 年 8 月，是原国家教委和天津市批准的全国第一家分子生物学研究所。分子所的建立，得到天津市科委的大力资助。市科委出资 300 万元建分子所大楼，拨款 120 万元用于购置超速离心机、氨基酸分析仪、DNA 合成仪和加速器（放在物理系）等大型仪器。

　　建所初期（1978—1983），从校外聘请了一些著名专家并调入一些科研人员，同时从校内抽调部分教师和干部组成了当时的领导班子和科研队伍。所长由中科院植物研究所崔澂教授兼任，兼职副所长包括我校化学系教授何炳林和物理系教授何国柱，生物系干部乔子珍任全职副所长。此外，聘请中科院植物生理研究所教授焦瑞身为质粒研究室指导专家（1984 年 3 月聘为兼职副所长）。

　　建所初期令人难忘的一件事是：1981 年 8 月至 9 月分子所和生物系联合举办分子生物学（核酸）技术讲习班，校内老师以及中科院有关研究所和国内多所高校的科研人员共 40 多人参加培训。讲习班请来英国著名分子生物学家萨瑟恩（Southern）讲授最新的分子生物学技术，并亲自指导学员做了多个分子生物学实验，包括由他亲自发明的（Southern blot）实验。我当时负责为讲习班学员培养细菌，用于质粒提取和分子杂交实验。由于摇床室用电炉加温，房屋保温效果不是很好，所以最高温度只能达到 35℃，萨瑟恩（Southern）批评我为什么不用 37℃ 培养细菌，因为他的实验指导写的是 37℃。这个讲习班对国内的分子生物学研究起到一定的示范作用，同时也大大促进了我校的分子生物学研究。

　　建所初期的科研机构包括两个质粒研究室、神经节苷脂研究室和干扰素研究室，科研人员不足 10 人，工作场所非常小且简陋，分散在第四教学楼 208 室和第五教学楼西侧的摇床室平房中（后来拆除），总使用面积不足

100 平方米，就是这 100 平方米的地方成为分子所的发源地。我有幸于建所初期的 1979 年 9 月加入分子所质粒研究室的科研队伍，与微生物系赵大健、周赞尧和牛淑敏老师一起在五教西侧的摇床室平房从事烃降解质粒研究，一年后转入四教 208 室高才昌老师领导的质粒研究室，继续从事质粒研究。研究对象包括假单胞菌的萘降解质粒和球形芽孢杆菌质粒。当时，我们设计了一种与众不同的大质粒提取方法，被所里同事称为"高蔡法"，对假单胞菌、芽孢杆菌和根癌土壤杆菌的大质粒提取都非常有效，其结果发表在《环境科学学报》和《微生物学报》。这种大质粒提取方法被国内许多同行采用，中科院微生物所的马德钦教授还专程来分子所做葡萄土壤根癌杆菌大质粒的提取，取得满意结果。马教授风趣地说，你们是否有什么诀窍没有告诉我，为什么用同样的提取试剂你们能做得很好，我就不能。我说，其实没有什么诀窍，只是经验和手法的问题。

1984—1992 年期间，分子所进入快速发展时期。1984 年，分子所发生两件大事，一是 3500 平方米的科研楼建成，使科研环境大为改善。1984 年暑假，为了使分子楼尽快投入使用，乔子珍副所长带领分子所的七八名男教师和干部，用人力小推车，将 100 多个自己加工的实验台从主楼搬运到分子楼的各个实验室，大家挥汗如雨，毫无怨言，体现了艰苦奋斗、勤俭办所的精神。二是科研人员显著增加，研究实力大大增强。其中一部分人员来自中科院、国内兄弟高校和市内科研教学单位，另一部分人员来自本校化学系高分子专业。1984 年 9 月来自化学系的俞耀庭教授接替崔澂教授担任分子所的所长，对研究室进行了调整和重组。研究方向主要有基因工程、酶学及酶工程、分子遗传学、生物膜、生物活性材料和生物医学工程等，包括十多个独立研究室，科研和行政人员总计达 24 人。科研取得长足进展。在基础研究方面的一项重要成果是：分子遗传学研究室的陈德风老师及其学生发现，限制性内切酶识别序列旁侧的 DNA 甲基化对限制酶的活性有抑制作用，这在当时是一项重要发现，其结果于 1992 年发表在分子生物学重要期刊 Nucleic Acids Research。在应用研究方面，俞耀庭教授领衔的科研团队取得两项重要成果，一是从河豚鱼的鱼子中成功提取出试剂级河豚毒素，并出口西格玛（Sigma）试剂公司，获得可观经济效益。在研制过程中一位老师因防护措施缺陷出现河豚毒素中毒，一度昏迷，经抢救恢复正常。二是研制出用于抢救安眠药中毒者和治疗红斑狼疮患者的生物吸附材料和血液灌流设备。该技术已转让给丽珠医用材料公司，并进行规模化生产和临床治疗，产生较大经济和社会效益。由于这些成果，俞耀庭教授获得何梁何利基金"科学与技术进步奖"（2007）、国家科技进步二等奖（2009）和中国发明创业奖（2010）。

1984 年以后的 8 年中，俞耀庭教授促成了与加拿大麦吉尔大学达成两期生物技术人才交流培训协议，先后派出进修教师 7 名，研究生 4 名赴麦吉尔大学学习。另外，分子所还向其他国家派出 19 名进修教师。我本人就是其中之一，于 1988 年至 1989 年以访问学者身份赴美国明尼苏达大学进行为期一年半的分子生物学研修。

1993 年 6 月，南开大学决定在原生物学系及分子生物学研究所的基础上组建生命科学学院。此后，分子所成为生命科学学院下属的独立研究机构并承担研究生培养任务。生命科学学院的成立，对于南开生物学科来说是一个新的起点和里程碑，同时也给分子所的发展带来新的机遇。说到这里，不由想起我在 1990 年学校教代会上提交的一项关于成立生命科学学院的提案。当时，由于生物系和分子所是两个平行的处级单位，但规模大小相差悬殊，学科有交叉也有不同，工作中有合作也有矛盾。为了凝练学科方向，避免矛盾，形成合力，发展南开生物学科，我征得生物系邢来君等老师的同意，联名提交了上述提案。虽然提案提交后没有任何反馈给我，但三年后学校决定系所合并成立生命科学学院，我感到十分欣慰。

从 1993 年生科院成立到 2008 年分子所与生化系合并的 15 年期间分子所获得了新的发展，主要表现在以下三方面：

第一，在部分科研人员出国工作和退休减员的同时，分子所引进了数名高水平的留学回国人员和国内博士，如郑坚瑜、张琚、李明刚、陈力、陈强、杨军、张晓东、孔德领等。其中孔德领成为国家杰出青年科学基金获得者。由于这些人才的引进，使分子所的科研实力大大增强，增加了新的研究方向和研究室，如医学分子生物学研究室、生物工程研究室、中草药研究室、生物传感器研究室、肿瘤研究室、组织工程研究室等。

第二，学科分布更加合理，科研实力显著增强。10 多个研究室形成了基因工程、酶学及酶工程、医学分子生物学和生物活性材料四个研究方向，涉及转基因植物研究、质粒分子生物学和降解微生物研究、前列腺增生基质病变分子机制研究、乙肝病毒与肝癌关系的分子病理学研究、人工肝细胞制备及其活性研究、新型生物医学材料研究等。承担国家 973 和 863 项目、国家自然科学基金、部委基金及天津市自然科学基金、天津市重点项目和横向联合项目等，年到位经费达 200 多万元。

第三，生物活性材料研究室从分子所脱颖而出，后来被正式命名为"生物活性材料教育部重点实验室"，成为南开生物学科的科研重镇。该重点实验室 1994 年开始建设，学科基础是分子所的生物材料、组织工程和生物传感器研究，1996 年获国家教委批准对外开放，研究领域属于生物医学工程，与化学、生物和医学等形成密切交叉，拥有高分子化学与物理、生物化学与分子生物学两个博士和硕士点。研究方向有三个：血液净化与材料、干细胞与组织工程、生物传感与检测。俞耀庭教授是该重点实验室的创始人和第一任实验室主任，第二任实验室主任是张琚教授，2005 年以后实验室主任是孔德领教授，他担任实验室主任以后，科研人员、科研项目和经费数量都有较大增长，实验室发展前景很好。

我于 1994—1996 年第二次以访问学者身份赴美国明尼苏达大学访学，进行细菌脱卤素酶的定向进化研究，回国后组建生物降解与环境生物技术实验室，随后在萘降解质粒和除草剂阿特拉津生物降解研究方面取得系列成果。2004 年我们在《基因》（Gene）杂志发表了来自假单胞菌 ND6 菌株的萘降解质粒 pND6-1 的核苷酸序列，并从中发现新的萘降解基因 nahU 和 nahV。这是第一个测定全序列的萘降解质粒。在后续的研究中我们又测定了 ND6 菌株的基因组序列及其隐蔽质粒 pND6-2 的序列，并证明该质粒中的接合转移基因能促进 pND6-1 质粒的转移，这是首次发现一个质粒的接合基因区能促进另一个降解质粒转移的报道。在阿特拉津生物降解研究中，我们从国内土壤和废水样品中分离并鉴定了 27 个阿特拉津降解菌株，对它们的遗传和生理多样性进行了研究，并进行了阿特拉津污染土壤的生物修复和阿特拉津工业废水的生物处理小试，制备了抗阿特拉津的转基因水稻，获得中国发明专利。我们实验室的阿特拉津生物降解研究，在国内开始最早、成果最多，得到学术界好评，被明尼苏达大学学者认为是全球 9 个阿特拉津生物降解研究做得最好的实验室之一。分子所为我出国进修提供了机会和方便，为我的科研提供了宽松的环境和后勤保障，分子所的同事，特别是赵大健、高才昌、朱祚铭、俞耀庭，给了我诸多指导、协作和帮助，使我至今心存感激。

分子所从 1978 年成立到 2008 年与生化系合并，一共经历五任所长。

首任所长是崔澂教授，1984—1995 年是俞耀庭教授，1996—1998 年期间生科院院长耿运琪教授和郑坚瑜博士先后兼任和担任所长，1999 年张琚博士出任所长。有一段时间，张琚博士在担任分子所所长的同时还兼任生物活性材料教育部重点实验室主任，她工作负责，制定规则，锐意进取，引进人才，为分子所和重点实验室的发展做出了重要贡献。

2004 年前后，分子所的两名教师调到遗传学系，我本人转入微生物系。2008 年分子所与生化系合并，生物活性材料教育部重点实验室人员不再属于分子所，而属于生化系（后来在重点实验室基础上建立了生物材料与组织工程系）。这样，分子人员所剩无几，而且再没有所务会议和活动，也没有任命所长，所以系所合并后，分子所就已经完成了自己的历史使命，进入有名无实的状态。

现在，分子所的光环虽然已经不在，但全体分子所人为南开生物学科所做出的贡献将永远载入南开大学发展的史册。

2007 年，蔡宝立和学生在分子所门前合影

作者简介：蔡宝立，南开大学生命科学学院教授，博士生导师。1969 年毕业于南开大学生物系。1970—1978 年在南开大学生物系任教师，从事石油微生物研究。1979 年至退休（2010 年 9 月）在南开大学分子生物学研究所和微生物系工作，从事生物降解与环境生物技术研究。其中 1988—1989 年、1994—1996 年和 1999 年 4—5 月，以访问学者身份在美国明尼苏达大学生物化学系研修。

我在染色体实验室工作的 40 年

宋文芹

1972 年，在春暖花开的季节，我从遥远的内蒙古乌梁素海脚下维克图来到天津南开大学生物学系，开始了我三年求学的生涯。

从 1972 年入学到 1975 年毕业，后来留校工作至今已经整整五十个年头了，我目睹了南开大学生物学系到生命科学学院这 50 年的发展和壮大，也亲身见证了染色体实验室的创建和发展。

1975 年 9 月毕业后我被分配到陈瑞阳先生实验室做助教，参与陈老先生的研究工作，染色体实验室的前身是陈老师的"显微及亚显微技术课"，再前身是吴小航教授的"切片课"实验室，1978 年以前，已具有一定的细胞学基础。染色体实验室是 1978 年以后自然形成的，不知从何时起就这么叫了。

改革开放后，我们不清楚应该如何做科研，原来受的教育是综合性大学应该搞基础理论研究。陈先生带着我们去北京查阅文献，经过几个月的努力，我们查到一篇号称 20 世纪 70 年代最先进的研究吉姆萨染色法（Giemsa）分带技术的论文，这篇论文就像磁铁一样吸引着我们。可什么是 Giemsa，不知道，什么叫分带技术也不清楚，是基础理论吗？两眼一抹黑。去北京请教吴旻院士，他给我们看了一张人染色体的 Giemsa 分带片子，我们才一目了然。1978 年，我们以这项 20 世纪 70 年代 Giemsa 分带技术为切入点，开展了植物染色体研究。

经过一年多的钻研，我们突破了这项新技术。1979 年，在昆明召开的中国植物学会 45 周年大会，在细胞学分组会上，陈老师介绍了植物染色体 Giemsa 分带研究结果，得到了老一代细胞学家吴素萱、郑国锠、郝水、朱澂教授的好评，他们向中国植物学会提出"委托南开大学举办全国 Giemsa 分带技术培训班"的倡议，1981 年，由植物学会主持，朱澂先生负责，在南开大学举办了改革开放后全国第一个技术培训班，对这项新技术进行了推广。来自全国 300 多个单位的技术人员受到了系统培训。从此，中国植物染色体研究在全国开展起来。截至 1984 年 6 月我国发表的论文 227 篇，分别属于 163 科 625 属 1259 种（徐炳声，1985）。因此，南开大学染色体实验室在我国植物染色体研究中起了重要的带头作用。

陈老师正在给年轻老师讲解研究工作

植物染色体 Giemsa 分带成功后，我们并没有满足这项 70 年代水平的研究成果。因为 Giemsa 分带方法完全是从文献上抄来的，没有自己的方法，而且它本身有很多不足，很难推广。因此，在研究 Giemsa 分带的同时，抓住了植物染色体研究的关键问题——染色体标本制备。植物染色体标本制备一直沿用 1921 年的压片法，与人类及哺乳动物染色体研究相比落后了几十年。人类染色体的低渗法虽然是偶然发现的，但它是迄今为止最完善的染色体研究方法。如何将人类染色体的低渗法移植到植物上来，我们虽不是第一人，但我们是最先成功者。经过一年多的努力，我们终于将人类染色体的低渗法移植到植物上来，获得成功，创建了植物染色体的酶解、去壁、低渗法（WDH 法），并在 37 科 477 种（含种下）植物上进行了试验。于 1979 年和 1982 年正式发表了这个方法。这对植物染色体研究来说，是自 1921 年的醋酸洋红压片法以来，具有里程碑意义的方法。

有了我们自己的去壁低渗法后，我们立刻转入研究中国特有植物上来。瓦维洛夫提出：中国是世界栽培植物起源最早和最大的国家，起源我国的栽培植物有 200 多种，至今在全国各地还分布着野生大豆、野生茶和各种野生果树。就这样，我们与中国植物染色体研究结下了不解之缘，也正好赶上改革开放 40 年的好时代，成就了我们的中国梦，我们不仅填补了中国植物染色体研究的空白，而且使中国植物染色体研究达到了世界先进水平，并在某些方面走在前面。

40 年来我们共对 140 科（占全国 61.5%）656 属（占全国 23.1%）1563 种（占全国 5.2%）的植物染色体数目和倍性进行了报道，其中 90% 为首次报道。1979 年和 1980 年在国内首次报道了普通小麦和水稻的染色体数目和核型，填补了中国植物染色体在国际上的空白；出版了第一部《中国主要经济植物基因组染色体图谱》I—V册，共 3631 页，收载了 1389 种植物染色体图像。包括：

①第一册：中国果树及其野生近缘植物染色体图谱，29 科 52 属 261 种 1140 品种；

②第二册：中国农作物及其野生近缘植物染色体图谱，21 科 59 属 243 种；

③第三册：中国园林花卉植物染色体图谱，64 科 205 属 356 种；

④第四册：中国竹类植物染色体图谱，1 亚科 33 属 185 种；

⑤第五册：中国药用植物染色体图谱，123 科 403 属 356 种。

从染色体数据库分析中新发现 478 种多倍体，其中四倍体 222 种，六倍体 182 种，三倍体 37 种，其他倍性 37 种，其中半夏、三脉紫菀、芦苇、木兰科、竹亚科为多倍体复合体；首次鉴定报道了我国银杏、芦笋、菠菜的性别机制为 ZW 型和 XY 型；对三脉紫菀、芦苇、半夏多倍体复合体细胞地理学进行了研究；创建了植物染色体标本制备的酶解、去壁、低渗法，简称 WDH 法，它与 1956 年建立的人类染色体的低渗法具有同等重要的意义；在此基础上我们首次获得多种植物染色体 G-带，特别是川百合、蚕豆、黑麦、一粒小麦染色体 G 带，至今尚无人突破；1997 年实验室开展了植物 B-染色体分子生物学及人工 B-染色体载体的研究，四次获得国家自然科学基金资助，获得了 10 多个 B-染色体特异序列，为进一步人工合成 B-染色体打下了基础；同时，建立和改进了 45SrDNA、5SrDNA 荧光原位杂交的方法，并成功地在多种植物上进行了应用。通过上述的研究我们建立了具有南开大学特色的中国植物染色体研究分析技术体系，即：材料采集→去壁低渗法制备染色体标本→①半自动化核型分析、②Giemsa C-带、③N-带、④G-带、⑤FISH、⑥rDNA 原位杂交→核型标准化数据分析。随着科学的发展和试验技术的提高，1996 年创建立了在普通光学显微镜100×15=1500 倍油镜下分离、切割染色体的新方法，可准确识别、分离任何一种植物的任一条染色体，切割精度可达到 0.2μm，建立了单条染色体基因组测序方法，为单条染色体基因组测序产业化奠定了基础；2003 年我们"中国植物染色体的研究"获得了国家自然科学奖二等奖，这是对我们研究工作的肯定。

2003 年以后逐步从基础理论转为应用，利用染色体数据库的资料和遗传学的基础创建了以丹参为主的"基因组三倍化与杂交相结合"的遗传改良与新品种培育的育种平台；创建了多种兰花遗传改良、种质创新方法与种苗工厂化生产技术；基于对多倍体特别是异源多倍体染色体结构大数据分析，我们发现自然界除多倍体优势和杂交优势以外，还存在第三种优势。第三种优势是由"基因组三倍化与杂交相结合"产生的，它是将多倍体优势、杂交优势、远缘优势固定在一起的三位一体的强大优势，我们称之为第三种优势。在自然界，在第三种优势作用下形成了一些超级物种，如北美红杉（世界爷）、西双版纳歪脚龙竹、巴布亚新几内亚大香蕉、普通小麦等。凡是经过基因组三倍化形成的异源六倍体，都是在第三种优势作用下形成的。因此，我们认为"基因组三倍化与杂交相结合，在高等植物进化中起了重要作用"。第三种优势将给人类创造巨大的财富。40 年的植物染色体基础研究结果表明，它与产业化密切相关。由于 1978 年以前我国植物染色体研究基本空白，所以与染色体相关的产业化也就无从谈起。经过这40 年的中国植物染色体基础研究，我们不仅搞清了中国三万种高等植物染色体的家底，而且提出了与染色体相关的产业化方向，建立"基因组三倍化与杂交相结合"育种平台，利用第三种优势培育出一批超级物种，如异源六倍体超级稻，异源六倍体超级大豆，异源六倍体、十二倍超级甜高粱，异源六倍体水仙花，三倍体、六倍体郁金香等。未来 20 到 30 年后，将会改变现在的农业品种种植结构。这就是基础研究的魅力所在，只有基础研究才能产生原始创新、产生核心技术。

中国主要经济植物基因组染色体图谱（Ⅰ—Ⅴ册）

染色体实验室自 1983 年获得国家自然科学基金项目，40 年来共获得 49 项各类科研项目，9 项科学技术奖励，所有奖项都是与染色体相关的，这些奖项是对我们染色体研究的肯定。2003 年获得国家自然科学奖二等奖，是通过杨弘远院士、翟中和院士、郑国锠院士、董玉琛院士、陈俊愉院士推荐的项目。评审委员对我们的工作给了高度肯定，陈家宽委员说：这是你的终生成就奖！

1983—2018 年，染色体实验共培养研究生 125 名，包括硕士生 77 名、博士生 45 名、博士后 3 名，其中已有 10 多人成为教授级高级人才。1979—2018 年 12 月，染色体实验共发表论文 300 余篇，申请专利 10 余项。1993—2003 年，美国密苏里植物园（Index to Plant Chromosome Numbers，IPCN）共收录了我们报道的植物染色体总数 780 种。

2002 年陈教授退休后，实验室的很多研究转向理论联系实际的应用，几十年的"染色体"研究积累，使我们的理论联系实际研究有了扎实的基础。洪德元院士在他的细胞分类学中提出："多倍化与杂交相结合，对高等植物进化起了重大影响。"我们认为"基因组三倍化与杂交相结合"，不仅对高等植物进化起了重要作用，而且是种质资源遗传改良与新品种培育的重要途径。

2003 年染色体实验室全体师生合影

　　从大量的文献中我们选取了药用植物为研究对象，由于野生植物资源的破坏十分严重，已对传统中医药构成一种现实的威胁。人们对药用植物的采集和消费使世界上已认知的药用植物的 1/5 面临灭绝的危险。种质资源是药材生产的源头，种质的优劣对产量和质量有决定性的影响，种质资源研究特别是种质资源遗传多样性的研究在药用植物开发中具有重要意义。"多倍化与杂交相结合，对高等植物的进化起了重要作用"（洪德元，1990）。其中基因组三倍化在自然界虽然并不普遍，但它在进化中起着重要作用。自然界三倍体（triploid）多数是由 2n 配子杂交产生的，人工三倍体则是由 4x♀×2x♂或 2x♀×4x♂杂交形成的，因此，不论是自然发生的三倍体还是人工产生的三倍体，都具有由杂交产生的杂种优势。另外，三倍体虽然是倍性最低的多倍体，但它具有多倍体所有属性。三倍体是具有自然界目前唯一知道的两大优势的种群，即多倍体优势和杂种优势，因此，基因组三倍化具有多倍体和杂交种双重优势，其优势表现出巨大性和不可替代性。基因组三倍化另一特点是，三倍化后在"空间上"与其他物种形成了生殖隔离，不能与其他物种进行杂交，没有有性后代，不产生后代分离，其杂交第一代是"永久 F1"，固定了杂种优势，如能进行克隆繁殖，则可成为"永久杂种"，使三倍体杂种优势得以长期保存下来，这是目前已知的固定杂种优势的最佳途径。我们在陈老师的带领下，在对我国丹参种质资源进行广泛搜集的基础上，从形态学、细胞学和分子生物学三方面进行研究之后，选定了以丹参基因组三倍化为方向，对我国丹参种质资源进行遗传改良和新品种培育。经过十年的努力培育了 12 种丹参新种质。无论是含量还是产量，远远超过普通的丹参品种，三倍体丹参至今国内外尚未见报道，属原创性研究，完全具有自主知识产权。三倍体丹参是继三倍体糖甜菜之后，第二个利用根部杂种优势最成功的三倍体作物，对其他药用植物的遗传改良具有引领作用。

2006 年毕业的博士生、硕士生和本科生

2021 年 3 月 24 日我们敬爱的陈老师永远地离开了我们，但是陈老师给我们留下了许多宝贵的财富和未完成的事业，他的水稻六倍体梦还未实现，他的第三种优势即由"基因组三倍化与杂交相合"产生的，它是将多倍体优势、杂交优势、远缘优势固定在一起的三位一体的强大优势的理论还未得到证明。陈老师留下的梦想将由我们帮他实现。丹参品种正在全国进行推广应用，六倍体水稻品种我们正在继续完成。任重而道远。

培育的三倍体丹参新品种　籼粳稻双二倍体杂种

作者简介：宋文芹，女，1953 年出生，汉族，中共党员，1972 年 4 月入学，1975 年 9 月毕业，2019 年 3 月退休。长期从事细胞生物学和分子细胞遗传学的教学和研究工作。对植物染色体的研究具有较好的基础，特别是在经济植物和源于我国的栽培植物及其野生种质资源的染色体研究方面做了大量的研究工作。

优秀的教师与杰出的科学家

——记昆虫学家郑乐怡教授

卜文俊　刘国卿

郑乐怡教授是我们的恩师，他的一心向学、矢志治学、科研追求卓越的精神，成就了他成为独具魅力的学者；体现出了教师和科学家的优秀品质，是我们在成长道路上学习的光辉榜样。

一、一心向学

郑乐怡先生本科毕业于复旦大学，他于 1955 年来南开大学就读萧采瑜先生的研究生，由于学业及人品优秀，毕业后留校工作，从事动物学方面（昆虫学）教学和科学研究工作。他的人生目标非常明确，决心将自己的一生奉献给教育事业和科学研究。"文革"期间，他本人及家庭均受到了不公正待遇，尽管如此，他相信未来是光明的。在农村劳动期间，他没有放弃学习，将一部分自己喜欢且重要的书籍随身携带，尽管农活很累，仍利用休息时间坚持学习，丰富自己。回校后，图书馆、新华书店是他经常光顾的地方，不多的工资中一部分用于购买书籍，在他办公室书架上摆满了本学科和相关学科的书籍，相关学科涉及地学、植物学、生化、农学、植保等方面。他读书非常认真，经常写下了自己的看法，将其融入教学工作中。

南开之初

在南开和同学们在一起

二、严谨治学

1974 年，郑先生全家从农村回到南开大学，开始了他的教学生涯。他是优秀的人类灵魂工程师，是一名平易近人的长辈，他的一生献给了党的教育事业，为国家培养出许多栋梁之材。在 20 世纪 70 年代中后期，那时经常"开门办学"，也就是将学生送到工厂或农村，结合实际进行教学，当时我们这个专业是昆虫学，与植物保护结合比较紧密，他与 74 级同学一同去到农村进行教学，当时刚从外地回到学校，许多事情还没有安置好，但他克服重重困难，积极地参加了这一届学生的实践与理论相结合的教学工作。在乡下搞好教学困难很多，缺乏应有的基本教学设备，但他与学生共同克服困难，为教学创造条件，就自己所学知识结合当地实际情况进行讲学和引导学生做一些与实践相结合的实验，引导同学快速掌握本专业的基础理论知识，由于郑先生的学以致用和无私奉献精神，同学们不但获得专业知识，也从他的身上学到许多做人的道理。他与学生同吃同住，给学生留下了终生难忘的回忆。

在 80 年代，天津市为了提高一些植物保护部门干部的专业技术业务水平，经常组织一些中小型培训班，聘请一些大学中高水平的教师讲课，郑先生就是被聘请人员之一。曾经在武清区河西务镇举办植保人员技术培训班，邀请郑先生去讲课，郑先生非常高兴地答应了邀请，并在学校为此次授课进行了充分的准备。培训点的吃住条件比较差，讲课人员与学员住在一起，吃在一起，住的地方没有床，是就地铺稻草而睡，一个房间住 5 到 6 人，尽管如此艰苦，但郑先生没有提出任何的额外要求，培训过程中更是难上加难，学员的知识水平高低不一，郑先生非常注重教学方法，在培训前，对学员的基本情况进行了解，教学过程中采取因材施教，结合实践，使大家在不同程度上各自业务都有所提高。培训班快要结束时，一些学员谈道："原本大家聚在一起也没有想去获得些什么，只是应付一下而已，没想到老师讲得如此好，我们听得明白，对我们搞好今后的工作非常有用。"他强调本科生应该培养的是通才，硕士生应该培养的是有比较专门技术的通才，博士生应该培养的是拥有广博知识的专才。他主张本科生在大学期间应该去多听各种各样的课程，打好通识的底子。这个阶段，素质是最重要的，人只有在通的基础上才能进一步达到专的境界。工作期间，他承担过本科、硕士及博士研究生的各类课程。他备课非常认真，对自己严格要求。早期，博士生导师较少，相关课程均由他一人开设，一人担任 2 到 3 门。他根据不同课程的要求，在讲课前，花大量时间寻找相关书籍和参考文献，以丰富讲课内容，常备课到深夜。他的课程使我永远难忘，受益终身。他在讲课过程中，思路非常清晰，板书美观，图文并茂，善于引导学生对问题的讨论和探索，同时传授做人的基本道理。在授课程中，为了加强同学对一些关键性问题的理解，常给大家留一些作业，在规定时间内将作业收回，逐字逐句进行修改。

1982 年访问美国康州大学　　　　2000 年云南思茅莱阳河

三、不懈追求，攻关创新

科学研究是他教学工作外的又一追求，他主持过多项国家级及省部级的项目，在昆虫系统学研究方面做出了卓越贡献。他从 50 年代开始采集昆虫标本，克服重重困难，足迹遍布我国大江南北，获得了大量的研究材料。记得 1979 年 3 月，他带队去云南采集标本，我也有幸参加了此次科研活动，在他的背包中装有大量与植物相关的书籍，便于采集过程中识别一些不认识的植物。那次在云南共待了 3 个月，在哀牢山采集时，山上条件很差，而且温度较低，在帐篷内休息，每天晚上都要进行标本整理。郑先生白天与年轻人一起采集，在采集过程中随时给大家讲解采集要领，同时引导大家认识相关昆虫和植物，对一些不认识的植物采集后随包带回，晚上除整理标本并对当天的采集情况进行记载外，用较多时间进行植物鉴定，对于一些新的发现，他随时告知大家，并手把手教年轻人制作标本，使我们的采集和标本制作技能得到快速提高，在他的指点下，我们认识了许多植物。随着大量实验材料的获得，为我们的科学研究奠定了良好基础。在我的研究过程中，郑先生从实验材料的观察到论文的写作都一一给予指导。当我第一次将研究成果总结成文，并将其送给郑先生修改，原以为问题不会太多，拿到修改稿后，上面写满了郑先生密集的修改字迹，就连标点符号也没有逃出他的眼睛，对稿件还提出了许多宝贵意见。这篇稿件经过多次修改，达到了出版要求。他所做的这一切使我永远记在心中，为我做好教学科研工作树立了光辉榜样。郑先生在科学研究中取得丰硕成果，他记载的昆虫中大量是科学上的新属新种，许多是中国的新记录类群，研究过程中纠正了前人的较多错误，在国内外一些专业期刊上发表了许多重要的研究成果，引起世界同行的高度重视，也为中国异翅亚目的深入研究奠定了良好的基础。在同行中有较高的声誉。

四、为昆虫分类学而生

从事昆虫分类学的研究者，研究者个人需要多方面的能力，所在单位要有好的基础设施和研究条件。而这个学科的发展，则需要很多人的共同努力。在研究者的能力中，语言学习能力是重要环节。生物的分布具有很强的区域性特点，昆虫亦是如此。在地球的不同区域生存的物种或个体均不同，不同地区的研究者使用不同的语言来记载本地或其他地方的生物，这就决定了从事生物分类的研究人员需要熟悉多种语言，至少需要熟悉若干种世界上较多人使用的语言。郑先生正是具备这种能力的人。20 世纪 40

年代，在萧采瑜先生回南开大学建立昆虫学科的时期，郑先生在上海使用英语教学的中学学习英语。大学期间学习俄语，即使在 20 世纪 60 年代末、70 年代初不能正常工作的时期，在农业劳动之余郑先生仍在学习法语和德语。生物分类，尤其是昆虫分类，大量的标本收藏是其研究基础，昆虫标本的采集需付出大量的时间和体力。从郑先生的采集散记中可窥一斑，从青年时代就投入了大量的时间和精力在全国各地采集标本，有时一次行程长达三个月以上，甚至在古稀之年还亲赴云南采集。我相信，如若不是近年因病不能出行，郑先生的采集经历将更长。

科学研究需要记载研究结果，在没有电脑、缺乏互联网和电子媒体、中文打字机的操作需要长期专门训练、照相设备和技术不发达的年代，昆虫分类研究中文字和图像的表达主要靠手工完成。因曾在美术学院学习的缘故和后期训练，作为昆虫分类学家的郑先生，文字的秀美和绘图的功底得到国内外同行的赞誉，他的文字手稿和绘制的形态特征图仍是吾辈参考的范例。如果将科学分为描述性科学和实验性科学，昆虫分类学或系统学属于描述性

昆虫分类的实践需要理论的提升和指导，需要借助生物学乃至其他学科领域的进步才能实现相辅相成的发展。在这方面郑先生是倡导者，也是积极的践行者。在长期从事蝽类昆虫系统学研究的同时，关注生物系统学、进化生物学及相关领域的理论和研究方法的更新与发展。正是因为有这种理念，促成了郑先生《动物分类原理与方法》（1987）一书的编写，为推动生物系统学理论在中国的发展和促进晚辈的学习与提高奠定了的坚实的基础。

南开大学的昆虫分类学教学和研究，自 20 世纪 40 年代建立以来，在 60 余年的发展历程中，也随着社会的进步和动荡、生物学科的发展与调整，经历了波澜起伏的发展历程。20 世纪 80 年代，中国迎来了"科学的春天"。经历进入"春天"的快速恢复与发展后，随着国内外生物学科各个领域的快速发展及重点发展领域的调整，以及上一辈研究者的退休和新一代培养的缓慢，昆虫系统学的发展反而进入了低谷时期。在国内综合性大学的昆虫分类学纷纷被调整的状况下，正是由于"为昆虫分类而生"的郑先生的长期坚持和不懈地努力，为南开大学昆虫分类学的发展迎来了更明媚的"春天"。在郑先生的主持下，得到了国家自然科学基金委员会设立的国家基础科学人才培养——昆虫分类学特殊学科点项目长期和稳定的支持，不仅推

动了南开大学昆虫分类学科的巩固、创新和发展，也促进了全国昆虫分类学的人才培养，壮大发展研究队伍，拓展新研究领域和方向，编写新的《昆虫的分类》教材等，使昆虫分类学科进入快速发展的轨道，昆虫分类人才缺乏的局面有所缓解。

郑乐怡先生长期追求卓越，淡泊名利。在南开大学生物学科百年之际，特以此文回顾九十高龄的郑乐怡先生，以此表达学生的敬佩和感激之情。祝郑先生健康长寿，您的健康长寿是吾辈的幸福。

2010 年，南开大学生命科学学院

2021 年，郑乐怡先生九十岁生日

作者简介：卜文俊，南开大学生命科学学院教授，博士生导师。1962 年生，1980 年 9 月—1990 年 6 月，在南开大学生物学系学习，获学士、硕士和博士学位。毕业后留校任教至今。1996 年 8 月—1998 年 11 月，曾在美国堪萨斯大学做访问学者和博士后。任南开大学昆虫研究所所长，南开大学教代会主席，中国昆虫学会副理事长，中国动物学会常务理事等；

曾任担国际异翅亚目昆虫学者协会主席（President，2014—2018，The International Heteropterist's Society）；曾任南开大学副教务长，生命科学学院院长等。主要基于昆虫的分子、形态、地理分布和生态学数据从事半翅目异翅亚目等昆虫的分类、系统发育与进化和谱系地理学等方面的研究。主持完成国家杰出青年基金项目、国家自然科学基金重点项目、国际合作项目等各类项目40余项，在国内外期刊发表学术论文300余篇，合著专著3 部、译著 1 部、教材 2 部。指导博士后 12 名，培养博士生和硕士生70 名。

作者简介：刘国卿，男，南开大学生命科学学院教授，博士生导师。1975 年本科毕业于南开大学生物学系，后读研究生，获南开大学理学博士学位。曾任南开大学昆虫学研究所所长、动物生物学与发育生物学系主任。多年一直承担国家自然科学基金委员会、教育部、科技部的一些项目评审工作，曾任《应用昆虫学报》等部分学术刊编委。曾任天津市动物学

会理事。对中国蝽类昆虫中的盲蝽科、蝽总科及水生蝽类群的系统分类有较深入的研究，先后完成国家级与省部级科研项目 20 余项，完成的项目中，有多项获得国家和省部级科学技进步奖二等奖，被教育部和国家自然科学基金委评为先进工作者，获南开大学优秀教师一等奖。主编科学专著3 部，参加编写科学专著30 部，在国内或国际重要学术期刊上发表系列科学研究论文230 余篇。

程振衡先生传

梁子才

怀安之子

程振衡先生 1922 年 8 月 21 日出生于河北省怀安县太平庄村一个殷实的农民家庭。他的父亲叫程敬礼，母亲是高瑞兰。在 6 个子女中，程振衡是家里的长子，他有一个姐姐，两个弟弟和两个妹妹。

太平庄村的得名有一点儿历史。相传太平庄村建村是在唐代，那时社会稳定，物质丰富，从中央到地方均建设官仓，怀安东北方向距城十五里处南、北各有一座小山，洪塘河就从这里流过。这里河的南北两岸那时各建有一个官仓，南边的叫"南九仓"，北边的叫"北九仓"。唐亡后四百多年间，怀安一直被北方的游牧民族管辖，南、北九仓也不再是粮仓而成为牧场，名称由原来的北、南九仓改称北、南九场。1900 年八国联军攻占北京，清室西逃。慈禧太后一行来到北九场休息时，发现这里一片平和安宁的景象，便对当地官员说："此地鸡不叫犬不吠，真是个太平庄。"自此，北九场更名为太平庄村。地处晋冀蒙三省交界处的怀安县本就素有"文化县"之称，仅明清两代文、武科举考试，中举者就有 437 人，而地处怀安县腹地的太平庄村自然也是翰墨飘香。程振衡就是从这样一个村庄走出来，成为一位现代知名生物学家。

少年时期的程振衡在离家不远的怀安城度过了小学时光。当时的怀安城还是怀安县的县治所在地（1951 年才迁至柴沟堡），十分繁华。1930 年初程振衡 8 岁入怀安城小学（后称怀安第二小学），到 6 年后的 8 月他从小学毕业时，已经是一个 14 岁的翩翩少年。1936 年夏天家里又把他送到名城宣化，入读宣化中学初中。该校是 1902 年在原柳川书院旧址创建的名校，初名宣化府中学堂。1904 年该校送吕复等 19 人赴日留学，不仅开创了张宣地区学生到外国留学的先例，在全国也是领风气之先的。1932 年学校更名为察哈尔省立宣化中学校。但是 1937 年"七七"事变爆发后，宣化沦陷，夏天学校被日伪军部强占，所有图书、仪器等设备都被焚毁。这样一所优秀的学校竟被迫停办！

负笈北京

没有资料显示年轻的程振衡是在怎样的愤懑和彷徨中度过接下来的一年的。在他多年后的履历填写中多次提到因为日本帝国主义侵华失学一年。直到 1938 年 8 月，16 岁的程振衡才来到北京，继续入读初一年级。这次，他入读的学校是北京盛新中学。盛新中学（男中）和佑贞女中是法国天主教仁爱遣使会分别在 1923 年和 1917 年教场胡同 2 号和 4 号开办的两所中学。这一建筑群后来合并使用转隶各校多次，最后成为北京四中的东校区（初中部）。其间 1990 年以两校的名义成为北京市文物保护单位，2013 年作为硕果仅存的教会学校建筑代表成为全国重点文物保护单位保护下来。在这所学校里，他度过了最初来北京的三年。

盛新中学旧址

盛新毕业后，他在燕京大学高中部就读了 6 个月后，就转入了北京河北中学。校址在北京地安门东大街河北省立北京高级中学，前身为建于清光绪二十八年（1902）顺天高等学堂。学校 1901 年试办，1902 年正式建立，钦定校名为"顺天中学堂"。甚至开学大典时慈禧太后亲自派人送来一个御赐书柜和部分御拨图书以示祝贺。1907 年改为顺天高等学堂后，学制为八年，五年中学，三年高等（即大学预科）。学生毕业后，品学优良者可进入专门学堂。前五年中、西两学兼授，后三年只授西学，即外国文学、算学、博物（生物、矿物、理化）。教习都选聘学识造诣较深者，中外名流兼聘，西学多使用外文课本。河北北京中学与北京师大附中、北京四中一样，是最老牌的北京名校。这所学校，规模虽小（长期只有 12 个班，500 多人，最多也只有 24 个教学班），在鼎盛时期却有"小清华"之称。中国共产党的早期创始人张申府、革命家和国家领导人康世恩、国学大师梁漱溟、哲学史专家汤用彤、著名剧作家翁偶虹、著名作家王蒙等，都是毕业于此。河北中学培养的两院院士、著名科学家、工程技术人才更是不计其数，出席第一次全国科技大会的河北中学校友就多达 40 余人。康世恩也是河北怀安人，康家住的田家庄只离程振衡家太平庄村十多公里，康世恩的妹妹康世芳甚至还成了程振衡的大弟媳妇。河北中学虽然在北京，还真是荟萃了很多燕赵人才。到 20 世纪到 80 年代，学生们有时候纳闷为什么从没有在国外受过教育的程老师怎么英文那么好。入读河北中学是程振衡求学路上重要的一步，这为他之后的发展打下坚实的基础。

青年时期风华正茂的程振衡

　　河北中学毕业后，程振衡入读北平师范大学生物系。北平师范大学生物系复建于 1902 年京师大学堂博物部。按照史料，1924 年生物系从博物部分出独立设系。1934 年到 1951 年，郭毓彬任生物系主任（偶尔注意到郭 1948 年用的名片的头衔还是博物系主任，怪哉）。郭毓彬作为程入读北平师范大学生物系期间的系主任，是程振衡求学路上的一个重要人物，是他与南开大学发生关系的指路人。

20 世纪 30 年代北师大生物系师生工作情景

　　凡是学昆虫学的学生学者知道郭毓彬的应该比较少。郭 1909 年在南开学校学习期间曾与周恩来同学，曾在第二届远东运动会上获得 2 块金牌，开辟中国近代体育史上的"郭毓彬时代"。他大学毕业后，留学美国。时值第一次世界大战，所在大学体育系停办。1918—1922 年，他先后在葛林乃尔学院和伊利诺斯大学攻读生物学。郭毓彬回国后，先后任苏州东吴大学、北京师范大学生物系教授、系主任。郭教授的课程是比较解剖学。

郭毓彬教授给萧采瑜教授的便签和程先生后来存放这个便签的证书

　　这张程振衡先生珍藏到去世的便签，是郭先生用毛笔写在名片背面的，也许是以示正式，还专门加盖了印章。我们看到的程振衡先生是把这个便签非常郑重地保存在 1989 年发的这个教授技术职务资格证书里面。这时距离郭先生书写便签，已经过去了 40 年！这时的程先生，在"文革"后的南开大学首批晋升为正教授已经 5 年，名满江湖，而推荐人郭先生在中华全国体育总会体育文史资料编审委员会委员任上故去 8 年。存放这张便签时，睹物思人，程先生会是怎样的心情呢？别的不敢说，但可以说的是，从这个便签看，郭先生的推荐之恩，程先生是记了一辈子的！

南开岁月（一）：引路者

这张便签所致送的萧主任，是中国昆虫学发展的先驱之一、在重建南开大学生物系和培养中国生物学人才方面做出杰出贡献的萧采瑜教授，是程振衡一生最大的贵人。从这张便签送达之日起，程振衡追随萧先生走上了昆虫学之路。但为什么这张便签还在程振衡手里呢？永远不会有人知道了。巧的是，萧采瑜也是北京师范大学生物系毕业，只是比程的入学早了15年。

引领程振衡走上科学之路的萧采瑜教授

萧采瑜不是凡人。他1921年先以优异成绩考入北京师范大学外语系。大学毕业后任中学英语教员。1933年重入北京师范大学生物系，追逐自己的科学梦想。四年的课程，一年半读完。毕业后，被山东省聘任为济南乡村师范校长。1936年又赴美，5年后俄勒冈州立大学获硕士学位和爱荷华州立大学博士学位。1946年冬与夫人綦秀惠教授一起回到祖国，他任南开大学生物系主任，夫人任植物学教授。当时南开大学刚刚由昆明迁回天津，原校舍被日本侵略者狂轰滥炸已成一片废墟。在极其艰难的条件下，他临危受命，热情洋溢地进行生物系的重建工作，很快生物学系就有了萧采瑜夫妇、顾昌栋夫妇、刘毅然、戴立生、周与良等7位具有美、英等西方国家博士学位的教授执教，这在当时南开大学理科各系中教授数量是最多的，并初步建立起教学、科研和三级学科门类较齐全的教师梯队，他担任生物系主任直至逝世，共31年（"文革"有若干年间隔）。他所领导的南开大学生物系成为中国北方生物学人才重要培养基地之一。才华横溢的萧采瑜教授意气风发，还开展了大量社会工作，兼任过中苏友好协会秘书长、天津市世界和平大会分会理事兼宣传部部长、天津市生物学会理事长、中国昆虫学会理事、河北省人民代表、河北省政协委员、天津市自然博物馆长等职。程振衡生前多次深情回忆称许萧先生为"科学事业的铺路人和引路人"。

初到南开为助教的程振衡。这应是他 1952 年晋升讲师之前。

南开岁月（二）：南开五十年

关于初到南开的程振衡，目前能找到的资料不多。那时的程振衡干练、沉稳。到岗两年后的 1951 年，风华正茂的程振衡被推选为代表参加了第二届全国青年代表大会。这说明初到南开的程振衡是令萧先生和学校满意的。要知道，萧先生在美国受过非常正规的科学训练，又在多个大学和海军部工作了若干年，眼光是非常高的。能得萧先生满意并推荐作为代表参加全国青年代表大会，应该是一个难得的肯定。据家人回忆，50 年代学校曾安排程振衡与胡国定等人赴俄留学。因为家累较重，且当时夫人肾炎很严重，程振衡放弃了出国留学机会。

年轻有为的全国青年代表大会程振衡代表

初到南开，程振衡的工作是作为助教帮助萧采瑜教授开设课程。天津市当代专家名人录中载，在 50 年代，程振衡编写了昆虫生理学讲义和实验指导。1952 年 8 月，程振衡晋升为讲师，完成了从教辅人员到独立科学家的第一次蜕变。他于1959 年与萧采瑜教授合译的百万字《昆虫的分类》终于付梓，成为我国昆虫学领域的中文经典（此书名多处讹写为《昆虫分类学》）。据南开校史研究室编的学人自述记载，此书为科学出版社出版，译者萧采瑜、程振衡、尚稚珍、郑乐怡。这应该也是当时他在萧团队的位置。最终成为萧先生分类学衣钵传人并把南开的昆虫分类学做到天下独步的郑乐怡教授那时还是一个英姿勃发的刚毕业的年轻研究生，郑乐怡是 1955 年投到萧先生门下读研的。

写作这篇传记时，不仅萧先生已经仙去 40 年，程先生也已经故去 5 年了。唯一健在的郑先生又因病不良于言，所以萧先生当时是如何安排他们俩这一瑜一亮已经是不得而知。但据怀安县志记载，程振衡正是 1955

年开始对昆虫生理有关资料进行试验性探索和评述。说明此时开始，程振衡在萧先生指导下，已经开始了向分类学之外开疆拓土的步伐。刘国卿教授回忆说，当时萧先生考虑到只昆虫分类学一个方面比较单薄，所以安排了程振衡向昆虫病理和昆虫生理两方面发展。1955 年 2 月—1955 年 7 月程振衡到北京大学生物系昆虫学教研室主任林昌善先生处进修，1957 年 8 月—1958 年 2 月他又参加时任中山大学昆虫学研究所所长蒲蛰龙主持的苏联专家讲习班，应该都是出于这个目的。应该说当时的程振衡也不负所望，1960 年代初对昆虫血淋巴的生理开展研究，对昆虫血细胞解毒机制血细胞的发育分化有所建树。70 年代后，他注重理论研究与生产实际，组织力量进行了昆虫病原真菌、病原细菌和昆虫免疫学方面的科研，系统研究了白僵菌毒素的提取和综合利用，在理论上指导了防治病虫害的微生物制剂，在国内率先开设了昆虫毒理学课程。1979 年，程振衡出版了《昆虫病理学》一书，不仅是独具特色的高校教学参考书，也为昆虫病理和生理学科的发展提供了指导。1980 年，程振衡又主编出版了《昆虫学》上下册，成为全国高校生物系的试用教材。作为副主编编写了中国农业百科全书昆虫卷的昆山生理分卷。他前后主讲了昆虫生理学、高级昆虫生理学、昆虫血淋巴生理、昆虫生长发育生理等十几门课程，教学效果受到师生一致好评，多次获得教学质量优秀奖，培养了大批学生和青年教师。《黏虫幼虫血淋巴中凝集素的研究》一文获得 1992 年天津市科协优秀学术论文一等奖。

南开岁月（三）：程振衡的学术影响

根据南开大学建校 85 周年纪念丛书的记载，程振衡自 1963 年之后以第一作者或其他作者发表文章 22 篇，编著专业书籍 3 部，程先生一直都致力于科学研究，无论境况有多艰难，他都默默看书、研究、写文章，走着自己的路。直到 61 岁时，依然努力在教学、科研的第一线，在 70 岁的时候，迎来了第二个学术高峰！在 4 年内，在本领域国内主要的昆虫学报发表 8 篇文章！在一个每年不能平均到一个研究生招生名额的实验室，当时这个科研成果已经是高产了。

1983 年，国家开始编辑《中国农业百科全书》，正式聘请程先生作为昆虫卷昆虫生理学分支的副主编。要知道，这个分支的主编是利翠英。利先生 1949 年获美国明尼苏达大学硕士学位。先后在中山大学农学院、华南农学院、中山大学生物系及昆虫学研究所从事教学和科研工作。利翠英教授在昆虫生理、昆虫胚胎发育、昆虫结构与功能研究领域有很高的造诣。而她的背后，则是她的夫君大名鼎鼎的蒲蛰龙。蒲先生 1935 年毕业于中山大学农学院，1949 年获美国明尼苏达大学研究院博士学位，同年 10 月偕同夫人利翠英教授回国工作。历任中国科学院中南昆虫研究所所长，中山大学昆虫学研究所所长、中山大学生命科学学院院长、中山大学副校长，国际有害动物、植物、生物防治组织东南亚分部理事等职务。程先生在 1958—1959 年初在中山大学苏联专家讲习班进修过半年，证明人就是蒲蛰龙。蒲在 1980 年 11 月当选为中国科学院生物学部委员，在昆虫学、害虫生物防治研究方面做出了贡献，被誉为"华南生物防治之父"。利翠英帮助蒲带了很多研究生，合作甚多。全书昆虫卷对中国当时及以前的昆虫学大家有专篇介绍，其中利翠英是在刘崇乐、萧采瑜、陈世骧、朱弘复、周尧、蒲蛰龙、林昌善、赵善欢这些大师之间，专篇介绍极少数女性之一（如果不是唯一，有些名字不熟），后来的中国昆虫学会理事长钦俊德都要瞠乎其后的。利先生又是与熊十力、梁漱溟等人同列的三至六届全国政协委员，地位崇高。能和利翠英搭档，可见这时候程振衡已经是国内公认的昆虫生理学权威了。

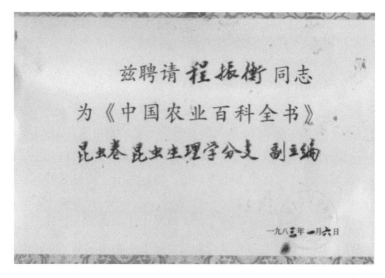

受聘为昆虫卷昆虫生理学分支的副主编

　　这时的程振衡还是副教授。他是 1984 年晋升正教授的（一年以后郑乐怡先生也晋升正教授，这一瑜一亮把南开的昆虫学继续推向辉煌，然而分子生物学在南开已经开始异军突起了）。程老师 1986 年获批博士生导师，1992 年被国务院授予政府特殊津贴。

1978 年和 1982 年程先生曾连任两届中国昆虫学会第二、三届理事。1978 年的理事长是中科院动物所所长陈世骧，秘书长是曾任中科院动物所代所长的朱弘复。到 1982 年朱弘复升任理事长，秘书长是动物所的毒理专家龚坤元。

程先生还出任了天津市昆虫学会的理事长。天津市昆虫学会前身是中国昆虫学会天津分会。这个学会是萧先生创立并担任理事长的，比较长的时间中程先生兼任学会秘书长的职务。萧先生 1978 年故去后，程先生出任天津昆虫学会理事长。那时候，在天津开展昆虫学研究最德高望重的就是程先生和郑先生了。后来程老师的同事尚稚珍教授也做过理事长。郑乐怡先生应该也做过，但是因为学会信息查不到了，具体情况只能等以后再补充。

1986 年当选天津市高等学校教师高级职务评委会委员，彰显了程振衡先生不仅在天津市昆虫领域，而且在整个生物领域中的地位。他也是当时南开大学教师职务评定委员会的委员。这个职责，就超出生物领域了。程先生也是第一届生物系学术委员会委员。

南开岁月（五）：先生的同事和合作者们

萧采瑜先生健在时昆虫教研室的全家福照片已经很难找到。这张在南开第四教学楼（俗称生物楼）前的合影基本囊括了程先生的主要同事和合作者。其中差不多一半是昆虫分类学科的老师，包括郑乐怡、任树芝、邹环光、刘国卿、朱海清等教授。

　　另一半，则与程先生专业上有更密切的联系。其中包括程先生早期的合作者，拍照时已经成为南开昆虫毒理学掌门人的尚稚珍教授；程先生不同时期的主要助手任自立教授、蔡宝灵教授、赵刚工程师和朱呈智教授。在一众笑容可掬的同事中面容凝重的任改新教授是当时刚从中科院动物研究所调进南开大学的，她是生物系副主任尚克进教授的夫人，她的到来不仅使昆虫教研室的昆虫病理学大大加强（她从事的苏云金杆菌毒素的工作在当时是超前的研究领域），也为当时本专业的学生开阔了很多眼界和发展路径。站在文明单位牌子下笑容可掬的是刘安西教授。他来之前程先生和任自立教授开展了一些昆虫触角电位的研究，刘安西教授的到来使南开的昆虫电生理研究真正别开生面。这两位重量级科学家的引进是在程先生的教研室主任任期内完成的。这时的南开大学生物系昆虫专业人才济济，程先生为此付出了无数的努力和心血。

　　后排左起：程振衡、周之杭、邹环光、郑乐怡、刘安西。中间排左起：朱呈智、刘国卿、朱海清、赵刚。前排左起：蔡宝灵、任改新、尚稚珍、任树芝、任自立。

　　程先生和中国昆虫学会理事长钦俊德研究员（左二）及刘安西教授（右一）在研究生答辩后合影。

　　出席第十九届国际昆虫学大会的程振衡先生与郑乐怡（右二）、任改新（左三）、任树芝（左一）、刘国卿（右一）等教授及部分外国（地）专家合影。

南开岁月（六）：先生"文革"后的研究生们

　　程先生 1983 年开始招收研究生，第一个研究生就是 79 级的汪文陆，这个大师兄非常聪明，又善于帮带学弟学妹，所以后来的研究生都受益良

多。第二个是 81 级的梁子才。后面是 82 级的孙勇和 84 级的姚丽华。后来
又招收了王瑞工。汪文陆后来考取了华南农大校长赵善欢的博士生。梁子
才和姚丽华、王瑞工都出国读博士学位。这些研究生中梁子才、姚丽华成
为科学家。汪文陆和孙勇成为企业家。王瑞工也成为海外企业骨干。

梁子才在南开大学 1985 年获学士学位后考取程振衡先生的硕士研究
生，得程先生的教诲 4 年。1988 年获硕士学位后，1990 年就读瑞典乌普萨
拉大学（Uppsala University）并获博士学位；1995 在美国耶鲁大学从事 3
年博士后研究；1998 年历任瑞典卡珞琳斯卡医学院研究室主任，助教授，
副教授；2006 年历任北京大学教授，博士研究生导师，核酸技术研究室主
任，分子医学研究所教育委员会主任，学术委员会副主任，北京大学生物
学科学位委员会副主任；2010 年至今为中国生物化学与分子生物学学会核
糖核酸专业委员会副主任委员，并入选国家高层次人才项目中国 RNA 干
扰领域应用研究领域的主要奠基人。他创立的苏州瑞博生物技术有限公司
是中国小核酸制药产业的龙头企业。

程振衡与梁子才　　　　　　　　　姚丽华

姚丽华是南开大学生物系 84 级的本科生，毕业考取了程先生的硕士
研究生，后赴美到纽约州立大学攻读博士，到纽约西奈山医学院和威斯达
（Wistar）研究所开展癌症方面的博士后研究。后获聘亚利桑那大学助理教
授和久负盛名的梅奥医疗机构的副教授。在《细胞》（Cell）、《美国国家科
学院院刊》（PNAS）等著名杂志发表文章数十篇，是 84 级本科生中的佼
佼者。

南开岁月（七）：明师长者

程先生从 20 世纪 50 年代初起到 90 年代中期，无论是教授本科课程、带青年学者搞科研还是培养研究生，为南开的生命学科发展，尤其是昆虫学学科的发展付出了一生的心血。他一生勇于创新。从昆虫分类出发，他在 50 年代承担了昆虫学新学科的任务，开辟了南开生物系的昆虫生理学和昆虫病理学的研究方向，并在这些方向培养了一批非常出色的人才。其中任自立、蔡宝灵、朱呈智成为后来的昆虫学科的接续者。梁子才、姚丽华则成了其他新学科的佼佼者。程先生在科研和教学中对文献资料非常下功夫。蔡宝灵教授回忆说，她还是学生时程先生甚至曾开过"怎样查阅文献资料"的讲座，不仅昆虫专业的人来听，别的专业学生也挤进来。讲座的笔记蔡教授保存了很多年，在后来的工作中经常加以参考。对于初入实验室的学生，程先生特别重视学生对文献的把握。通过要求逐字翻译文献、逐字给予修改指导，加强学生对文献的理解。通过这样的训练，学生终身受益，一辈子有了一个良好的学习习惯和功底。不论科研还是其他工作，程先生是出名的认真细致、一丝不苟。在实验结果的解读和描述中，学生中有一个总以"差不多"来回答问题的同学，被程先生冠以"差不多"先生，但每次一定要他把准确的数据拿出来，经过训练，多年之后，"差不多"先生也成了教授，先生的严谨已经成为他学术血液的一部分。程振衡先生既是大家公认的严师，也是大家非常尊敬的长者。他在科研中尊重他人意见，而对研究室里、系里工作中原则性的问题，他大公无私，不讲情面，不怕得罪人，被同事亲切称为"犟老头"。他长期担任昆虫教研室的副主任和主任，以及系里的学术职务，任劳任怨，谦虚谨慎，为大家付出了大量的劳动和心血。《南开周报》甚至作为典型专题报道过程先生的"老黄牛精神"。他严于律己，但对后辈则大度宽容，无私奖掖，每每使后辈有如沐春风的感觉。"文革"后恢复研究生招生，萧先生逝世后，他是除綦秀慧先生和周与良先生两位元老之外最资深的教授，每当招生时候，学生都争相报考，希望列名门墙之下。回忆起导师，南开 79 级本科生 1983 年考到程先生研究生的汪文陆博士深情地说，"先生和那一代人，思想淳朴，富有奉献精神，修身养性、为人师表为时代主流，把教书育人作为自己最崇高的事业，把投身科学作为自己毕生追求。我们永远也达不到先生那种人格高度和生活境界"。

南开时代豪迈洒脱的汪文陆

后 记

程振衡先生 2013 年 7 月故去。南开大学生科院委托我给先生整理个小的传记。我把情况和师兄师弟，以及程先生的子女通报后，大家都很支持。特别是程先生的次子国屏师兄，多次往返京津搜集材料，本文很多原始材料都是程先生家的师兄师姐提供的。生科院田在宁副院长也提供了大量权威资料。

我 1981 年考入南开大学生物系，1984 年跟着程先生和师兄汪文陆做本科毕业论文。1985 年上半年就考取了程先生的研究生。记得那时候从农村的家里回来，就先到导师家拜望一下，一定要吃了师母做的鸡蛋面条才让走。那时老师家的面条好香啊。当年做一点儿科研真是不容易，申请到一个自然科学基金（三年）六万块钱。每年只能申请一次购买国外试剂，钱就那么点，多了不敢买，也买不起，买一点儿无论老师还是学生真是当宝贝用，实验室面积也只有 10 平方米。现在想想真是另一个世界。记得当时买的一种试剂是刀豆氨酸，老师锁在一个柜子里。锁在同一个柜子的还有一台老式打字机，当时也是稀罕东西。柜子的锁我和汪文陆师兄早就破解了，经常偷偷拿出打字机打字，打完了再放回去锁上。现在想想，先生肯定知道，但是从来没有揭露过我们。

我第一次参加学术会议也是程先生带我到北京中科院动物所，听一个"老外"的报告，当时根本听不懂，是一个叫马丁的华人做翻译。听完报告，先生带我出来溜达，走到成府路上。那时的成府路，是窄窄的一条道，两边高大的白杨，道北就是庄稼。也是那次，认识了我的下一个贵人中科院动物所的龚和研究员。当时怎么也想不到，几年后我毕业就去了龚和研究室。更想不到的是，22 年后，我回北大任教授并担任研究室主任，办公室对面就是当年那条成府路，只是不再有白杨，而是宽阔的马路了。

回国后到南开大学看望过二老几次，先生一生不争名利，艰苦朴素，我就住在北村程先生和师母住了几十年的家里。我走进家感觉当年宽敞的房子好像变矮了。记得有个夏天我坐在屋里不停流汗，先生打开风扇也无济于事，只好一张一张给我纸巾擦汗。当时我心里真的非常惭愧自己无力使先生的晚年生活更完美一些。但每一次去，先生都是那么豁达、乐观。80 级的卜文俊留守了南开，我同班的李新正和吕勇虽然不在南开任教，也有很多机会到南开去。每每他们看到程先生在校园里散步，都会特意告诉我，使我在事务繁忙中知道先生安好！

终于到 2013 年初我因事到南开出差，办完事又到北村。凯屏师兄正在家门口，把我引进家里：师母数月前已经去世，91 岁高龄的先生也已经不能回应我的呼唤！岁月无情。我默默在师母遗像前叩拜，然后含着眼泪离去。这，是我和先生的最后一面。到 7 月份，就接到国屏师兄的电话，通报先生仙逝的消息。转天汪文陆师兄专程从广州赶过来，我和孙勇师弟从北京过去，与先生的子女及学院领导、老师一起将先生护送到墓地与师母合葬。想想差不多又过去五年了！

30 年前，我研究生毕业时送给先生一个相册，先生存到最后。上面我写给先生的临别赠言是：春风春雨，师恩难忘！

谨以此文纪念程振衡先生！

作者简介：梁子才，男，1965 年出生，博士。现任苏州瑞博生物股份有限公司董事长兼首席执行官（CEO），1981—1988 年在南开大学生物系学习并获得学士和硕士学位，之后在瑞典乌普萨拉大学获得博士学位，在美国耶鲁大学完成博士后训练。1998—2005 年在瑞典卡珞琳斯卡医学院担任助理教授、副教授等教职和研究室主任。2006 年在北京大学担任教授，博士生导师，分子医学研究所教育委员会主任，学术委员会副主任等。2007 年创建瑞博生物。曾任中国生化和分子生物学学会核糖核酸专业委员会副主任委员。

（本文节选于梁子才撰写的《程振衡先生传》）

神奇的"陈家大院"

郑坚瑜

所谓"陈家大院"就是几间矮矮的、孤零零地坐落在生物系主楼西侧的小平房。因为陈瑞阳老师在 20 世纪 90 年代初期把实验室从楼上搬了下来在此常驻，故而得名。虽然"陈家大院"是个封闭的小院，里边所从事的科研项目却是开放的、处于世界前沿的。

记得 1994 年回国后第一次拜访"陈家大院"，着实吃了一惊。在这么简陋的小院里，居然有陈老师自制的染色体切割仪，还有土法上马的 DNA 扩增仪（PCR 仪）。当年高校的科研经费主要来自国家自然科学基金，千辛万苦得到的经费根本不够买一台国产的分子生物学仪器。然而，这世上好像还真没有什么能难倒陈老师的。没有经费，就反复琢磨，自己动手做仪器。染色体切割仪，就是在普通显微镜下安上精心打磨的极细的针。其功能是通过显微镜观察把固定在玻璃片上的染色体的某一部分切下来回收。据说轻微的喘气都会影响切割的过程。所以，这台仪器被安放在一个僻静的小空间里，只有李秀兰老师一人使用。PCR 仪就更不可思议了，是在 3 个水浴锅里装水并设置成不同的温度，每个水浴锅都有一个与之相对应的计时器。靠着人工操作把实验材料从一个水浴锅转到下一个水浴锅。如果把依次完成 3 个水浴锅算一个周期，整个实验需要重复 40 到 50 个周期。也就是说，要把样品从一个水浴锅拿出放到下一个水浴锅这个简单动作按时间严格重复 120 到 150 次。想想都头疼的事，宋文芹老师居然做到了。最不可思议的是，靠着这些自己发明的土设备，老师们居然成功地把植物染色体上显微切下的微量 DNA 回收、纯化，然后扩增出来。

陈老师是以植物染色体分带而闻名于世的，主要工作都是在细胞水平展开的。现在不但与时俱进搞起分子生物学，而且是用自己组装的仪器做的。这种把自己的染色体工作的强项与现代的分子生物学手段相结合，从而将细胞水平的工作深入到分子水平在世界上都是很先进的。陈老师的敢想敢干、勇于创新，李老师精湛的染色体切割技术和宋老师高超的 DNA 扩增水平，三者的完美匹配，使南开生物系做着别人连想都不敢想的科研，多么奇妙的组合，多么不可思议的"陈家大院"。

南开生物系的老师们都是最优秀的。陈教授和宋老师、李老师都是南开生物系毕业留校的，是各自年级毕业生的佼佼者。所以，这几位老师在科研上体现的创新精神以及没有条件创造条件的勇气和干劲儿，自然就很好理解了。

强将手下无弱兵。"陈家大院"的学生主要是由硕士生、博士生、访问交流学者以及做毕业论文的本科生组成。学生们在这里找到了家的感觉。下了课去食堂买饭，连宿舍都不回就直接来这里，边吃、边讨论、边交流。老师们亦师亦友。如果哪个同学生病，宋老师会亲自过问，安排其他同学去帮忙。白天院子里人来人往，晚上更是灯火通明直到深夜。小小的院子既是实验室也是家。暑假和寒假是最出成果的时候。宋老师为了节省时间，一大早会把家人全天的饭菜都做出来，整天就在实验室专心搞科研。陈老师每天下班回家后，好像总是有什么东西落在实验室，吃完晚饭必定返回来，把自己关在最小的那间书房兼会客室里，偶尔出来会满脸带笑和正在做实验的学生探讨刚刚琢磨出来的新想法。仿佛只有坐在实验室的书桌旁，心里才更踏实，思路才更清晰。有人说"科学家都是孤独的"。毕竟搞科研思路最重要，而思考是个体通过大脑独立运转完成的。

2019 年夏天拜访了坐在轮椅里的陈老师，这也是最后一次见面。这么多年陈老师一直都是退而不休。虽然"陈家大院"早已无处可寻，化为南开生物系历史上的一个神奇传说，陈老师对科研和创新的热爱与执着却丝毫不减当年。桌子上依然摆着填好的国家自然科学基金申请表，对未来的科研方向仍然有着无数独特的想法，谈吐中不时流露出的那种将科研继续下去的渴望，让我这个现在只想着轻轻松松过日子，"不思进取"的学生相形见绌、惭愧不已。

陈老师是著名科学家，也是教育家和作家。自改革开放以来，他勤勤恳恳、孜孜不倦，开创了国内植物染色体研究的先河。他足迹遍布全国各地，采集材料、讲学授课。他著作等身，获奖无数，桃李满天下。陈老师是近半个世纪以来，南开生物系唯一获得过国家自然科学二等奖的科学家，也是唯一获得海外著名高校授予的荣誉博士学位的教授。陈老师总觉得军功章的另一半应该属于同是生物系教授的妻子安祝平老师，是安老师把家安排得井井有条，把两个孩子抚养成人，免除了后顾之忧。从某种意义上讲，陈老师是非常幸运的，家里有安老师做好后勤，可以全心全意搞事业；学校有宋老师和李老师两位干将鼎力相助，可以把任何看似不可能的想法变成可能的现实。生物系的老师们就像天上那些璀璨的明星，交相辉映，光彩照人。

在南开大学生物系建立百年之际，在陈瑞阳教授逝世一年之日，写下上述文字以纪念生物系百岁诞辰并缅怀恩师陈教授。愿生物系广招天下英才，发扬传承以陈先生为代表的老一辈科学家的精神，不惧艰险，勇于创新，再创辉煌。同时，在这个乍暖还寒的早春翘首西望，遥寄哀思。愿恩师与师母在天堂团聚，从此唯有阳光普照，唯有平平安安。

1987年实验室全体出席中日植物染色体讨论会时合影（前排右一为作者）

从染色体实验室（陈家大院）走出去的研究生

作者简介：郑坚瑜，1982 年进入南开大学生物系遗传专业，本科毕业论文师从导师陈瑞阳教授。1986 年被保送南开大学生命科学院遗传专业研究生，毕业论文指导老师陈瑞阳教授。1989 年被日本广岛大学录取为文部省资助的博士生，1994 年获博士学位后回南开生物系任教。现任美国康涅狄格州立大学教授，主要从事本科生物学教学。

传　承

江赐忠

时光荏苒，从南开本科毕业已 27 载，超过四分之一个世纪！美丽的南开校园深深印入脑海，美好充实的大学生活历历在目。东门一进来就是笔直悠长的大中路，伸向远处的科学殿堂，两旁高大挺拔的白杨树，让人感受到严谨奋发的进取精神。春天小花园里各种鲜花盛开，此时开满成簇紫藤花的回廊下会吸引众多青年学子。夏天马蹄湖荷花盛开，周敦颐《爱莲说》中"……予独家莲之出淤泥而不染，濯清涟而不妖……香远益清，亭亭净植……"景象映入眼帘。学得累了，坐在新开湖畔，看着微风拂起湖面阵阵涟漪，顿时心旷神怡。在这美丽的校园里，和同学一起上课、晚自习、操场锻炼，周末打"斗地主"与"升级"，一起去踏春郊游。不承想，一晃就毕业了。

本科毕业后，我保送在南开大学生命科学学院继续读研究生，有幸进入陈瑞阳教授课题组。我们实验室是在学院南侧的独立小平房（现在已拆除）。进门后是个小院子，过了小院子进入实验室走廊，走廊右侧第一间是组织培养室，第二间是陈老师的办公室，第三间用于存放药品、跑电泳胶、拍照等，走廊尽头是大实验室，每个同学的实验台都在这里。陈老师基本上是实验室来得最早的，每天早上当我们从走廊走到实验室时，总能看到陈老师早已在办公室里阅读文献、思考问题了。

陈老师课题组的一个绝活就是植物染色体核型分析。由于植物细胞有细胞壁，"砸片"破壁，得到充分分散的有丝分裂中期染色体，染色体要完整没有缺失没有断裂，这是一个技术含量极高的绝活。利用陈老师创建的去壁低渗法，任何植物细胞都很"听话"，染色体都乖乖地铺展开，呈现出特有的细胞核型。后来我在美国读博士时，和我同一年来的一位武大同学知道我是陈老师的学生后，告诉我，在武大大家都知道陈老师的这个绝活，随便从树上摘片叶子，陈老师都能做出非常漂亮的核型！陈老师用毕生精力走南闯北搜集各种植物标本并制作核型，出版了世界上第一部植物基因组染色体图谱《中国主要经济植物基因组染色体图谱》。该图谱收录了我国1045种植物核型分析资料和1389幅精美的染色体核型图，填补了世界植物染色体图谱的空白。鉴于这个原创性工作，陈老师于2003年获得国家自然科学奖二等奖。这完美诠释了陈老师课题组名称"南开大学染色体实验室"。

染色体储藏了遗传物质DNA，是分子生物学操作的重要对象。陈老师通过改装显微镜，成功实现识别分离单条染色体，而且对极小的水稻染色体也能进行分段切割搜集。这在富含重复序列的复杂植物基因组中获取决定优良性状的特定分子标志提供强大技术支撑。陈老师通过对植物细胞整套染色体进行加倍，培育多倍体植物。多倍体植物共性就是植株更大，直接效益就是营养翻倍、产量翻番，在农业生产上有巨大价值，对粮食安全非常重要。陈老师成功培育成多倍体党参，并转化成功。退休后，80高龄的陈老师依然拄着拐杖坚持到租用的天津蓟州区试验田地里指导。后来，由于膝盖的问题无法到试验田，就在家里阳台培育起多倍体铁皮石斛。在陈老师心里一直装着一个更大的梦想就是培育出多倍体水稻，直到去世前一个月，心里依然念念不忘多倍体水稻。虽然多倍体水稻的培育研究仍在进行中，并取得一定进展，遗憾的是陈老师没能继续指导实验室，看到多倍体水稻一天一天地成长。鉴于陈老师的杰出贡献与创新性研究成果，陈老师于2020年获得首届南开大学科学研究奖——杰出贡献奖。

有一件我印象很深的事，我在观看1997年泰森与霍利菲尔德的拳王争夺战，陈老师看到，便和我聊他非常喜欢看拳击。我当时很惊讶！没想到平时这么和蔼可亲的陈老师喜欢这么激烈的体育运动。我问他为什么呢？他说他喜欢拳击中的拼搏精神！

我从高中起就喜欢计算机。碰巧实验室当时有台IBM386计算机。自然我就成了维护人，在维护中也增长了计算机知识。到了周末，一般没人用计算机，我就一个人霸占着学习一些软件，这样也不耽误实验。陈老师看到就冲我笑笑，就算是默许了。这让我保持对计算机的兴趣。到了美国读博士期间，我有机会辅修计算机，双修了生物信息学，慢慢地我的研究转向了生物信息学。陈老师这种对学生兴趣的包容与支持，对我后来专业的选择创造了条件。

我从陈老师的言传身教中，不仅学到专业知识，也学到做人的道理。

他从来没有骂过我们，就像对自己的孩子一样爱护。我清楚地记得，有一次，在实验室组会上汇报课题进展时，有位同学汇报不认真，陈老师说，"这样的态度我觉得不太好"。他没有用负面的词语，更不是劈头盖脸地批评。他教育我们好品德的重要性，他曾在白板上画个 XY 轴，Y 轴代表品德，X 轴代表能力。如果一个人品德很差能力很强，对社会的危害就像（X，Y）点垂直到 X 轴再与原点形成的三角形面积，是一个负的面积很大的三角形；相反，品德很好，能力即使不是特别强，形成的却是一个正的面积不小的三角形。陈老师也经常开导我们，人生很长，总会碰到这样或那样的挫折，但人生没有过不去的坎儿！在实验室宋文芹老师精心管理下，染色体实验室就是一个温暖的家。每个人都受益无穷。

如今，陈老师桃李满天下。他的学生很多在国内外高校研究所担任教授或研究员，有"973"首席科学家，也有"国家杰出青年科学基金获得者"等。我有幸在国内高校从事科研工作，有了自己的实验室和学生。巧合的是我的研究方向也与染色体密切相关，实验室取名"染色质重塑实验室"。陈老师严谨、耐得住寂寞、解决实际问题、服务国家需求的科研精神，对学生的包容与关爱及思想引导，将在染色质重塑实验室中传承下去。

与陈瑞阳老师合影

作者简介：江赐忠，1991 年考入南开大学生命科学学院读本科，1995 年和 1998 分别获得南开大学学士与硕士，2004 年获得美国艾奥瓦州立大学遗传学博士，先后在美国冷泉港实验室、弗吉尼亚联邦大学、宾夕法尼亚州立大学做博士后，现为同济大学生命科学与技术学院长聘教授，博导，"973"首席科学家。主要从事早期胚胎发育与细胞命运决定过程中的表观遗传调控机制研究，在《自然》Nature、《细胞干细胞》（Cell Stem Cell）等学术期刊发表论文 100 余篇，累计引用 3800 多次。获得教育部"新世纪优秀人才"、上海市"浦江人才""曙光人才"与"东方学者"特聘教授等荣誉。

生物之缘

刘英苗

1991年，我保送上了南开大学生物系。招生的刘老师来到我就读的山西省实验中学面试时，电视台正在热播一部连续剧《血溅津门》。加上读过冯骥才的一些小说，我对神奇的天津卫充满好感。面试基本就是一问一答天津的风土人情，聊得很开心。后来上了南开，我还去了刘老师家做客。刘老师说选中我，主要是觉得我开朗热情，容易适应离开家的大学生活。其实生活中我远不是健谈的人，能因此误解得到这个机会也是上天特别的眷顾吧。

从小到大，我一直以为自己会学文科，兴趣十分明显。母亲是高中数学老师，力劝学理，才没去文科班。选了生物系，一是因为当时宣传"21世纪是生命科学的世纪"；二是我喜欢小动物，金鱼、鹦鹉、猫都养过，觉得生物比数理化有趣。等到入校才发现生物系和活物没什么关系。

生物系新楼旁的蔷薇花（1994年，房欣摄）

学习

学动物分类时，无论何种动物，从腔肠纲的蚯蚓到哺乳纲的兔子，一律先杀死再解剖。至今都记得两人一组解剖大白兔，一只兔子生命力极顽强，怎么也死不透。血一直涌啊涌，兔子的身体隔片刻抽搐一下，痛苦煎熬、触目惊心。鲁同学到后来难受得眼泪都要下来了。然而想想一起学医学的学生，还要解剖尸体，我们这点心理不适实在不值一提。那个年代转系很少见，已做选择，只能坚持下去。

好在也有快乐的时光。大一结束的暑假，我们去北戴河实习，上山下海地采集标本。我在浅海区发现一朵海葵，透明的触须伸展开，随着海波轻轻荡漾，真如一朵花般美不胜收。我一碰它就消失了。我不死心，在附近转啊转，终于等到它再现芳姿，和一个男同学齐心合力挖了出来。第二天见到它，已是一截猪肠般死气沉沉的丑模样，心中还惋惜了一下。把它抓来泡在福尔马林里，是给它不朽呢？还是糟蹋了一个自由的生命？还有植物分类，现在还记得一些十字花科、伞状花科等术语。每到一处新地方，总会注意到一些少见的植物，拍照留念，也算没白学过"植物分类学"这门课。

提起分类，还记得一桩糗事。学鱼纲时，要通过背鳍、鳞片、生殖孔之类的细节分辨雌雄。我粗粗一看，雌鱼壮硕，雄鱼瘦小，想来是产卵需要营养，自然规律。外形差异这么大，还看什么细节。但是考试时，天晓得老师到哪里找来一模一样尺寸的两条鱼，要求分辨公母，真是有水平。估计学生物的都听过一个笑话，教授摆了一截昆虫的腿，要求判断是何昆虫。学生拂袖罢考。教授大怒，报上名来。学生笑嘻嘻伸出脚晃了晃，扬长而去。这里面的细节，非生物系学生不足体会也。

学生物让我体会到造物奇妙的震撼。一次在标本室，我们望着一只雪白的天堂鸟叹为观止，那羽毛是精致易碎的美丽，像不食烟火的仙境精灵。陆同学甚至问道，"这鸟怎么活啊？就凭它漂亮？"似乎抓虫子吃都无法和这只美丽的鸟联系起来，我们都被震住了。

进入大二，我们的学习进入细胞、分子水平。1991 年入校时还叫生物系，很快就升级为生命科学院，下面分为生物化学系、分子生物系、遗传系和微生物系。我选了分子生物系，开始学习脱氧核糖核酸、蛋白质、基因剪辑等，很抽象的东西。一次在天大、南大的英语桥对话，对方十分疑惑地问："你们怎么做实验啊？真的在显微镜下，把基因剪开再接上？"我一边好笑，一边努力用有限的英文把病毒感染、DNA 同源重组等概念表达出来。费了老大劲儿，也不知那位工科师兄听明白没有。

1993 年，分子生物学专业集体照

大三、大四我开始联系出国事宜，英文下的功夫不亚于生物专业课。生物系学生赴美留学已是传统，每届毕业生一小半出国，剩下的考研或工作。到后期，生物学的课和国际接轨，没有成熟的教科书，经常是一篇文献、一个讲座的节选，听得云里雾里。曾上过当时系主任、后任院长张自立老师的课，老教授很有风度，慈眉善目，温文尔雅。后来在分子所时，学过现代分子生物学技术，诸如电子显微镜、液相色谱等。每项技术都可以用一辈子钻研。那个年代生科院能置齐那么多设备，很了不起。

大学的美妙之处，就是不仅仅吸收知识，还耳濡目染一些探索知识的品质，比如好奇、激情、探索究竟的执着，以及找出万物背后统一的规律和智慧。

生活

因为有个外文系的闺蜜，大一时我常混进去听他们的大课，比如外教的外国电影赏析课程。我一直羡慕文科生，人家的生活那么丰富多彩，被韩国公司请去教中文，做翻译；被高中补习班请去代课；晚上一起练跳舞；凉风习习的夏夜在新开湖边弹着吉他唱歌。高年级时，谈场轰轰烈烈的恋爱，致我们终将逝去的青春。

相比之下，我们生物系的学生就是学习、读书。大一的第一个学期，只有一个下午没课，过得和高中没太大区别。平时下午课结束了，还要到主楼教室里放个本子占座，吃过晚饭就去读书。十点主楼熄灯，回宿舍洗漱一下，十一点睡觉。早上八点阶梯教室大课，早已占了位置，前三排清一色的女生。上课时老师上面讲，我们在下面奋笔疾书，写笔记。很多日子就这么过下来。日子飞逝，充实而快乐，不知道现在的师弟师妹们是不是还是这般努力？现在儿子要上大学了，我对他说，fall in love，have a romance，have some fun. 我觉得在大学除了学习，还应该有点别的什么。

属于我们的快乐是什么？晚自习后吃一碗桂林米粉，那一勺炒黄豆，几片薄薄的牛肉，是记忆中的美味。或者去天南街买一套煎饼果子，脆脆的果丁，软软的鸡蛋饼，扎实顶饱。听说那时的顺口溜是"南大的牌子师大的饭"，我却觉得南开的伙食已经够好了。本科硕士吃了七年食堂，我都没厌烦过。出国后吃了几次中餐馆，我就后悔南开那么多价廉物美的小餐馆去得太少了。

生物系人多，不乏运动健儿，每年校运会都夺冠，连续了若干年。有一年运动会的奖品是南开 T 恤衫，刘同学把得的奖送给艳羡的女生们，慷慨的山东好汉。生物系有个乐团，经常在顶楼排练。下晚自习回宿舍的路上，隐隐听得到音乐声。每年除夕夜，生物系新楼开放几间教室让学生搞活动。冯小品老师经常应邀唱一段样板戏。可惜那时没有中国好声音，不然可以扬名天下的。

读硕士时同宿舍合影（1994 年，房欣摄）

　　20 世纪 90 年代的改革痕迹也在南开园一天天明显起来。外面的世界风起云涌、日新月异。校园里的我们专注着读书、出国。北大清华的学生嘲弄地说，南开是什么？南开是天津的八里台文化，意思是我们故步自封、小家子气吧。然而天南地北走了一圈，发现浮躁泡沫的空虚，能静下心来做学问，是多么难得，南开生物系的学风，值得我们自豪。

　　很多人评价八九十年代的文艺圈是最好的年代。我们的大学生活，因着离开家、独自经历人生第一轮悲欢离合，感受格外敏锐；因着南开园里尚未被拜金污染，它淳朴善良；因着生科院里可亲可爱的师长们，一并和青春年华成为美好，毕生难忘。

作者简介：刘英苗，1991 年入学南开生物系，1995—1998 年读研，师从分子所陈德风教授，研究甲基化对基因转录的影响。1998 年赴美留学，2004 年在科罗拉多大学获生化及分子遗传博士学位。之后在杜克大学做博士后，筛选 RNA aptamer 来靶向性输送抗癌药物。2008 年进入杜克生物标记实验室，任研究员至今，研究抗血管生成药物（Avastin）、免疫疗法在多种肿瘤中的预测蛋白标记分子。近年来发表了采访见证、随感等文章于《使者》《海外校园》《生命季刊》等。已完成长篇自传体小说《除你以外》前三部，渴望把人生最深的喜乐与校友们分享。

南开求学点滴

——兼怀念导师陈瑞阳教授

祁仲夏

　　二十多年前的南开大学新生物楼背后有两片不大的空地。一片是爬满叫"七姐妹"和"白玉堂"的蔷薇，春天一来它们就开个不停；另一片是小麦试验田。试验田西边有一座小院，是几间连在一起的平房。小院围墙外长满爬山虎。暗红色小铁门，门右面墙上的金属牌子上刻着"细胞和分子生物学实验室"，这就是生命科学院陈瑞阳和宋文芹两位教授领导的实验室。因为研究对象以染色体为主，我们都叫它"染色体实验室"。我在南开从本科到博士毕业的九年里，有六年就是在这里度过的。

　　1993年初入南开生物学系本科。第一天与老师见面，系主任陈瑞阳教授高大英俊，如影视作品中的男主角，他面带慈祥地坐在讲台中央。巧的是那个周末，我在天津姥姥家的《天津日报》里，赫然看见"陈瑞阳"这个名字和在科技精英一栏中对他的报道，一下子对陈老师更是心生敬重。接下来在南开的本科课程令我对生物学有了广泛了解。直到现在，我仍然受益于那时的学习。在胚胎学实验课上，我们把几十个鸡蛋放入温箱，然后每天逐个打开，来观察鸡胚胎发育，这是对一个抽象概念的最好展示，外胚层大脑发育的过程就这样永久地留在了脑海里。这门课程的一个意外收获就是三只可爱的小鸡，其中一只走起路来有些摇摆。我们把它们养在宿舍里，傍晚时还带着它们去老生物楼和大中路之间的草地上散步。在寝室里，当我坐在桌旁看书时，偶尔小鸡还会趴在我的脚背上，我可以感受到它毛茸茸和温暖的身体。这些优秀本科生物学课程的设置离不开陈瑞阳老师的精心统筹。后来他和我提及自己成为系主任后的压力和任务。在1993年南开生物系拆分为生物学、生物化学和微生物学三个系。陈老师出任生物学系系主任，他首先考虑的就是建立合理的本科专业课程。在研究生和日后的工作中，我始终都觉得自己在南开受到了最好的本科生物学教育。

在大三下学期，宋文芹老师的细胞分子遗传学实验课决定了我未来的职业方向。在这个课程里我第一次亲手培养了自己的外周血和制备了染色体标本。初次看见自己染色体的兴奋情景现在仍记忆犹新。宋老师和蔼体贴，我总是喜欢能跟着她做实验。在这门课程后，我开始接触制备植物染色体标本。记得当时一天下来，手指头都是醋酸味，可没有一个好的染色体标本。陈老师和宋老师的耐心指点和鼓励增加了我的信心，我的本科毕业论文就是有关水稻染色体的制备。在数码成像技术普及之前，染色体标本结果需要照相和进行胶片冲洗，所以除了实验，还要学会暗房技术。第一次和陈老师在暗房中洗相是在刚开始做染色体不久的一个下午，暗房就是他的办公室。当窗帘挡住了午后的阳光，房间里只剩一盏微弱的暗红洗相灯时，我心里感觉紧张。在和陈老师接触一阵后，我发现他是一位非常严厉认真的人，他对人对己有极高的要求。例如，在南开校内和附近有多个冲洗彩卷的地方，可陈老师总是交代我去和平路附近的专业冲洗店。在黑暗中陈老师给我介绍了相纸，还说到他喜欢用 ILFORD 黑白相纸，如何冲洗，用什么药品，如何控制显影和定影时间等。正是那个下午，我又感受到了陈老师的平易近人。

本科毕业后，我有幸进入陈老师的染色体实验室攻读博士。随后在南开的成长可以说就是泡在实验室里，往往早晨一起床就奔向实验室，宿舍快熄灯时才回寝室。陈老师如此，宋老师如此，其他的师兄师姐也都是如此。实验有了好的结果陈老师比我还兴奋，差的结果他又鼓励我不要气馁。刚读研究生不久，陈老师派我独自去广西做竹子染色体标本。在广西植物园待了一个月，实验结果很不理想。陈老师打电话十分关心我的生活，在听说我鞋底漏水后，他表示要出钱让我去买一双新鞋。从南开毕业后，陈老师和宋老师好像我的家人一样，我们始终保持着紧密的联系。每次和陈老师见面时，他都会兴奋地向我讲述他的研究设想，后来因为行动不便，他甚至把自己的家变成了实验室。

陈老师是一位优秀的科学家，也是我们科研人员的榜样。他不囿于眼前，敢于探索新领域，而且每一种新尝试似乎都可以结出硕果。早年作为首长卫生兵的他刻苦攻读考入南开大学；"文革"结束后他开始探索植物染色体制片并成为中国植物细胞遗传学领域的奠基人和开拓者，还完成了巨著《中国主要经济植物基因组染色体图谱》，并获得国家自然科学奖二等奖，为生科院带来殊荣；近些年，他又把自己的染色体知识应用于药材和农作物新品种培育；即使在耄耋之年他仍雄心勃勃地计划为水稻带来革命性改良，真可谓"烈士暮年，壮心不已"。陈老师对待科研的态度反映出他对科学发自内心的热爱和执着，对遗传学领域的深刻洞悉。他常挂在嘴边的话就是："科学研究要脚踏实地，要能坐得住冷板凳和耐得住寂寞，还要敢于标新立异。"陈老师还总是说："做学问要先学会做人，好的人品是第一重要的。"在我看来，这也是陈老师自己的写照。

无论育人治学，陈老师都堪为南开典范。正是众多像陈老师这样的南开人和他们在科教中所体现出的精神，好似一团团炽热的火焰，令生科院、南开大学熠熠生辉，令祖国欣欣向荣。

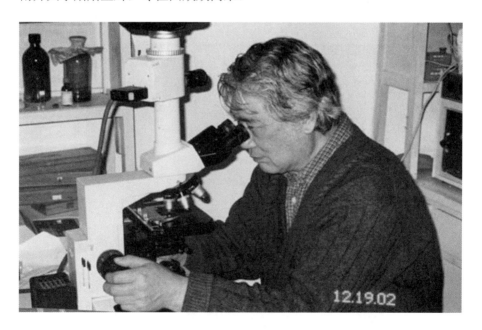

陈瑞阳老师在观察染色体标本

陈瑞阳老师著作

2002 年，作者毕业时，与陈瑞阳老师合影

作者简介：祁仲夏，1993 年本科入学南开生物学系，2002 年遗传学博士毕业。现为加州大学旧金山分校（University of California San Francisco）实验医学系副教授，加州大学旧金山分校医学中心（UCSF Medical Center）临床细胞遗传学实验室助理主任。从染色体实验室毕业至今，染色体始终是他工作和研究的中心。

缅怀恩师杜荣骞先生

吴学锋

2022 年 1 月 3 日，杜老师实验室"桃李满园"微信群的一条消息犹如晴天霹雳：我们敬爱的杜老师于 2022 年 1 月 2 日凌晨不幸逝世！元旦期间我们这些学生们祝福杜老师新年快乐的留言还在继续，未料老先生却已离我们而去！杜老师是我的硕士研究生导师，在杜老师实验室读研的日子虽已远去，但恩师对我如春风化雨般的教诲和关心，至今想起历历在目，如在昨天。

杜老师享年 81 岁。想起应该是 4 年前的冬日，我去杜老师家拜访他，告别时我祝他健康长寿，不知为何老人家豁达地说道："我今年 77 了，现在是活一天赚一天，争取活到 80 岁，那就超过中国人的平均寿命了。"其实杜老师身体一直不好，退休后深居简出，看透、看淡了很多事情。那乐呵呵地对生死的超脱态度想起来令人感动。杜老师生于天津，求学于南开，青春年华正好经历了那个动荡的年代，大部分工作时间是在母校南开，天津的水土给了杜老师北方人的高大身材、俊朗外表以及天生的举重若轻的乐观的生活态度。过去几年间到天津，我都抽出时间看望杜老师，恩师每次都在家门口热情迎接，乐呵呵地听着我们向他汇报近况。不管我们取得的成绩有多小，恩师都是带着笑容，评价"不错，不错"。与他交流，如同和邻家的老爷爷聊天，非常放松，聊完之后，多大困难和挫折都不是事。我想，只有在南开园辛勤育人一辈子的老南开人才有如此修养和魅力，和风细雨间获得前行源源不断的动力。

杜荣骞先生晚年在家

　　本科期间我们对杜老师是非常敬畏的。学长们说生科院教师有"四大名捕"，杜老师名列其中。主要原因是杜老师教授的生物统计课，考试很难，每年都有挂科的。而杜老师铁面无私，不够 60 分绝不给调分。同样，学生们对杜老师的"帅"也是高度认可的。前几届的学长们说杜老师的同学多年后聚会，他的女同学们都会动情地说："这么多年了，老杜还是那么帅！"我想这个应该是真实的故事。我跟随杜老师读研时他已经快 60 了，依然头发茂密，风度翩翩。即使年事已高，但气质依然非常儒雅。严厉是老教授对学生的要求，是应该的。但杜老师并非不苟言笑，说到自己被人称呼老杜，曾风趣地告诉我们："我从小学起就被人叫老杜。"

　　杜老师坚持真理，坚持原则，给我们后辈树立了榜样。记得有一次和实验室有合作的社会上的朋友拉着我给他代考英语四级并许诺给予报酬。我觉得不妥但又不知如何拒绝。无奈求助杜老师，表示这个朋友和实验室有合作，不好拒绝他让我代考的请求。杜老师听后马上说："他和我们关系好是一回事，但代考的事不能做，那是原则性的事情。"听罢，我顿感释然。杜老师的表态给我吃了定心丸，此类事情绝对不能干。同样，杜老师也非常关心我们的生活，实验室当时有一个伊拉克友人凯利姆读博，临近毕业写论文需要查找文献。那个年代网络不发达，有些文献资料需要到北京的国家图书馆去复印。我作为新生，这个任务自然落在我的身上。带着凯利姆开出的长长的文献清单，我在位于北京中关村的国家图书馆，花了两天时间复印了很多论文。回来时，杜老师特别关照说我这应该属于出差，除了报销路费和住宿，另外按照差旅费的补贴标准给我相应的补助。

杜荣骞先生与其学生

杜老师与时俱进，倡导科研转化，在那个年代就有此意识和行动实属难得。当时实验室的师兄和其他学生在做抗菌肽的研究，实验室从植物遗传跨界到这一新的领域，一切从零开始。杜老师亲力亲为，从蝇类养殖到从虫卵分离抗菌肽，从实验室的实验到在校外的扩大培养，一步步产生了不错的反响。当时《天津日报》还派记者到实验室采访，并在头版报道了我们"变废为宝"的尝试。

杜荣骞先生与国外学者交流研讨

　　杜老师提携后辈，殷殷关切，终生难忘！杜老师主编的《生物统计学》教材由高等教育出版社出版，屡获好评。我三年的硕士学习并未在生物统计上深入研究。但我加入实验室时，杜老师正在从事植物耐盐碱课题的研究，天津的盐碱地绿化是一个大难题，实验室从塘沽挖来耐盐碱的大米草（俗称）在花盆里用盐水培育。我的课题是从这些耐盐的植物中分离耐盐相关基因。那个年代没有现在的定量 PCR 和测序，我们只能用银染的方法显示不含盐和含盐水培育的植物组织中差异表达的条带并挖出测序。我参与的另外一个课题是采用扩增 DNA 的多聚酶一步法反转录 RNA 病毒基因，我用上述两个课题来准备出国需要的个人陈述，虽然没有最终发表论文，但凭着这些研究经验，我也拿到几个学校的博士录取通知（Offer）。那个年代我们读研的大部分原因是准备出国，杜老师也是知道的。在准备英语考试和实验上，我从来没有和杜老师发生过分歧，杜老师是支持我们出国深造的。同样，他也要求我们在做好硕士课题的前提下准备英语考试。及至后来，在出国推荐上，杜老师同样是不吝赞美之辞，全力推荐自己的学生。2015 年初，我到北京面试，利用仅有半天的时间赶到天津，10 多年后终于在杜老师家见到恩师，老人家乐呵呵地说："可算再见面了，回国发展好，回国发展好。"那和蔼可亲的语气，慈父般的欣慰之情，溢于言表。

晚年杜荣骞先生在南开园

作者简介：吴学锋，博士，研究员，博士生导师。入选国家海外高层次人才计划青年项目。1995年至 2002 年在南开大学生命科学学院读本科和硕士研究生，2008 年前往美国宾夕法尼亚州立大学攻读免疫学博士，先后在美国得克萨斯大学 M.D.安德森癌症中心（2009 年至 2010 年）和加州大学圣地亚哥分校（2010 年至 2014 年）接受博士后训练。2014 年加入美国伊奥尼斯(Ionis)制药公司担任高级科学家，从事癌症药物开发研究。2016 年 6 月加入上海交通大学医学院上海市免疫学研究所，担任课题组长。

辛勤育桃李　勤勉造名师

——深切怀念南开大学生命科学学院俞耀庭教授

王燕铭　王永梅　李东霞　孔德领

85个春秋轮回，深入生物医学领域，艰难探索，勇攀科学高峰；三尺讲台，挥洒热血青春，造就一代名师。在科学求索为人师表的人生道路上，没有遗憾和驻足，只有眷恋和奉献，这就是南开大学生命科学学院教授俞耀庭。他取得的至高无上的荣誉，获得的多个奖项，培养的诸多优秀后备人才，都成为他献身科研的美好见证。值此南开大学生物学科成立百年之际，让我们再次深切缅怀这位扎根南开，无私奉献的科学家，细数他与南开生物几十年未解的那份缘。

跨越学科　从无到有

生于江苏南京的俞耀庭，是我国著名的生物材料专家，他本科和研究生均毕业于南开大学化学系，在导师杨石先先生的举荐下，1980年到1982年，俞耀庭被公派到加拿大麦吉尔大学研修。留学期间，他敏锐地察觉到可以运用化学知识服务于生物医学，从而更好地为人类健康事业做出贡献。回国后，俞耀庭倡导成立南开大学分子生物研究所并出任首位所长，同时创立了生物活性材料教育部重点实验室。此后，俞耀庭一直从事生物材料领域中"血液净化材料"及酶工程的研究与教学，他所研究的领域跨越化学、生物学、医学等多个学科。在研究过程中，俞耀庭凭借自身专业的才能和渊博的知识，攻克了生物材料选择性识别患者体内致病毒素的难题，创新性地制成了10余种具有自主知识产权的血液净化材料，这些产品不仅在国内产生了重大影响，而且声誉远及日本、欧美等国家，成为南开大学生物学科享誉国内外的一面旗帜。

俞耀庭组织国际会议　　　　　　　　俞耀庭在加拿大留学

国际交流　和谐共赢

在成功开创跨学科研究的新时代后，俞耀庭又将深邃的目光投向国外。他深切地明白，促进国际交流可以避免科研少走弯路。1985—1995 年期间，俞耀庭负责实施"中国—加拿大生物技术与人才培养计划"，而南开大学也因此获得了加拿大国际发展署 150 万加元资助，从而使 30 多名年轻的生物技术领域高级人才和学科带头人得以脱颖而出，为我国生物科学发展奠定了坚实的人才基础。除此之外，俞耀庭还促成了中加"三对三"即中国南开大学、北京大学、清华大学与加拿大英属哥伦比亚大学、多伦多大学、麦吉尔大学 6 年的生物技术合作，加强了中加双方的交流与密切合作。在他的努力下，南开大学成为国际人工器官联合大学的 12 所成员学校之一，这为南开大学生物学科的发展搭建了广阔的平台。

诲人不倦　一脉相承

躬耕讲台五十余年，俞耀庭培养出了 30 余名博士生和 70 余名硕士生，这也是令他引以为豪的。在进行科研与教学的同时，俞耀庭非常重视与学生的交流。退休后，他仍经常指导学生做实验，与学生讨论研究实验过程和结果，发现新的实验现象。师生之情是相互通融的，俞先生和学生和睦相处的融洽氛围总是令旁人羡慕至极，他这种博大的爱也深深影响了学生，很多学生对他崇敬有加。最令人欣慰的是，俞先生的研究成果被他的弟子们一代又一代传承下去，多数学生目前依旧活跃在生物医用材料领域并已逐渐成为新的学术带头人，其中不乏很多继续为南开大学生物学科默默奉献的教师们，他们也始终秉承着俞先生的科研精神在自己的研究领域内刻苦钻研，默默耕耘。

俞耀庭与同事、学生们在一起

心怀病患　学者仁心

20 世纪 90 年代后期，血液灌流技术开始进入临床应用阶段，然而并不被医生和患者认可，难以得到应用。为了使这一研究成果为人类造福，俞耀庭和他的研究团队走近患者，倾听他们的心声，耐心向他们讲解血液灌流的优势，免去他们的后顾之忧。可靠的数据分析，真诚的交流沟通，他们付出的心血终于得到了患者的认可。欣慰之余，俞耀庭却同时感到了一种压力。在当时技术推广以实验室为主，每年也只能救助几千人，因此他毅然决定：牺牲小我利益，把技术和专利转让给企业，进行大规模的工业化生产，让更多的患者受益。现在，国内绝大部分大型综合性医院都已经应用血液灌流治疗技术，使几十万病人获得了及时有效的治疗。

俞耀庭晚年继续投身科研

杰出贡献 屡获大奖

俞耀庭一生致力于生物材料的研究，曾担任多个国际学会的副主席、常务理事，受到过美国工程基金会的赞扬。他获得美国、德国、中国和国际专利授权 10 余项，先后将 4 项专利技术独家转让给珠海丽珠医用生物材料有限公司，助推该公司发展成为以血液净化产品为主营业务的上市企业，现在为"健帆生物科技集团股份有限公司"，年销售额达到 15 亿元人民币。2000—2012 年间，俞耀庭分获国际生物材料科学与工程学会联合会（IUSBSE）终身荣誉称号"生物材料科学与工程 Fellow"，天津市科技进步二等奖，何梁何利基金"科学与技术进步奖"，国家科技进步奖二等奖和科学中国人年度人物奖，第六届中国发明创业奖，中国生物材料学会杰出贡献奖，以及南开大学特别贡献奖等。同时他还承担并完成国家 863 项目 3 项，973 项目 2 项，国家攻关、自然科学基金及天津市攻关基金等 30 多项研究课题，发表英文论文 300 多篇，主编和参编 20 余本著作。而当收获这些无上荣誉之时，这位在南开园已经度过了六十余载光阴的老教授，早已鬓染白霜。

俞耀庭荣获何梁何利奖

俞耀庭获国家科技进步奖二等奖

　　桃李满天下，而今能几人？南开大学，这所承载着祖国希望的院校，如今正焕发出勃勃的生机；南开生物人，也正顺应国家发展的高要求，秉承公能校训持续深耕；俞耀庭，这位莘莘学子的辛勤导师，已为祖国培育出了诸多桃李。他坚持不懈的科研精神，严谨治学的严肃态度和无私奉献的大爱之心，教育了一代又一代南开人，已成为南开科研教育史上一首动听感人的赞歌。

作者简介：王燕铭，博士，副教授。1999 年至 2007 年在南开大学生命科学学院分子生物研究所就读直攻博士生和博士后，导师分别为俞耀庭教授和孔德领教授，2008 年起加入南开大学药学院工作至今。在俞先生和孔教授的举荐下，先后在德国亚琛工业大学生物工程学院（2003 年）、德国罗斯托克大学生物医学研究中心（2006 年）、美国伊利诺伊大学香槟分校材料科学与工程学院（2018—2019 年）进行学术交流和访问，目前主要从事抗肿瘤纳米药物的开发研究。

作者简介：王永梅，1982 年南开大学化学系有机合成专业研究生毕业，获硕士学位。留校后从事教学和科研工作，主要从事手性合成、药物及手性药物合成、固相光化学的研究工作，参与和主持了多项国家基金、天津市基金和国家 973 项目的研究工作，并主持和完成了与香港陈新滋院士关于"聚合物支载的手性催化剂"的合作研究工作。在国际和国内核心刊物上发表论文 80 多篇，申请专利 10 多个，2002 年获天津市科技发明二等奖及中国专利优秀奖。

作者简介：李东霞，硕士，高级实验师。2006 调入南开大学生命科学学院生物活性材料教育部重点实验室，担任秘书工作。自从来到南开大学，一直和俞耀庭教授在一个办公室工作，在工作、学习、生活方面受到俞先生的深深熏陶。

作者简介：孔德领，南开大学生科院教授，博导，国家杰出青年科学基金获得者，国家自然科学基金委创新研究群体带头人，曾担任生命科学学院院长、南开大学科研部部长。1994—1997 年师从俞耀庭教授攻读博士学位，1998—2003 年分别在德国罗斯托克生物工程中心、哈佛大学医学院做博士后，2003 年回国任生物活性材料教育部重点实验室主任，一直和俞耀庭教授并肩工作。主要从事心血管生物材料与组织工程研究，先后主持 20 多项国家级、省部级科研项目，在国际和国内核心刊物上发表论文 400 余篇，获授权发明专利 30 余项，获得国家级、天津市科技奖励 10 余项。

二十载师生情，永远的陈先生

龙 鸿

　　在即将迎来南开大学生物学科创建 100 周年之际，回忆自己在南开工作的 3 年，当时的情景历历在目。我初识陈瑞阳教授，是在 2001 年春我的博士论文答辩会上，作为答辩委员会主席，陈先生是我的博士导师、东北师范大学郝水院士专程邀请来的。陈先生温文尔雅，谈吐风趣，平易近人，提问犀利，给我留下深刻的印象。在送陈先生去机场返津的路上，闲聊中得知我曾做过禾本科鹅观草属植物核型分析，他高兴地说，"你基础不错，在郝先生这做染色体结构，你有细胞学基础，结合现在的分子生物学方法，一定能够做得更好"。

　　博士毕业后，我想要继续做研究，首先想到了陈先生和他领导的南开大学染色体实验室，经过和陈先生联系，他告诉我可以来，我非常高兴能够有这样的学习机会。2001 年 9 月，我来到了南开大学生命科学学院报到。大中路两旁高大杨树上传来聒噪的蝉鸣声，穿过绿树掩映的二教，来到位于生科楼旁平房中的染色体实验室。令我惊讶不已的是，染色体实验室之小、之简，与实验室之闻名遐迩形成了鲜明的对比。陈先生待晚辈非常热情，在教师用房都非常紧张的情况下，为我们两个博士后安排了一间办公室兼工作间，让我们备受感动。在实验室待久了，我发现陈先生不但指导学生做实验，更多的时间都在亲自做实验，实验室那台尼康显微镜很多时候是他在用，有空就在观察染色体，着实令我们汗颜，唯有更加努力地投入工作。我博士后期间的科研工作结合前期基础和实验室研究特色，方向定为"黑麦 B 染色体 DNA 组成特性研究"。黑麦染色体属于大型麦类作物染色体，且只有 14 条，制备染色体标本相对比较容易，但作为初学者，仍然比较有挑战。陈先生亲自教我实验操作，从前处理、低渗，到涂片、染色，都是亲自示范，直到我能够独立完成染色体标本制备。在博士后研究的两年期间一直与染色体生物学打交道，尤其是 2002 年参加由陈先生倡议、实验室主办的"基因在染色体上的 FISH 定位及其在基因组研究中的应用"全国学术会议，我对染色体研究的新发展、新技术、新应用有了比较全面的了解，开阔了学术视野，为日后的细胞学研究奠定了良好基础。

2002 年"基因在染色体上的 FISH 定位及其在基因组研究中的应用"全国学术会议时实验室师生合影

　　2003 年 9 月，我博士后出站到华中农业大学工作，仍然从事植物细胞遗传学相关研究。陈先生教导我，做细胞学研究要耐得住寂寞，不追时髦，更要有坚持的精神。在南开大学生科院做博士后的两年，我从亲身经历中感受到陈先生的科学精神，对科学研究锲而不舍的态度，这些都深深地影响着我，激励着我前行。虽然远在武汉，也一直与陈先生、染色体实验室保持着密切的学术联系。2013 年 3 月，我从武汉调职回到天津农学院任教。学生的回来，陈先生感到很高兴，他特意抽空找我聊未来工作事宜，叮嘱我在农业院校要理论结合实践搞研究，积极争取成果转化，要瞄准一个作物、建立一个基地、形成一个团队，长期坚持下去。陈先生是这样说的，他自己也是一直坚持这样做的。自 2003 年开展药用植物丹参的遗传改良与种质创新研究，先后从全国 12 个省市（河北、山西、陕西、河南、山东、浙江、江苏、安徽、四川、湖北、上海、天津）采集和引种了 33 个不同地理居群的丹参种质资源，在天津市蓟州区北部山区建立了中国丹参种质资源圃，并从形态学、细胞学和分子生物学三方面进行了深入研究，进行了中国丹参种质资源的搜集、遗传多态性分析与杂种优势测定。在此基础上，进行了白花丹参同源四倍体的诱导、三倍体丹参的创制及其优势率分析、三倍体丹参杂种优势固定与新品种选育等一系列卓有成效的工作，这项基础研究工作后来逐步完成成果转化。

在这些基础研究取得初步成功的基础上，陈先生的学术思想集中在作物远缘杂交和多倍体化结合的育种优势上。陈先生总结了 40 多年植物染色体研究结果，认为染色体的数目和形态结构具有种的特异性，是遗传学、细胞生物学、进化生物学、分类学的重要基础。三倍体（3x）是多倍体中倍数最低的多倍体，是由四倍体（4x）与二倍体（2x）杂交产生的。同时，三倍体形成后在"空间上"与其他物种产生了生殖隔离，不能进行有性杂交，没有有性后代分离，其杂交第一代是"永久 F1"，可使杂种优势固定下来，通过无性繁殖成为"永久杂种"，使杂种优势得到长期保持。因此，基因组三倍化整合有多倍体和杂交种双重优势，并且可固定杂种优势。三倍体植株，经过加倍可以形成六倍体。多年的研究先后发现了 270 多种具有重要经济价值和科学意义的多倍体、多倍体复合体和细胞型。经大数据分析、比对表明，三倍体加倍形成的异源六倍体，在植株形态建成（morphogenesis）过程中具有形成本物种中巨型化特征（mega morphology）的趋势。歪脚龙竹（Dendrocalamus sinicus Chia et J. L. Sun），竿高 20—30 米，直径 20—30 厘米，竿高大，是中国发现的最高大竹子之一，其基因组染色体为异源六倍体。北美红杉（Sequoia sempervirens (Lamb.) Endl.）高度达到 83.8 米，底部最大直径超过 11.1 米，其树干估计重量超过 1800 吨，其基因组染色体为异源六倍体。虽然杂交多倍化的即时效果常因体系而异，但异源六倍体结合多倍体优势、杂交优势、远缘优势的组合有可能产生植物基因组新的三重优势，且可能是更大的优势，从而产生新的优势物种。陈先生从 2016 年开始，反复和我们探讨他的新的理论认知，2017 年到 2020 年连续 4 年邀请我们到他家中商量工作，他自己则选择杂交三倍体水稻新品种培育的方向，身体力行开展育种实践，并提出利用基因编辑手段在增加杂交水稻籽粒大小的同时，增加稻穗的紧实度。2018 年，陈先生倡导成立以天津大学、南开大学为主导的天津市现代化育种中心，集中研究力量在基因组和染色体操作水平上进行现代化育种研究，力争 5—10 年后为国家提供一批高水平作物新品种，在基因组三倍化优势利用与道地中药材新品种的培育、六倍体超级稻的培育、无融合生殖与超大穗小麦新品种选育、三倍体苹果新品种选育、三倍体无籽石榴的培育等方面开展应用研究。陈先生作为老一辈资深学者，耄耋之年仍然心系科学研究，并亲身实践，在家里做染色体加倍试验，每年观察杂交水稻表型。鉴于陈先生的突出成就，他分别于 2003 年、2012 年、2019 年获国家自然科学奖二等奖、南开大学特殊贡献奖、南开大学首届科学研究杰出贡献奖。2021 年 3 月 24 日，陈先生因病逝世。二十载师生情，我为能在陈先生的教导下成长而自豪，在人才培养中，他注重为人师表，激励学生允公允能；在学生心目中，他堪称行为世范，是"永远的陈先生"，鼓舞着后人追求卓越，奋勇前行。

作者简介：龙鸿，男，1964 年出生，汉族，中共党员，博士，天津农学院园艺园林学院教授，主要研究领域：果树遗传、发育生物学。2001 年 9 月至 2003 年 9 月在南开大学生命科学学院遗传学博士后流动站从事博士后研究，研究课题为"黑麦 B 染色体 DNA 组成特性研究"，主要研究成果以题目为"Characters of DNA constitution in the rye B chromosome"的文章发表在 Journal of Integrative Plant Biology（2008）上。

第四部分　校友代表访谈录

能乃扎布

——科尔沁大草原的第一位昆虫学家

能乃扎布，昆虫分类学家、
教授。曾任内蒙古师范大学昆虫研
究中心主任，内蒙古师范大学硕士
生导师，内蒙古昆虫学会名誉理事
长，英国伦敦皇家昆虫学会和美国
半翅目昆虫学会会员，蒙古国科学
院外籍院士，蒙古国教育大学外籍

博士生导师。长期在内蒙古昆虫学会、中国昆虫学会等学术团体任理事
长、理事等职务。先后担任内蒙古师范大学生物系主任、副校长，内蒙古
科协兼职副主席等职务。

记者：教授您好，我们知道您一路走来历经磨炼，顺应着国家的需要，
不断奋斗一步一步成为学术大家，您遇到的最艰难的事是什么？您是如何
克服的？

能乃扎布：最主要的困难就是语言不通。我生活在科尔沁草原的一个
牧民家庭，我的蒙古语很好，但是汉语水平不太高。最开始学习的时候，
第一节课一位带有浓郁南方口音的老师在上面讲，我几乎听不懂老师讲的
任何内容。关于克服问题的方法，我最终选择的是一个"笨办法"——抄
同学的笔记，这是无奈之举，但也是我克服这个困难最直接的方法。

记者：我们了解到，您当初是被选送到南开大学学习的，那时您对南
开大学了解吗？有什么趣事可以与我们分享吗？

能乃扎布：我是在初中被选到南开大学的，那时候我比同学年纪都小，

我印象最深刻的是第一天入学，那天一直在坐火车，也没有吃午饭。到了晚餐时间，大家陆续就座。全员到齐后负责的老师就开始发晚饭，一人一个螃蟹。当时我就很吃惊，喊那个老师，问"老师，这大蜘蛛怎么吃"。那是我第一次见到螃蟹，不知道还能吃。我当时知道南开大学很厉害，是与清华北大齐名的大学，底蕴深厚。

记者：来到南开之后，您当时的学习、生活大概是什么样子呢？四年里有什么让您记忆特别深刻的事情吗？

能乃扎布:我的同学。那时他们对我的帮助无微不至。我年龄小，衣服扣子掉了也不会缝补。我们的班长是一位比我年纪大的姐姐，她很热心地帮我缝上。还有同学们帮我洗衣服，都非常淳朴。同学们对我的帮助，直到现在都记在心里，是我记忆最深刻的事情。

记者：您是在什么时候明确了自己要进行昆虫学研究的呢？有什么样的人或事在这条研究道路上对您产生过深刻的影响？

能乃扎布：一是内蒙古人民的需要。刚开始的时候，我还不太愿意学昆虫。后来我们自治区专门给我写信，说你一定要学会。内蒙古当时几乎没有人对昆虫进行研究，准确地讲也不是没有人，是做这一方面研究的人很少，只有几个农业学校有这个专业，但是相对于内蒙古的整体发展来讲，还是欠缺很多的。二是我的老师，大学时我们的班主任是一位很善良的人，带给了我学习昆虫学极大的勇气和信心。

记者：您年轻的时候科研条件不如现在，在面临困难的时候您有什么思考呢？有什么是您觉得在面对困难时最重要的品质？

能乃扎布:第一，不生气，遇到事情不要冲动；第二，要坚守，以前在艰苦的环境下，我们一直都在坚持，没有放弃，现在更应该如此；第三，要有目标，要做有追求的人。

记者：我们在报道中看到，您在研究雅氏落叶松尺蠖的时候抱定的是"把害虫挡在国门之外"的一种精神，请问您数十年如一日地这样坚持下来最大的感受是什么？

能乃扎布：当时雅氏落叶松尺蠖对我们国家的威胁是很大的。同学们，你们这一辈可能不知道，父母辈的人都知道。我们搞科学，国家培养我们，我们就应该尽全力为国家、社会、人民服务，国家需要的，就是我们的研究方向，努力做好害虫的治理，这是我应该做到的。

记者：您觉得，我国未来的昆虫学的发展方向是什么？

能乃扎布：在我个人看来，昆虫学研究未来更多是要增加创新力，更多把我们这个专业推向国际前列，让世界都向我们学习成功经验！你们这一代，你们的下一代，咱们应该迎头赶上，要有魄力，敢于发声，敢于创新。

记者：您从事教育教学事业几十年来，在岗位上兢兢业业，为我国的生物学特别是昆虫学事业培养了大量的人才。在这个过程中，您觉得在学生的理想信念培育、学术道路启迪上，作为老师应该如何引导呢？

能乃扎布：年轻学生有自己的想法是很正常的事情，我们老师应该充分尊重学生的意见和想法。我们应该做的就是让学生向着正确的方向走，尽量让学生少走一点弯路，还是那句话，学生的创新能力很重要，关键要发挥到合理的角度。

记者：我们有很多同学今后会从事科研工作，您认为，在科研工作中最重要的是什么？需要怎样的品质才能够做好科研？

能乃扎布：要发扬艰苦奋斗的精神，以学业为重，时时刻刻不要放弃努力。更要珍惜时间，勇担时代的责任。我们南开的学生，有周总理做校友，毛主席也来视察过，我们应该备受激励，向前人学习，永不放弃。

记者：南开大学生物学科今年迎来了学科百年，您有什么话想送给南开生物吗？

能乃扎布：感谢南开大学生命科学学院对我的培养和教育。感谢我的同志们，我的同学们，对我的照顾，对我的关切。我也祝贺你们考上这么好的学校。祝愿我们的学院、我们的学校办得越来越好。在教学、科研各个方面都做出重大的贡献。即使毕业了，仍然发扬南开精神，仍要向老师学习，共同搞研究并做出贡献。

记者：最后，请您为南开生科学子留下寄语吧。

能乃扎布:你们应该以南开为荣，以南开为自豪。要热爱我们的专业，努力学习，上一个新的台阶。珍惜这一段的学习时间，将来你们毕业到哪个地方，你们会觉得很想念南开，专注眼下的时光，不负青春，不负韶华！

采访记者：张粤　潘飞宇

文稿撰写：张粤　潘飞宇　王一涵

王秀梅

——干一行 爱一行 专一行的人民公仆

　　王秀梅，女，1939 年出生，本科学历。曾任内蒙古自治区家庭教育研究会会长，内蒙古自治区妇联主任，内蒙古自治区儿童基金会副会长，内蒙古自治区人大常委会副主任。

　　1959 年至 1964 年在南开大学生物系读书并获得本科学位。

　　1964 年至 1972 年在南开大学生物系任教，1972 年在内蒙古大学生物系任教，1983 年担任内蒙古自治区妇联主任，1993 年起任内蒙古自治区人大常委会副主任，2004 年退休。曾获"光荣在党五十年"纪念章。

　　记者：王老师，我们了解到您当时作为少数民族女生，凭借着自己的刻苦努力考上了南开大学，之后留校成为一名老师，其中一定经历了很多艰辛，您可以分享一下您当年的求学历程吗？

　　王秀梅：求学，现在的孩子看起来似乎不是问题，但是对我们这一代人来说确实是很艰苦的。在求学的路上，我感恩共产党、感恩人民、感恩学校、感恩老师。我上学是很不容易的，如果没有解放，农村的一个女孩子要想上学是不可能的。我为什么要感恩共产党呢？我是我们这儿 1950 年土改以后的第一批学生。当时我们那个村子里边没有学校，包括男孩子都上不了学，有钱人家也没有机会，就算送到城里头上学，也只是送男孩不送女孩。所以，作为女孩子能有上学的机会，这就是解放。

　　后来建了学校，老师没有工资，每年每个学生拿一袋粮，一捆高粱秆儿烧火，我们的学费主要是为了老师的生活，就这样开始了我的上学之路。我上学以后，学校没有统一的教材，没有统一的要求，我们自己找什么书，老师就教什么书，所以每个人都不一样，很难学到什么东西。不过自己心里很高兴，起码能够上学了。当时由于家庭贫困和封建意识，我的奶奶跟我母亲吵架，不让我上学，我母亲比较开明，说："我不吃不喝，也得让她去上学！"就是母亲这样的坚持，我才上了学。

后来政府在少数民族地区的民族学校设了个预备班，1952 年我去城里学校参加考试，进了教室，老师宣布纪律，要求答卷必须用油笔或钢笔。我没有，我当时只买了一支铅笔、一个铅笔刀，还买了个木头尺子，我就走进教室了。结果老师说不能拿铅笔答题，我坐在那哭了。老师问我怎么了？我说在小学没见过油笔，也没见过钢笔。老师就把他的笔拿出来，跟我说你赶紧拿我这个笔答题。所以，这位老师也是我的"救命"恩人。

在后来的上学过程中，我要感谢党的民族政策，因为当时我们每个月的伙食费是 8 块钱，但是对一个农民家庭每个月拿 8 块钱是很难的。所以学校设立了助学金，我从预备班到初中到高中，一直都是依靠助学金生活的。因为基础比较差，所以那几年的学习还是很艰苦的，但我觉得非常高兴。

我是 1959 年参加高考，也没想过能够考上南开大学。因为南开是大家都很向往的学校，所以考上了当然非常激动。当年入学以后，学校通过各种形式加强学生的思想教育，如毛主席视察南开的一些活动和讲话等，目的就是让我们爱党、爱国、爱校。

记者：可以请您分享一下在南开大学学习和任教期间印象最深的故事，或者对您产生重大影响的人和事吗？

王秀梅：我想讲三件事，第一件事是 1960 年天津南站着火，很多人受伤要输血。当时学生热情高涨，大家都去报名。那次对我也是一个非常好的教育，学校用大卡车去接学生，学生唱着社会主义好、没有共产党就没有新中国，这件事情当时就是使命必达，因为"社会主义好"就种在我们心里。

第二件事是 1958 年、1959 年的学校扩招。后来学校无法负担这么多学生的教学任务，教育部决定裁减"大肚子"班，当时规定一门主课不及格就退学。因为大家都是同学，感情深厚，真的不舍得让任何人离开。我们年级有个党支部，有五六名党员，党支部做了个决定，分配最好的和最差的一对一辅导，差一点的和比较好一点的二对一辅导。1960 年天气非常热，但是我们认为这就是任务，大家从心里不愿意让任何一个同学掉队，自此之后，党的核心作用深深地影响了我，一直到现在我都给同学们讲党的核心领导作用。那次"裁减"我们年级没有一名同学掉队，从那以后我坚决要求入党。经过党组织的培养，我在 1964 年加入了党组织，所以现在才有我"光荣在党 50 年"的纪念章，我认为党真正能够号召群众，能为大家办事。

第三件事是 1961 年，当时吃不饱饭，粮食是一人 28 斤，学生还再加两斤，没有肉，菜也吃不上，就在那样的条件下，没有人叫苦，没有人埋怨，没有人反对，也没有人说我吃不饱，我走了，我不上学了，这些都没有。从学校到老师再到学生，大家都团结一致，克服困难。当时学校有位副校长从塘沽拉了一火车的蛤蜊，在学校院子里堆得像山一样高，每个班里放一堆，学生就拿五分钱的钢镚儿把肉抠出来，送到食堂，食堂腌制起来，为的是给学生补充一些蛋白质。总的来说，大家拧成一股绳儿，一起克服困难，解决困难。

在困难面前团结奋斗，不埋怨，不抱怨，这第三件事，对我的影响和教育意义很大。

记者：我们了解到您在去年荣获了"光荣在党 50 年"纪念章，作为一名一直投身于服务家乡，帮助解决妇女儿童问题的优秀老党员，您对我们这些青年党员、学生党员有什么期望和建议吗？

王秀梅：当代的青年党员应该肩负起自己的责任，全心全意，实心实意地来为群众办实事。在我上大学时，党的核心作用，在学生当中有很深的影响，使我深受教育。所以从那以后我立志一定要入党，我觉得能够给大家办事情，能够号召群众，真正能给大家办事。

记者：当前国家高度重视和保护妇女儿童权益，在您做妇联主任和儿童基金会副会长期间是怎样带动当地妇女儿童事业发展的呢？

王秀梅：在我做妇联主任期间，提出要解放妇女，就必须提高妇女知识能力水平，不能等着别人来解放妇女，妇女必须要自己行动起来，只有妇女自身的素质提高了，才能有地位上的提高。所以我们就提出开展一个活动，"学文化比素质，学技能比贡献"。通过这个活动，在当时提高了妇女的素质和地位。之后这个活动在全国妇联也推广了，影响很大。再一个就是制定了保护妇女儿童合法权利的一个条例。当时妇女确实从家庭到社会都没有地位。我刚去妇联的时候，因为地方没有条件，所以婴儿死亡率很高。后来我们提出制定一个法律，保护妇女儿童的合法权益，成立了儿童基金会，又成立了家庭教育研讨会，推动了妇女儿童事业的发展，因此，1989 年初我被全国妇联评为优秀妇联干部和"三八红旗手"。

记者：王老师，您的人生履历十分丰富，从南开任教到回到家乡妇联工作再到进入人大，今天依然在为家乡服务，想请问您是怎样适应角色转变的？

王秀梅：我从妇联调任到人大以后，工作性质、任务和职责又是一个极大的变化。宪法规定人大是国家最高权力机关，实现途径就是通过立法，执法检查，监督法律执行。这就要求你必须懂得基本法律知识，了解所分管部门的所有法律，根据形势的发展修改或者重新立法等。当时确实很艰难，但处在当时的职位上就绝不能乱说，也不能说外行话，因此我就开始了学习法律的过程，自己艰苦奋斗并且向专家请教。我在人大工作了十年，参与制定了不少与教育科技、文化体育相关的法律。我去的时候法律体系还不太健全，后来逐渐完善，这对我来说是一个大的转变。

我不能给母校丢脸，学校的教育对我来说非常重要，让我明白工作要全身心投入，干一行，爱一行，然后把这一行做好。

记者：在南开生物百年之际，您对南开生物学科的发展和南开生科学子有何寄语？

王秀梅：我们的学科设置、教学内容和人才培养要与社会和科学科技水平的发展相适应，要知道这个社会需要什么，科技发展到什么程度。比如成立一些比较尖端的研究部门和实验室。一个实验室的建立需要人才，需要设备，需要力量，要不断地去寻找新的突破口，希望南开生物能根据现有的条件，努力创办有影响力的尖端实验室。

对于学生的寄语：你们现在的学习条件比较好，自己也很努力，但是学习是永无止境的。因为任何事情总是在发展，在前进。我们还有很多东西要学习，要立志于把我们学到的知识贡献于人民，服务于人民，做那些有利于人民的事，有这个信念你就有了学习的动力，凭着你的能力去爬到那个最高的地方。

采访记者：赵芯蕊　崔晓月

文稿撰写：赵芯蕊　崔晓月　由佳

相建海

——中国海洋生物学领域的开拓者

相建海，1970 年本科毕业于南开大学，1982 年于联邦德国康斯坦茨大学学成归国，投身于我国海洋生物学研究，承担和完成了国家重大攻关项目、中科院重大和重点项目、国家基金项目等 40 余项。曾任中国科学院海洋研究所所长，国家"863 计划"生物技术主题专家组组长，国家"863 计划"资源环境技术领域专家委员会主任。相建海在对虾基因组、对虾育种等方面的突破获得了国内及国际的认可，是我国出色的海洋生物技术领域的学科带头人和海洋动物生殖与遗传工程学科带头人。曾获中科院突出贡献中青年专家、山东省专业技术拔尖人才、全国优秀留学回国人员和全国优秀科技工作者等荣誉称号。

记者：您作为南开大学的杰出校友，能和我们分享一下您在南开大学学习期间，印象最深刻的课程、人或事情吗？

相建海：就课程来说，我就读的是动物学专业，在 1964 年到 1965 年正常教学期间，我印象比较深的是由张润生老师教的无脊椎动物学，当时用的是南京师范学院生物系的教材，这门课程为我今后动物学的学习打下了很好的基础，在我日后赴德留学时也一直有很深的印象。此外，化学系汪小兰教授讲的有机化学这门课也让我印象非常深刻，为我后来生物化学的学习打下坚实基础。

记者：您认为在南开求学期间最大收获是什么？

相建海：南开大学的校训——"允公允能，日新月异"，是我在南开求学期间最大的收获。允公要求我们报效国家、惠及百姓，为社会进步、为公众做出自己的贡献；允能是要有自己的本事、本领，德智体全面发展，有较深的基础知识和熟练技能，有很好的学科修养和工匠精神等；日新月异，要求我们不能贪图安逸，不能不求上进，要有所创新，每个月、每一年都有所进步，与时俱进，我认为这是南开大学对我们最好的教育。

记者：能请您介绍一下，在南开大学毕业之后，您的深造经历？是什么契机使您进入海洋生物学方向进行科学研究的呢？我们了解到您在中国对虾育种研究中获得了巨大研究成果，能请您说一下具体的成就与研究成果吗？

相建海：我们毕业时还处于"文革"期间，政府对大学生做出了"四个面向"的要求，即面向工厂、面向边疆、面向农村、面向基层。当时我们要无条件服从国家分配，我被分配到了贵州六盘水地区。六盘水地区是我国的煤炭基地，主要产能源和煤炭。国家在云贵川地区建立了许多煤炭基地和钢铁基地，盘州市正好是党和政府备战、备荒地区。全国八十多个大学、五百多名大学生都在这儿。尽管我是学生物的，但是按照理工科分配，我被分配在盘州市的 671 厂，负责做炸药和雷管。六盘水地区的环境非常艰苦，但是我也很快适应，在那儿待了八年。八年里，我始终没放弃学习，一直坚持自学外语和专业知识，同时做好雷管炸药技术员的本职工作。"文革"结束以后，很快恢复了高考和研究生招生制度。而我也是在国家需要有知识的人才的契机下，选择重拾科学研究。

1978 年我报考了南开大学生物系张润生先生的研究生。虽然我在大学里没来得及学一些专业课程，尤其是生物化学部分，但我通过自学考出了不错的成绩，被录取了。恰逢国家选派出国留学生，依据考试成绩，我被选为出国预备生，需要 9 月在天津参加教委的 EPT 外语考试。当时时间比较仓促，8 月接到通知，9 月就要到学校报到。我迅速做好准备参加考试，取得了不错的成绩，符合国家的要求，于是我被选派到美国，后来改到德国。

1978 年至 1980 年，我在南开学习生物学课程，师从张润生老师攻读无脊椎动物学专业。1980 年 5 月出国，在联邦德国康斯坦茨大学学习水生生物专业，自此走上了学习和科研道路。按照当时教委的要求，出国攻读研究生两年之后要回国为国家服务。我选择我夫人的原籍青岛，在中国科学院海洋研究所开始我的海洋研究。从求学到工作这段时间，我主要是跟随刘瑞玉院士的课题组。他最早从事底栖生物包括虾蟹类等甲壳动物生物学的研究。在老一辈科学家的带领下，我找到了一个独立的研究方向，即对虾的生殖和遗传生物学的研究，同时把原来的实验调查，拓展到后来的细胞学和分子生物学水平。在应用方面，我也开展了关于对虾育种的研究。

记者：您如何看待未来中国海洋生物学研究的发展方向？

相建海：我对中国整个生物学的发展充满了信心。我们报考生物系的时候，就抱着生物科学是我们永远的学习方向的信念。也让我有了更深的体会。后来在中科院海洋研究所工作，我有幸参加了一些比较重要的国家项目，特别是"863 计划"。自 20 世纪 90 年代始，海洋生物技术进入国家"863 计划"，我也在此期间担任海洋生物技术主题专家组组长和资源环境技术领域专家委员会主任，这使我重拾战略研究。所以，我对海洋生物技术的发展有所了解。

海洋生物学相对其他生物学发展来说确实慢一些，但它的前景是广阔的。因为生命科学涉及人类的健康和衣食住行，以及对于农业、林业、渔业、牧业以及环境保护等重要学科，海洋生物学也是一门非常重要的基础性科学，是能解决很多关键技术的领域。经济合作与发展组织（OECD）认为，海洋生物学或海洋生物技术结合能够解决未来全球气候变化和人口难题，能成为非常重要的一项工具和一个契机。目前人们最关注的就是人类健康。新冠疫情的蔓延，让大家越来越感受到生命健康的重要性，"衣食住行离不开粮食和菜篮子"，而这些都要有生物学的支撑。如今海洋环境也面临很大挑战。人类越来越靠近海岸居住，全世界 60% 的人口聚集在向海、靠海区域，导致海洋环境受到严重威胁。通过海洋生物技术，来建设、管控、修复海洋生物环境的应用前景非常广泛。海洋如此广阔，占据了地球70% 的面积，蕴藏着无数的优质蛋白和各种新的物质，这些都等待着被开发，所以海洋生物学的前景是无比广阔的。目前生命科学也在日新月异地发展，青年学生应该更加理解这一点。为什么大家都认为生命科学是 21世纪的朝阳产业、发展方向，这是不无道理的。当然，相比信息技术，生物技术需要的沉淀更多，需要的投资更大，所以它的发展相对滞后于信息技术。相信未来，在信息技术发展的带领下，海洋生物、生物科技发展得更为迅速。

记者：您在整个科研生涯中面临过哪些困难？最后是如何克服它的？这使您有哪些深刻的感悟？

相建海：每个人在前进道路上不可能是一帆风顺的。比如"文革"这段经历让我在社会上得到了更多的历练，虽然这种历练对求学来说是不利的，但是克服这场困难后，我重新走上求学道路，这促使我更好地学习。

在科研当中，无时无刻都会遇到各种各样的问题。对于科研人员来说，比较大的问题就是经费。我刚到中国科学院海洋研究所时，从事调研工作，每天出海，跟着船去捕鱼、钓鱼，就像一个渔民，每天了解自然、观察自然，经过很长一段时间的历练。当然我们生物学研究不能仅靠对自然的观察，还要深化，特别是深入到细胞、分子水平上去探求科学问题，这都是需要经费的。后来我有幸申请了当时的国家青年基金，有一万元的资助，用这笔资金购置了一台显微镜，也只有在显微镜的帮助下，我才能去观察细胞。当时南开大学陈瑞阳先生做染色体方面的研究很出色，这促使我开始了对于对虾染色体的研究。在这方面研究获得突破性进展后，国家"863计划"开始进行，我申请到了第一个重大专项——"海水养殖动物的多倍体育种育苗和性控技术"。回想这个过程是非常艰辛的，怎样才能使水产养殖动物到三倍体、四倍体？这个过程要经过很多探索、经过很多不眠之夜、经过很多挫折失败，才能够完成。

更重要的成果就是我们前不久完成的对虾基因组研究。我们算是比较早接触基因组研究的，早在 20 世纪 90 年代末我就开始关注对虾基因组的研究。华大基因组研究院也协助我们，开展了对虾基因组的测序和组织工作。当时遇到了前所未有的困难，做了很长时间一直没法得到正确的基因序列。我在 2000 年前后加入国际水产动物基因组计划组织，而且参加了国际对虾基因组白皮书的撰写。国际水产动物基因组计划组织把牡蛎、对虾、大马哈鱼、罗非鱼、鲢鱼这五种具有重要经济价值的海洋生物作为研究对象。对全球来说，单一品种产值最高的水产品就是南美白对虾和斑马对虾。在我国，如今对虾年产已经达 180 万吨，产值 1000 多亿元，在全球范围内对虾年产量已经达到 450 多万吨，应该说是产值最高的单一品种。因此，科学家很关注对虾基因组的突破，但是我们做了很长时间都没有进展，国际上合作的团队也都陆续退出了。在圣地亚哥组织的每年一度的基因组大会上，解说对虾的团队也越来越少。但其中的困难，我们都一步步地克服了，主要包括 BAC 库的构建。我们派了一个研究生去做了一两年，最后才建立了一个对虾基因组 BAC 库，这是世界上唯一一个 BAC 库。后来二代测序发展，我们得到的片段却非常短，不到 1kb，根本就没法用。一直到 2019 年，随着科学技术特别是三代测序的发展，我们和南开大学的隋亚敏等人一起合作，在组装上和测序上都取得进展。刚才说到的五种水产生物中其他四种早就破译了，只有对虾没有破译。美国水产基因组计划协调人刘占江教授在综述里说，在所有水产物种中，对虾是最困难的，因为它的基因组中重复序列高，染色体数目多，再加上它 DNA 酶活性很高，所以非常容易断裂，组装的都是非常小的片段。在 2019 年，我们最终克服了技术难题，破译了对虾基因组并将研究成果发表在《自然通讯》（Nature Communication）上，目前收到了很好的反响。我们现在从事基因组育种、基因组选择等基因组关联分析时，都会用到对虾基因组的成果，这篇文章在一年左右就被引用了 200 多次。当年，我们对于"对虾基因组"的研究成果也被中国海洋学会、中国海洋湖沼学会等六个全国涉海学会联合评选为 2019 年度中国十大海洋科技进展之一。对我来说感悟最深的就是，要坚持不懈、愈挫愈勇。有时胜利往往产生于最后的坚持努力，一定要坚持不懈，不折不挠地追求科研目标，才能获得成功。

记者：您认为做科研成功的秘诀是什么？刚才您提到坚持对做科研来说是很重要的，那您认为什么才是科学工作者最重要的品质？

相建海：对科学家精神的要求是爱国、创新、求实和奉献，当然还包括协同育人等方面，但我认为专心治学和创新对于科学家是最重要的。科学家要专心治学，这是科学家提高自身能力和带好科研团队的重要因素。所谓"活到老，学到老"，个人的知识非常有限，但知识是无穷尽的，在如今知识爆炸的时代我们要不断地主动学习和吸收新的知识，要有创新思维，才能提高自己的学术水平和技能。当下任何学科都讲求创新，科研更要创新，我们不能跟踪式地看国外做什么就跟着做什么，看哪热闹就上哪去，这不行，也很没意思，我们要有创新思维，要有每时每刻激发创造力的意识。作为科学教育者，积极地与学生和同事讨论，进行头脑风暴，参加学术研讨，这样才能激发创新视野和思维。同时还要务实求真，努力把想法变为现实，一步一个脚印地去实践，这就是我们常说的"大胆假设，小心求证"。不仅要大胆地、海阔天空地去想，同时要脚踏实地去做，这样才能真正把科研做好。科学家讲究工匠精神，每一件细小的事要严谨地完成，这就是科学家应该具备的品质。

记者：可否从您的自身经历出发，谈一谈科学家做科研需要克服哪些惯性思维？您有哪些建议？

相建海：惯性思维我认为是一种不求上进、守旧的思想，与创新格格不入。在 2000 年，我们就与华大基因合作着手开始了中国对虾基因组一代测序，但由于对虾 DNA 的生化特殊性和基因组的高复杂度，得到的数据呈片段化，组装久攻难克，国际上起初竞相涉足的各国同行团队，渐渐失去耐心和勇气，知难而退。不管做什么，一旦放弃了，就不会有任何结果，做科研就要克服这种惯性思维。做科研要有创新的理念和要求，与时俱进，你看我现在已经 76 岁了，和你们年轻人已经没法比了，你们在任何时候都要保持求知的渴望和开拓的思维方式，去想、去跟进现在科研发展，同时要力争做"弄潮儿"，不能随波逐流。打破惯性思维就是要创新，没有创新思维和苦干劲头就会导致小有所得而沾沾自喜、故步自封，或是有困难便一蹶不振，这都是惯性思维带来的弊病。

记者：当今网络上流传着生物是"天坑"专业，这使很多学生对是否选择生物专业感到迷茫，请问您对此有什么看法？

相建海：所谓天坑专业其实是说该专业毕业以后找不到合适的就业岗位或工作与预想的不一致。但是任何一个专业都可能是这样，包括信息技术，虽然现在很热门，但其招生也可能供大于求，导致毕业同样找不到合适的工作。我们常说"21 世纪是生命科学的世纪"，综合交叉学科是一个总的发展趋势，包括生物科学和信息科学、生物科学和生物技术、生物科学和环境科学等，各个学科之间相生、相源、相系。整个社会的需求不能脱离实际，如果不能适应国家的发展，那么就有可能找不到出路。现在学生物以后走向科研道路成为科研工作者，到科研单位工作，到大学任教，都是可以的，还可以进入基层，比如说养殖专业和农业、林业、牧业和渔业等，包括环保等方面都需要大量的生物科学知识。我们所学的东西要竭尽所用，不能仅限于大学期间所学的几本课本，要开阔视野，增长才能，方能够适应五花八门的社会发展。我本科毕业后的八年时间做的是炸药，与生物毫无关系，但是我做得也很不错，也得到了领导的赞赏与认可。不管在哪里，我们都要把事情做好，要相信自己的能力。年轻人是有能力向任何一个专业和任何一个方向去发展的。生物就可以适应很多方向，别的专业也是如此，比如说海洋专业能与生物结合的方向就有很多，可以向海洋深入、向远海进军，可以结合细胞生物学和免疫学，结合进化方面的相关知识，等等。没有新领域的开拓精神是很难"专攻"的，走出校门也很难被用人单位所接受。做科研重要的是务实，是产业化。我们在对虾免疫方面的研究，在理论上有进展，在应用上对育种养殖都有贡献。这几年我们选用了几个新品种，取得了很好的进展，获得了国家一等奖三项，二等奖五项。所以，不用感到迷茫，要学会不断地适应社会生产的需求，调节自己的发展方向和人生态度，要豁达乐观。天生我材必有用，到哪个地方肯定都有你的用处的，学到的知识总有一天能用上的。

记者：您怎么看待"21世纪是生命科学的世纪"这句话？

相建海：习近平总书记发表重要讲话时关于科研提到了"四个面向"，即面向世界科技前沿、面向经济主战场、面向国家重大需求、面向人民生命健康，这为科研工作指明了发展方向。生命健康与生物科学是息息相关的，例如，新冠病毒的检测和治疗牵动每一个人的心，我想再多的知识都是不够用的。再比如吃饭的问题，我们每天吃的米饭，正是袁隆平、杨开渠等科学家们成年累月不停歇地为我们中国人民的饭碗在不断努力而换来的。林业、物业、渔业也是如此，中国这些领域的发展也取得了举世瞩目的成绩。在中国，有十分庞大的与生物科学相关的需求，对生命研究要求是非常迫切的，特别是现在信息科学的发展带给了其他学科良好发展的巨大机遇，信息科学与生物学结合的生物信息学，在智能化的生物应用上，以及在环保产业的应用上，都起到了不可或缺的作用，所以21世纪是关乎人类命运、关乎全球未来的至关重要的世纪，是"生物的世纪"。

记者：面对国外对中国从技术到原材料的封锁和打压，现在的我们如何才能做到真正的创新与科研？

相建海：首先我们要有自信，相信中国是世界上最优秀的民族之一，中国有中国的优点，相信我们一定能屹立于世界民族之林，但也不能盲目自信。同时，我们还要自立自强，学会武装自己，做个顶天立地的人，让自己有本事。所以我鼓励年轻学生在这段黄金时间，要努力多学知识，多练本领，以后才能报效社会、报效人民。自强是要有强大的心理，敢于面对挫折和困难，敢于迎接挑战。举个例子，我们的南美白对虾是当时刘瑞玉先生从中国海洋所引进的，因为中国对虾的病害问题，产量从年产 20 万吨下降到年产 5 万吨，引进新品种后因为品种的优越性产量迅速提升，但是当时因为是国外的品种，国外会卡我们的脖子，我们每年都花几十亿美元进口新的品种，所以我们需要自强，如果能自己育种，就能打破国外的封锁。通过这些年的努力，我们团队选育了 3 个对虾新品种，同时全国也有了八九个对虾品种，产量都得到了很大的提高。也就是说通过我们自己的努力，可以完全打破国外对我们的封锁，做到了自立自强，也做到了创新科研。

记者：您认为中国现在的科技教育体制还有何可以改进的地方？

相建海：改革是我们的法宝，是永无止境的。1978 年改革开放后，中国经济有了很大发展，在教育界，带动协同创新和以人为本是很重要的，江山代有才人出，一辈更比一辈强，年轻人正是精力最旺盛、学习知识技能最好的时候，因此更要以人为本，协同创新，在教育上努力培养人才，壮大科研队伍。教育界要挖掘学生们最大的创造力和活力，让学生做自己，引导他们做自己该做的事情。同时还要继续坚持开放创新，培养创新的精神、技能和方法，这是教学所必需的。现在教育改革力度比较大，以人为本和教育创新这两个方向还有很多细节需要完善，比如完善科研评价体系，对于体制、政策、方法和措施都需要更深入地思考和认真的改革。

记者：您对南开青年学子有何寄语？

相建海：报效国家、惠及百姓是我们科研教育者的初心。唯有不忘初心，才能达到所期望的目标。我希望南开的青年学子们都能知道自己的使命，有担当，有抱负，同时要脚踏实地一步一个脚印地去做，坚守初心，方得始终，使命易晓，致远维艰。希望我们南开大学的生科学子能够抓紧现在这个黄金时间，学好本领，打好基础，走向社会找到自己满意的工作，创造自己满意的环境，做出令自己满意的成绩。希望南开大学越来越好！

采访记者：黄文诗　接欣雨

文稿撰写：黄文诗　接欣雨　禹秋成

杨 定

——在兴趣指引下为科研事业矢志不渝的奋斗者

杨定，男，1962 年出生，博士学位，现任中国农业大学教授、博士生导师。

1978 年至 1982 年在南开大学生物系学习并获得学士学位，之后在北京农业大学获得硕士学位，又于日本鹿儿岛大学获得博士学位，在日本九州大学完成博士后训练。

1994 年至 2001 年在中国农业大学担任副教授，2001 年至今在中国农业大学担任教授。

1997 年获国家教委科技进步奖三等奖（第 1 名），1997 年获中国科学技术发展基金会和中国昆虫学会青年科技奖，2002 年荣获国家杰出青年科学基金，2003 年获教育部提名国家科学技术自然科学奖一等奖（第 4 名），2004 年获政府特殊津贴，2004 年获教育部提名国家科学技术自然科学奖一等奖（第 4 名），2010 年全国优秀博士学位论文指导教师。

记者：请问杨教授对生命科学未来发展趋势有怎样的看法？

杨定：就我研究的领域而言，分类学是一个比较古老的学科，随着现代生物技术的发展，分类学的研究方法也在不断进步。主要体现在两方面：一方面是物种鉴定，从最传统的形态水平鉴定到如今的分子水平鉴定，如利用 DNA barcode 这一段单独划分的标准区间就能从基因组层面鉴定该物种的生物学地位，极大地提高了效率和准确度；另一方面是系统发育，研究种属或科之间的关系，早期使用形态证据，现阶段及未来主要利用分子证据，如基因组、转录组分析手段。可以说，分类学科进入了基因组时代。

记者：请杨教授介绍一下目前从事的主要工作和这些年在科研上取得的最骄傲的成就。

杨定：南开大学本科毕业后，我在中国农业大学完成了研究生和博士生阶段的学习，随后留校任教，到如今也算是在农大战斗一辈子了。我主要从事昆虫分类的科研工作和植物检疫学的教学工作。昆虫分类这部分主要涉及三个类别：襀翅目、脉翅目、双翅目。我在这部分做了很多工作，简单来说就是摸清我们的家底，阐明这三类昆虫在中国的种类数量和分布。近几年我组织专家完成了中国脉翅目昆虫名录和中国双翅目昆虫名录的汇编，获得了昆虫数目的具体数字和系统性的分类总结。此外，还完成了其他部分科目昆虫名录的汇编和《中国动物志》的撰写。在对系统发育和亲缘关系的研究中，我们使用分子手段对广翅目的部分科进行了修订。

记者：请您介绍一下在南开读书时的学习生活和印象较深的人或事。

杨定：在我们读书的时候，南开的录取率很低的，都是中学的尖子生才能考进来，满腔热血地想干一番事业。我们那代人的学习生活都很独立，9 月份入学，冬天早上 6 点多起床去路灯下读英语，很有学习动力。教我分类学的郑乐怡先生给我留下了非常深刻的印象，郑老先生讲课不带材料，都是娓娓道来。他要求我们记下所有科和常见种的拉丁学名，科名相对简单，然而郑先生顺手就能在黑板上写下常见种的拉丁学名，这令我非常佩服。

记者：您在南开最大的收获是什么？这对您的人生产生了哪些影响？

杨定：一路走来，我发现大学阶段非常重要，天津就像我的第二故乡。高中毕业选择南开的时候，我还不知道要学什么，但是在生物系学习后，我的知识结构发生了改变，也接触了不同的学科。大学时感觉很枯燥的高等数学及一些必修课在后来的科研工作也会经常用到，所以同学们一定要认真学习这些看似枯燥、实则有用的课程。在郑先生的指导下接触了分类学和昆虫学后，我有了考研的想法，决定继续学习深造。

记者：请问您从事昆虫分类学的契机是什么？为什么在众多科目中对双翅目、脉翅目等情有独钟？

杨定：最初由于受郑先生的影响，我对宏观生物学、生态学比较感兴趣。后来考研进入当时的北京农业大学植物保护学院，在杨集昆先生的指导下攻读硕士学位，这三年的学习让我明白了做科研、做学问从不懂到懂的过程。读硕士的时候，我主要研究广翅目齿蛉科下面一个亚科的分类，广翅目在世界范围的种类也较少，仅 300—400 种，当年我开始研究的时候，我国就几十种，于是那三年我就投入其中，研究这个小亚科。毕业留校后，我将先前研究扩展到其他亚科或科，但由于广翅目数量有限，不适合终身从事这一目的昆虫分类，于是我开始思考，尝试拓展。在与做双翅目的导师交流后，我发现中国双翅目的研究有相当大的空白类群，随后我就将自己的研究领域扩展到双翅目。

记者：请问您能否给未来想从事分类学的同学提供一些建议呢？

杨定：分类学其实很有哲学的韵味，比如早期的分类学家就是博物学家，从这个角度来讲，想从事分类学的同学知识面要广一些。但是研究兴趣要集中，要钻研精通某个方面并努力成为这方面的专家。此外，分类学科需要大量经验和知识的积累，比如标本的积累，要常去野外亲自采集，并仔细核对文献和标本，慢慢积累起来，知识储备就会逐渐变得丰富。

记者：在科研道路中，您是否遇到过挫折？又是什么让您坚守初心，不断克服困难继续向前呢？

杨定：大挫折倒谈不上，不过直到如今，我认为做科研、带学生也都是在不断学习、追踪学科前沿，是一个从不懂到懂的过程。遇到较为高深的知识时，大家认为很难，可能会迷茫，但一直坚持下去，慢慢掌握之后就会发现很简单。例如，我们实验室从最初的传统形态分类，到后来利用分子手段、基因组水平研究种间关系，包括现在的大数据分析，每一阶段都是新的挑战，但我一直鼓励学生去慢慢琢磨新知识。科研就是一辈子的坚持与学习。

记者：请您为百年南开生物和生科学子留下一份寄语。

杨定：祝愿母校南开和生物学科越来越好，在国内外的影响力也越来越高。祝愿南开生科学子珍惜每一天，祝未来学业事业有成！

采访记者：林磊　苏家祎　杨慕涵

文稿撰写：林磊　苏家祎　杨慕涵　王天皓

董金堂

——立志以科研报效祖国的肿瘤学研究专家

董金堂，1963 年出生，南方科技大学医学院讲席教授，博士生导师。国家杰出青年科学基金获得者，入选国家高层次人才项目，深圳市国家级领军人才。

1984 年获南开大学生物学学士，1989 获中国协和医科大学（北京协和医学院）/中国医学科学院理学博士后赴美国国立卫生研究院和约翰斯·霍普金斯大学医学院从事.博士后工作，曾任美国弗吉尼亚大学医学院助理教授、副教授，埃默里大学医学院副教授、教授。带领团队从事肿瘤发生发展的基础和转化应用研究近 30 年，主持过 20 余项科研项目，在包括《科学》（Science）和《自然》（Nature）系列杂志在内的国际学术刊物上发表论文 140 余篇，已经培养博士和博士后 40 余名。获得过多项国内和国际奖励。担任多家国际学术刊物的副主编或编委。

记者：董教授您好，作为我们的学长，您在南开生物度过了四年的本科时光，之后又曾受聘为南开大学生命科学学院教授，在采访开始时可以请您和我们分享一下您在南开的经历吗？

董金堂：我是 80 级的，1980 年秋天 9 月初入学，1984 年毕业。毕业后去了北京协和医学院，在那里硕博连读了 5 年，1989 年博士毕业。总的来说，我是 1980—1984 年在南开生科院读本科，2006—2018 年在南开生科院做兼职教授。在兼职南开的 12 年里，我申请过经费，并培养了 21 名博士研究生，还有一些硕士研究生。

记者：董老师，您在南开求学与工作中一定留下了很多美好的记忆，您可以和我们分享一下您在南开有什么印象深刻的人或事吗？

董金堂：现在回想起来，在南开印象最深刻的有两件事。第一件就是我们上大学那个年代老师们的认真和敬业精神。除了许多基础课的老师，我接触比较多的如教组织学的徐尔真老师、胚胎发育学的周爱莲老师，还有我的毕业论文导师李玉和老师。还有一些选修课老师如张自立老师和尚克进老师。张自立老师对我后面的工作影响比较大。那个时候的学风比较单纯，学生的学习热情比较高。记得当时晚饭后晚自习，我们要去图书馆的话，得提前占座，要不然就没有地方坐了。另一件印象比较深的事情是我的室友。我们是好几个人住一个宿舍，而且大学四年没有换过室友。室友们刻苦用功的精神和专心做事的态度都令我印象深刻。我很庆幸有这些优秀的室友。

记者：董老师，从您的描述中，我感受到您对南开有着很深厚的感情，都说大学时光是人生的关键阶段，决定了之后人生的方向，您觉得您在南开的求学经历对您选择走学术道路有哪些影响？

董金堂：确实，大学可以说是影响一个人一生的最重要阶段。大学可以影响一个人的各个方面。在大学期间人的可塑性比较大，各方面也都在发展成熟的过程中。我觉得南开的求学经历对我选择走学术道路并坚持走下来的影响有两方面比较突出：第一，南开设置的实验课，训练了我的实验动手能力。这对我早期的科研事业发展非常关键。比如化学方面的有机化学、分析化学、无机化学都有实验课，生物方面的细胞生物学、生物化学、遗传学，甚至植物学和动物学都是有实验课的。实验课的训练使得南开学生的动手能力比其他很多学校的学生都要强些，这一点在我的职业生涯中不断得到验证。实验做得好坏、实验技能的强弱、实验效率的高低、试验成功的概率都直接影响课题完成的效率和进度以及科研事业的发展。南开对我实验方面的训练让我在研究生、博士后甚至独立后的早期阶段都受益颇多，使我的实验进展比较顺利。我记得做博士后期间，有很多实验并没有人教我，我是通过自己读教材和论文，结合自己的基础训练，开始设计并顺利实施实验。如果没有在南开大学就读期间的实验训练，我的实验很可能不会那么顺利。第二，南开对我进行了思维判断的训练。不管是上课还是其他活动，如果这一方面的训练不到位，做研究是不容易长久和成功的，因为在研究当中大部分时间面对的都是新的问题。面对新的问题，怎么思考并提出背后的科学问题，提出问题后怎么设计实验、设计什么样的实验，用什么模型等，都是要考虑的。在实验出现问题时如何找出问题的原因，可以说时时刻刻都需要不断地思考和判断。思考判断能力越强，做研究的进展就会越快。我在南开受到的科研实验和思维判断的训练让我受益终身。

记者：您从南开毕业之后，一路披荆斩棘，在肿瘤分子机制领域取得了很多成果，您曾经提到科研要有体育竞技精神？这是不是您在科研上披荆斩棘取得成果的秘诀呢？

董金堂：这个竞技精神，我想有几个方面的意思。第一方面得擅长。比如说在体育竞技中得体质好或者比较适合哪个方面的运动。在科研领域，也是这个道理。只有擅长做这个事情，才能做得更好。现在科研的竞争趋于激烈，擅长做这方面工作越来越重要。第二方面是合适并且有足够的训练。体育竞技的训练，不光要有好的教练，还需要进行科学合理的训练。在做学问的道路上，也得有好的训练。上大学、读硕士、读博士、做博后，都是训练的过程。没有合适且足够训练的话，是不容易做好科研的。所以科学合理的训练是非常重要、不可缺少的。第三方面是尊重客观事实。体育竞技中做得好与不好都是客观的事实，不存在人为干扰因素。在科学研究中如果发表了你新的发现，然后别人会证明你的发现是对还是错。科研做得好，会有很多新的发现，新的发现更具创新性，等同于体育竞技成绩好。所以从这三个方面讲，体育竞技和科研是有类似的地方。而且科研工作需要申请经费，申请时需要同行评审，评审的人就像是裁判，而申请的人就像是运动员，做裁判要公平客观，做运动员要拿出最好的成绩来，这都是科研和体育竞技可类比的地方。

记者：科研之路永远不可能是一帆风顺的，会遇到各种各样的困难与挑战，在您这么多年的职业生涯中遇到过的最大的挫折是什么？您是怎么解决的？

董金堂：总体上讲，我的科研道路算是比较顺利的，有些当时以为是挫折，但是后来看非但不是挫折，而且是很好的机会。我考大学的时候，当时最想读的专业是数学或物理，因为我高中的时候这两门课的成绩都挺好而且也喜欢。但是考大学的时候发生了意外，数学没考好，就没有实现这个愿望，而是录取到南开生物系，当时还有点不太乐意。后来，开始强调 21 世纪是生物学的世纪，我反而成了较早进入生物学领域的学生之一了。还有我考研的时候，大三时我对发育生物学很感兴趣，所以报考了中科院发育生物学研究所，但是没有考上，调剂到了中国医学科学院北京协和医学院肿瘤研究所，从此我进入了肿瘤领域。后来回头看，当时肿瘤领域在发展机遇、经费支持等各方面都处在上升阶段，全世界尤其是发达国家都花大力气支持肿瘤研究。而且肿瘤是生物医学中最大的研究领域，很多重要发现都是在肿瘤研究领域实现的。真正的挫折是我在弗吉尼亚大学做助理教授的时候。当时系里希望我能在三年内拿到 NIH 的所谓 R01 经费以证明自己的能力。在第三年末、第四年初，我虽然持续在努力，但是还没有拿到 R01 基金。当时我自己没有把握能不能拿到，同时系主任也给我压力，使我对职业前景产生了一定的怀疑。这是我受挫感最强的时刻，都考虑了离开科研从事其他职业。好在没过多久就拿到了一个 R01 项目，而且四个月之后又拿到了另外一个。之后很快就升了副教授。又过了几个月就被动员去了埃默里大学。

记者：从您的履历中我们注意到，您曾在美国进行博士后研究，如今出国留学深造也是很多南开学子的选择，您认为在国内和国外做科研最大的区别是什么？

董金堂：我觉得可以从两个方面来回答这个问题，一是科研环境，二是科研活动。在科研环境方面，近 20 年国内在硬件方面比如楼房和贵重的科研仪器设备等发展非常快。现在国内很多学校的科研设施环境比美国一些不错的学校都要好。这是一个很重要的进步。在科研活动方面，整体的进展非常迅猛。但是中美对比的话，我觉得国内研究的讨论交流不够到位，思考不够到位，做得多但是想的不够到位。国内人员动手能力和勤劳程度是优势，但是思考、想法、设计实验常有不如意之处。美国在实验室内部之间、不同实验室之间、实验室和单位之间的学术交流比较多，尤其日常在同一学校同一楼里交流。但是国内实验室之间的交流相对比较少，而且有个别实验室不鼓励和其他实验室交流，好像是怕泄露秘密。这个现象美国不能说没有，但是国内会多一些。对于研究生来讲，我认为想法的交流不仅影响自己的毕业课题，也影响整个课题组的进展。比如说投稿的时候，审稿人说你少了一个对照或者设计不够严谨，但是如果交流多了，别人的一句话可能就会让你避免这类错误。所以我认为需要大大加强有效的交流。科学研究是探索性的，不宜功利化。

记者：我们了解到国外的大学给您提供了优厚的待遇，是什么让您放弃国外的优厚待遇，决定回国工作呢？

董金堂：国外的待遇是优厚，但是国内的待遇也在不断改善。国内的待遇和国外相比已经不像二三十年前差异那么大了。50年代回国叫放弃优厚待遇，但对我们这一代来说不完全是。而且我回国也不是因为待遇原因。我是1990年自费公派去的美国，当时想的是2年后就回来。但是2年之后觉得自己还是应该多学一学，所以就又过了2年。2年之后还是觉得自己学的不到位就又待了2年。之后还是觉得自己应该多学一些，就一直留在美国，当然也有家庭方面的因素，所以一直到2016年、2017年才正式启动回国计划。回国也是对自己的承诺，最核心的想法就是回来服务国家，服务这个生我养我的地方。这是很简单的道理，就比如说很多人通过去大城市工作改善自己及家人的生活质量。这是很自然的想法，非常简单。

记者：董老师，您的学术成就与精神令南开生科学子无不心向往之，值此南开生物百年，您有什么寄语要对南开生科学子说的吗？

董金堂：学生命科学的出路很多，不是说只能走科研道路。学了生物学还是可以做其他许多方面的工作。我南开同班的16个同学在大学毕业后有写剧本的、有做生意的、有当医生的、有做企业管理的、有做投资的，大家过得都挺好。条条大路通罗马，不要勉强自己。大学对一个人的教育是多方面的，具体学的专业和专业知识对你工作的影响是有限的。更重要的是对一个人各方面的塑造，比如做人方面、看问题方面、做事情方面。

对于立志做科研的同学，我可以给几点建议：第一，要及早确定自己擅长还是不擅长，是否感兴趣，不擅长会出力不讨好。第二，尽快进入实验室，开始真正的科研活动，现在实验条件好了，科研活动也多，南开生科院有很多好实验室，课题方向很多，国家也有经费支持，要及早进入实验室开始实验。第三，持之以恒，坚持在一个方向做，纵向往深度做。第四，坚持独立思考，客观判断，这一点要经过很多练习才能做到，独立判断思考能力不到位，科研道路走不远。第五，刻苦勤奋，一个人再聪明，能力再强，如果用功不够也是做不好的。近代科学发展历史上科研是有钱人的业余爱好，也就是说之前做科研是自掏腰包的。现在科研成了一种职业，如果你真的擅长并且喜欢做科研，那么你就是自己做着自己喜欢的事情，还拿着不错的待遇，又有政府支持，这是很好的一个事情，而且做科研乐趣还是很多的。

记者：董老师，在和您的深入交流中我们受益匪浅，相信生科学子也能在您的访谈中找到自己的人生方向，帮自己走出迷茫。再次感谢您能够接受我们的采访，最后祝您身体健康，工作顺利！

采访记者：雷少瑾　路立娜
文稿撰写：雷少瑾　路立娜　由佳

宇学峰

——中国疫苗产业的先锋

宇学峰，1981—1988 年就读于南开大学生物学系，1988 年 7 月—1991 年 6 月担任南开大学生物系微生物学教研室讲师，1996 年 10 月—1998 年 5 月担任 IBEX Technologies Inc. 科学家；1998 年 5 月—2001 年 9 月担任赛诺菲-巴斯德（Sanofi Pasteur Ltd.）产品开发部科学家；2001 年 10 月—2010 年 4 月担任赛诺菲-巴斯德（Sanofi Pasteur Ltd.）科学家，细菌疫苗加拿大分部工艺研发总监，细菌疫苗开发全球总监，北美疫苗生产研发总监；2009 年 1 月至今担任康希诺生物股份公司董事长兼首席执行官。

记者：作为大二的学生，我们在南开的时间还不长，但是也有了许多独特的回忆。请问您当初选择南开的原因是什么？在南开学习或者工作期间，有哪些经历对您产生了重要影响呢？

宇学峰：在 20 世纪 80 年代我们上大学的时候，南开在全国是非常有影响的高校，除了北大、清华，再往后就是复旦、南开。所以，能够到南开上大学，可以说是一个非常了不得的事情。我特别有幸能够进入南开，能够在南开学习工作十年。我觉得这一段时光是特别令人难忘的。在南开工作学习这十年有哪些经历？产生什么重大影响？我想你们在南开也待了两年，也能感受到南开的学风，学校的氛围是一种非常务实、非常低调但是治学又非常严谨的。所以这十年在南开，实际上是我们人生观、做事情的行为准则加速养成的十年。我觉得这一段对我的整个人生的影响是非常大的，也形成了我们做事的一个风格。实际上，我想你们接触的南开的学长们越多，可能越会感受到南开人的这种务实、踏实、认真、不计名利的品质。咱们学校的校训"允公允能"的这种精神，实际上是有非常多体现的。这些特点形成了南开的风格，它确实是一个潜移默化的过程。

记者：我们了解到您在南开毕业后留校任教，之后远赴重洋继续深造，后来又决定回国。在人生的各个关键节点，您做出改变的动力是什么？

宇学峰：人生的规划有的时候不完全是按照自己当初的想象，我 1981 年进入南开学习，那个时候上大学的人很少，考上大学已经非常了不得了。但是到了大学以后发觉学无止境，还有很多东西要学，到了大三决定要上研究生进一步深造。那个时候国家开始改革开放，接触了很多国外到南开讲学的专家学者，打开了眼界，意识到天外有天，对比我们当时的条件和学术水平，感觉进一步深造对自己长期发展是有益的，所以我在南开工作了三年以后，就决定出国留学，进一步深造，至于出国深造以后会是怎么样，可以说是很迷茫的。当时自己希望是做科研，但是在哪做、怎么做、做什么都没有很好的规划。我那个时候想做一些有实际意义的事情，所以出国以后读博士做的课题就比较接近实用的，这样就有机会进入产业界。既然在国外发展，我觉得就要努力地做好，在这个产业界要做出点样子来。所以一直觉得能够在一家跨国企业做一些自己喜欢做的事情，而且在后续的职业道路上，也可以说是有很好的发展吧，超越了很多同龄人。那个时候我们中国留学生在国外求职还是面临很多挑战和困难的。

我们在国外时间长了，也意识到我们整个的教育体系和学习方法、思维方式和国际上是有很多差异的。但就我个人来说，可能我比较早地意识到这种差异，所以我个人的职业发展是比较顺利的。当时我在跨国企业里面是最年轻的高管，我觉得很满足，没有想到要回来创业。但是，因为我在国际上的大企业发展得比较好，我有机会回到国内做了我们这个行业有关疫苗产业的一些调研，因为跨国企业要研究中国的战略，所以像我这样的中国人就被派送回来，了解中国的产业。在这个了解的过程中，我发现了我们的国家和国际水平的差距，前思后想，我觉得这种差距还是要靠我们回国做一些事情才能够弥补。基于这样的想法，我决定离开这种很舒适的国际跨国公司的工作环境，放弃了在很多人看来很有发展前景的职业，决定从头再来。考虑到我们国家疫苗产业和国际水平的差距，我觉得自己有责任要做一点事情，于是我就辞职回国了。

所以很多东西并不是说想好了就一定会沿着这个轨迹走下去，往往有的时候一些机缘巧合可能会做出不一样的选择。因此对于你们现在还在上学的年轻人，不仅要有目标，同时也要把握时机。

记者：提到您的创业经历，我们了解到康希诺是与陈薇院士合作研发了腺病毒疫苗，作为中国最早的一批疫苗，它在研发过程中存在哪些困难呢？您和您的团队是如何去克服这些困难的？

宇学峰：这个问题很好。一个科研项目，肯定会遇到各种各样的困难。实际上康希诺从 2009 年成立到现在，为了增加我们科研成功的可能性，除了盯着一个一个的产品以外，更多的是打造了一些技术平台。我们用的腺病毒疫苗技术平台，实际上是 2011 年，就是我们公司成立两年以后，就开始布局的。最早是为了解决我们国家肺结核感染比例高的问题，我们引进了腺病毒载体，在 2012 年至 2013 年期间，开始了吸入给药的研究，这在国际上算是做得比较早的。所以在新冠疫情暴发的时候，我们选择用相对成熟的技术平台去解决这个应急的问题。

但是，确实像你所说，在整个研发过程中，还是有很多困难。这些困难有些是技术上的，有些是决策上的，有些甚至是作为一个企业必须考虑的资金和财力、人力资源上面的困难。比如，我们按照时间顺序来说，在 2020 年 1 月，我们做决定要做新冠疫苗的时候，实际上面临的一个很大的困难是，这个决策是对还是错，要不要做。我想你们应该听到过 2003 年的"非典"。作为一个企业，要不要立项，要不要做这件事情，实际上是一个很困难的选择。如果我们立项，要投入很大的人力、物力、资源，但新冠疫情要是像"非典"一样突然消失了，对于我们企业来说，要承担着一个很大的资金的风险、资源的风险，有可能我们就是血本无归，还会影响到我们产品线里其他产品的研发。但是，在这种困难的选择面前，我觉得我们要从大局着想，从国家防疫（那个时候想不到世界防疫）的全盘考虑，我们认为作为一个疫苗企业，要有社会担当，因为我们做的是公共卫生产品。这一点特别能够用我们的校训"允公允能"来诠释。因为我们做事不论是一个人还是一个企业，要把我们的能力发挥出来，要有公心。我觉得校训是我们在一切都不明朗的时候决定要做这个事情的一个（指引）。面临困难和选择，我们是坚定不移地立项，持续下去。

第二个面临的问题就是，在新冠疫情面前，国家布局了 5 条路线。作为一个企业，我们的资源是有限的。怎么样才能够在最短的时间里，最有效地利用我们的资源把事情做好。比如说实验动物、分析方法和一些仪器设备，各个方面都会有很大的困难。这些资源有限，你怎么办？我们很幸运，第一，我们有陈薇院士的合作；第二，国家的举国体制实际上在我们研发的布局上面，多条线路的齐头并进，为我们提供了非常好的各种资源。所以中国的体制，即集中力量办大事，这一点是我们克服困难的一个前提。因此，我觉得也是算我们很幸运，在这个环境下我们有这个机制，能够让我们利用自身企业有限的资源和技术能力，非常快地把我们的产品推到临床。

第三个困难就是我们进入临床以后，新冠疫情已得到很好的控制。那么我们想要把这个产品真正符合药物管理规范地注册成功，要做 3 期的有效性大的临床试验。在国内没有疫情的情况下，这个事情是没有办法做的。所以我们要做全球化的国际临床。国际临床对于中国来说，不光是康希诺，几乎所有的企业都没有很好的经验。说白了，我们国家的生物医药，或者是整个制药行业的研发能力，和国际上是有差距的。那么怎么办？这一块我们算是有点得天独厚的优势，因为我们这个创业团队都是在海外工作了很多年，有很好的国际资源。所以我们要利用我们的国际资源。另外，我们的国际化的朋友圈。大家现在都在讲朋友圈，我觉得这块给了我们很好的支撑，让我们能够在亚洲、欧洲、美洲有 7 个国家的研发人员，而且很多人是全球顶尖的科学家，能够一起做了一个 4 万多人的、完全符合国际标准的全球的多中心的临床试验。这个试验到目前还在持续进行当中。这种情况，一是锻炼了我们的队伍，二是让我们的产品走入国际市场，不但克服了困难，而且让我们做得更好了，我觉得这是一个非常宝贵的经验。

第四个问题就是如何产业化。我们有了研发，我们有了临床数据，那么产品要在全国甚至全球范围内使用，那么怎样生产，怎样保证我们的产品质量，有诸多的问题。因为我们是一个新的疫苗企业，很多员工都缺少大规模生产的经验，所以产业化这一块，我说是一个困难，实际上是一堆的困难。怎么样在最短的时间里把厂建好、把工艺放大，我们从实验室的几升几十升，规模扩大到上百升上千升，能够一批生产几万剂到几百万剂这样的一个从量变到质变的过程，而且还要保证质量。因为大家知道疫苗是一个对于安全性、有效性要求非常高的一个产品，所以这是一系列的问题。只有我们大家目标一致、肯投入，加上这么多年实际的产业经验，让我们能够在去年通过了世界卫生组织的现场核查，今年 3 月份拿到了世界卫生组织的紧急使用授权。这也是中国第三个，而且作为一个新的企业来说，这是新的技术路线，是我们国家的唯一的一个。自新冠疫情以来，我们的生活都是叫"007"啊，从半夜到半夜，一周七天，我们白天在这边工作，晚上 8 点以后基本上都是国际会议，跟我们的临床、跟我们的合作者、跟我们的顾问开会到深夜。所以每天睡觉都在凌晨以后，一周工作 7 天的状态一直坚持到现在。有幸的是我们现在站到了国际舞台上，而且我们的吸入疫苗是现在国际上唯一的不但可以防重症，更能够阻断传播的疫苗。我们期望后续用我们的吸入疫苗，为终止大的疫情续播做出贡献。

记者：您的科研经历如此丰富，可以说您始终站在科研一线，您认为科研工作中最重要的品质是什么？

宇学峰：对于每一个搞科研的人来说，我认为有三点是非常重要的。

第一点是要客观求实，绝不能弄虚作假或主观臆断。我们在做科研的时候会制定假说，但是我们要知道，这种假说可能是正确的，也可能是错误的，所以一定要用客观的态度去判断我们的发现，要真正去发现这个真实的世界是怎么回事。举个例子，我们研究免疫通路，我们认为可能是从 A 到 B 到 C 的一个过程，但是在我们研究当中发现他不是从 A 到 B 到 C，它是从 A 到 D 甚至到 E 再回到 C。如果我们主观地坚持一定是从 A 到 B 到 C，那么可能得出来的结论就是错的。我们在实验中观察到，先到 D 到 E 再到了 C，那么我们就要研究这一条路径，为什么这样做，是不是事实。所以我认为客观求实的精神非常重要，是什么样就是什么样。对于做研究，如果我们拿出个错误的结论，或者说太执着于自己的想象，最多发一篇错的文章，但是做产品的话，如果不去客观求实，产出的产品可能是害人的，是性命攸关的，所以我觉得一定要把事情做实了。我们做出去的产品，我们心里踏踏实实，我们的质量，我们产品的效果一定要保证；否则的话，这个产品效果不好，欺骗消费者也欺骗市场。所以我觉得求实非常重要，咱们南开人的风格，也是非常扎实地把事情做好，我觉得这一点是我们南开非常好的传统，我希望大家保持下去。

第二点是要做到持之以恒。做科研，不是时时刻刻都是高光点，往往是我们有 95% 甚至 99% 的时间都是在黑暗中摸索，在困惑中度过。只有在我们找到了真理的那一刻，真正地挖到珍珠或金子的时候，我们会高兴一下，但是回过头来我们还要继续地探索，继续踏踏实实地把这个事情做下去。我们要让自己不被各种眼花缭乱的事情所打扰，要坚持自己的事情，持之以恒地做下去才会找到真经，我觉得这个是很重要的。

第三点是永远保持好奇心。我们做科研是为了探索这个世界的真理。如果我们没有一颗好奇心，做科研就成为一种负担了。俗话说"活到老，学到老"，保持好奇心，才能够不断地给我们动力，让我们持久地研究下去，这是非常重要的。

我觉得这三点，对于一个科研人员是至关重要的。我想对于我们所有人，不管是搞生物医学，还是搞物理、搞化工，在任何研究领域，我觉得这三点都是通用的。

记者：在南开生科百年之际，您对南开生科的学弟学妹们有什么寄语或期望吗？

宇学峰：我在南开十年，可以说这十年给了我非常深的烙印。无论是当学生还是当老师，南开的经历一直让我引以为傲，甚至在国外求学时，我都以我是一个南开人而感到自豪。同时我也特别关注学校的发展。不久前我还和曹雪涛校长进行了简单的交流。我们南开是一个综合性大学，有着很好的文化历史底蕴和科学探索精神。所以我希望大家在南开能够真正地领会南开的精神，能够在南开取到真经，学到真本事，能够给你们的人生有一个成功的积淀。

实际上，学习是个持续的过程，希望我们的南开学子以南开为我们的基石，从此能够让你们的事业腾飞。我觉得南开的发展，可以说有高光点，也有低谷，但是不管怎么样，我们对南开要有信心，南开传承了我们中国教育史上最辉煌的一段时期——西南联大。西南联大是我们中国教育史的一个顶峰。在那样艰难的条件下，西南联大培养出了一批世界顶尖的人才。在学校的企业家联谊会上，我做了一个报告，我说这些年我们看到了南开的发展，我们的基因里有南开的校风，带着西南联大的历史传承，西南联大的校训是刚毅坚卓，南开的校训是允公允能，如果我们把这 8 个字组合起来，贯穿到我们的人生中，我觉得我们的人生一定是成功的。

所以我想对南开的学弟学妹们说，希望你们深刻领会西南联大和南开的校训，作为我们人生的指引。希望大家一切都成功，拥有不虚度的人生，我们大家一起共勉！

采访记者：张亮辞　万紫凌

文稿撰写：张亮辞　万紫凌　禹秋成

李　青

——致力于生物、医学科技创新的领跑者

李青，男，1965 年出生，本科学历。现任中国医学科学院副院长，北京协和医学院副校长。

1982 年至 1986 年在南开大学生物系学习并获得理学学士学位。

1986 年至 1992 年在中国农业科学院作物育种栽培研究所工作，历任实习研究员和助理研究员。

1992 年至 2009 年在科技部中国生物技术发展中心工作，历任基因与细胞工程处（"863 计划"生物技术领域办公室）干部、高技术一处副处长、政策协调处处长、产业发展处处长。2006 年至 2009 年挂职担任天津市科学技术委员会主任助理。2010 年至 2019 年担任国家卫生健康委医药卫生科技发展研究中心主任。2019 年至今任中国医学科学院副院长、北京协和医学院副校长。

长期从事国家科技计划的项目管理。参与了《2006—2020 国家中长期科学和技术发展规划纲要》和"十二五""十三五"国家战略性新兴产业规划编制，参与了人类遗传资源管理、干细胞研究的生物伦理指导原则、转基因生物安全等方面的法律法规制定。参与或主持了国家人类基因组研究中心、国家生物芯片工程中心、国家转基因植物研究中心、天津国际生物医药联合研究院等科研和产业化基地的组建和运行。完成了医药卫生领域国家科技计划管理专业机构改建，完成重大新药创制、传染病防治、精准医学和出生缺陷防控等国家重大科技专项和重点研发计划"十三五"的课题立项和项目管理。作为主要执笔人编制了《中国生物技术发展报告》（2002—2006 年），在《中国生物工程杂志》《中国农业年鉴》《中国高技术发展报告》发表文章 10 余篇。

先后担任中华医学会医学科研管理分会常务理事、中国药理学会常务理事、中国生物工程学会常务理事、全国卫生产业企业管理协会常务理事兼医院智能化系统建设分会会长、国家战略性新兴产业发展专家委员会委员、《中华医学科研管理杂志》副主编等。

记者：请您谈谈在南开求学期间，对您产生重大影响的人和事，以及您觉得在南开求学最大的收获是什么？

李青：我是 1982 年考入南开大学生物系的，读的是植物生理学专业，在南开完成了本科学习，1986 年从南开毕业。

在南开印象比较深的一位是我入学时的系主任崔澂，他当时是生物系的系主任兼任分子生物学研究所所长，是我国植物生理学界的泰斗级人物。植物激素主要有五大类，而他是细胞分裂素的主要发现者之一，和钱学森等人算是一个辈分的人，都是从美国回来的。第二位是当时生物系最年轻的教授、遗传学专业的陈瑞阳老师，主要从事小麦的遗传研究，当时才四十多岁就已经是教授了。再就是我本专业的老师们，为我求学钻研打下了扎实的根基。

在南开期间最重要的收获就是自我学习的能力。从南开毕业后的第二年，我被派到边疆去支援边疆教育，那时我教高中数学，发现高中一学期就只学那么薄的一本书，而这在大学一星期就学完了。所以在大学最重要的收获就是自我学习能力的培养和锻炼。当时国门刚刚打开，很多方面都是学习西方模式的，我当时印象最深的就是，美国哈佛大学每门课都是开学第一节课人最多，学生们在得到老师这门课的教学大纲和参考书目录后，就去图书馆自学了。可能是受这些影响，有超过一半的课我可能不会从头听到尾，很多都是自学的。所以大学四年对我来说就是自我学习能力的提升，这种自我学习的能力让我终身受益，也使我能够走到今天这个位置。

记者：您做生物相关工作的缘起是什么？

李青：考大学时很想学医，我的高考成绩本来可以上北大医学部。但当时医学院校身体检查很严格，我先天性眼睛不太好，担心无法通过，所以就想学个类似的专业。1982 年正是生物热兴起的时候，当时都说"21世纪是生命科学的世纪"，南开大学生物系的招生分数是最高的。因为我是北京人，想去外面闯一闯，父母又不想让我走太远，所以报考了南开生物系。

记者：了解到您之前在中国农业科学院从事作物育种相关研究，后来又先后在生物技术发展中心、卫健委工作，涉及生物相关多个领域，您能否结合您的丰富经历，谈谈这些工作各有什么特点，从事这些工作需要具备哪些能力？

李青：我从南开本科毕业后本来是考研的，并且已经考上了。但是在面试的时候，老师认为我身体有点不适合从事相关研究，最终没有录取我，于是我就工作了。我的第一份工作是在中国农业科学院从事小麦生理的研究，1992 年被调到当时的国家科委（现在的科技部），在生物技术发展中心负责"863 计划"的管理工作，并在这里工作了 17 年。也就是在这里，我从科研工作转为管理工作，从普通干部一直成长为副处长、处长。2010 年我被调任到卫生部科技发展中心担任主任，在这里工作了 9 年半。2019 年 7 月，我被调任到中国医学科学院北京协和医学院当副院校长。综观整个工作经历，我研究过小麦、大豆生化育种等，然后又管"863 计划"，一开始是管农业方面，主要是转基因植物、杂交水稻、生物技术肥料、生物制造等，后来去卫生部，主要从事医药卫生科技方面的管理，管过国家创新药重大专项、传染病专项等，现在又当副校长，之所以能够胜任这些工作，靠的就是我当年在南开大学学到的专业基础知识，还有母校培养锻炼的自我学习能力。虽然我大部分时间从事的是管理工作，但始终没有脱离生物这个专业，接触的一直都是这个圈子里的人。如果说原来从事科研时，我所在的课题组只是很小的、不算顶尖的课题组，但是后来管"863 计划"时，我接触的都是顶尖的人才和科研项目，这对眼界的开拓是非常重要的。我也常和别人交流一个想法，如果你想在学术道路上有所造诣和收获的话，不妨找机会到科技部、自然基金委这样的顶级科研管理部门工作一两年，听几次该领域最顶尖科学家的汇报，这可以说是胜读十年书的。因为能到这个位置上的人，一定是国家顶级科学家，你一定能从他们那里学到东西。当然还有一个区别就是，我从没想着走上仕途，还是没有脱离这个专业，能继续享受与顶尖科学家交流的快乐。但同时，虽然我了解的知识面很宽，却鲜有机会能在某一领域深入研究，这也是我的一个遗憾。

记者：您目前的主要研究方向是医学科技创新政策与项目管理、成果转化与健康产业发展，请您谈谈成果转化如何实现？创新政策和项目管理怎样更好地发挥作用？

李青：这几十年来，生物的热潮一直没有衰减，但我发现有些事比想象中更快，有些却更慢。类似 DNA 双螺旋结构的发现和中心法则、三羧酸循环的建立等基础科学的突破或颠覆性、开创性的进展非常慢。20 世纪50 年代的人可能会学不懂 80 年代的生物书，但让 80 年代的人读现在的生物书不会太困难。近年来，虽然有组学、基因编辑等的突破，但没有基本原理的突破和激动人心的进展。而比想象中更快的是多学科的融合，生命科学、生物技术、医学科技等的内涵，相较于十年前有了很大变化。尤其是信息科技的飞速发展、大数据时代的到来、数据的分析和提取能力指数增长，对生物多发展有很大影响。比如，从 1990 年到 2005 年，完成一个人的全基因组测序的成本由 30 亿美金降到了 10 万美金，再到现在的 1000美金。这种指数式的发展，不是生物学本身的突飞猛进，而是沾了信息科学的光。目前，我们对遗传信息的解读依然云里雾里。肿瘤相关基因已经发现了好几百种，但我们依然没有得到类似应对细菌感染的抗生素这样的重磅"炸弹"。从科研成果到应用转化真不是一朝一夕的事。同学们可以读读《人类简史》《时间简史》《未来简史》这个系列的书，里面有一种观点是，生物科技可能改变人类社会。人类的每个个体在生物学上是平等的，皇帝和乞丐会经历一样的生老病死，但白蚁、蜜蜂等并不如此，蜂王、蜂后、工蜂的生理结构完全不同。人的生命是最珍贵的，有钱人会不计代价地寻求健康长寿之法，而如果真的实现了，这将有可能加剧人类社会的两极分化，使得人类的阶级差距从简单的政治、经济地位扩大到生物学的范畴。也就是说，有钱有势的人和他们的后代可能会越来越聪明、漂亮，而没钱没势的人可能就变成"蝼蚁"了。这是一位历史学家的看法，如果从哲学的角度考虑，生物科学也可能是一门能改变人类社会的科学。从现实的角度来看，成果转化很热门，但从整体上看，这只是利用资源和信息不对称所带来的机会，追求商业上的成功，而非解决整体的问题。比如现在的精准医学，我总调侃向我汇报的人有"三板斧"：建队列、建样本库、建信息平台；只要是搞和医学相关的研究，都离不开这三招。钱不少花，但能解决什么呢？就像现在搞组学，能知道的知识都已经研究清楚了，而未知的没法研究。就像面对复杂的生命科学，我们能转化的可能只是沧海一粟，有些可能是解决问题的诀窍，但有些可能只是局部的一个小浪花而已。

记者：您在这么多年的职业生涯中遇到过哪些挫折和困难？是什么让您一直坚守初心？

李青：不管是科研工作、管理工作以及现在的学术部门，我这么多年从事过很多种工作，但也没有完全脱离生物科学的主线。我确实总想在这个专业上做出些事情，虽然没有机会做出太大成绩，但管着国家的钱，我总是想经我的手能把一些成果转化、产业化，但囿于机会和身份等很多原因，一直没能扎下来做些具体的实践。但这么多年，不论是直接参与还是间接帮忙，我也没少和这些事发生关联。我一直从事管理工作，但不觉得自己在走仕途，所以最大的初心还是从自己所学专业的角度去做出成就。

至于挫折，我命运最大的分水岭大概是研究生面试失败，也来不及转到其他地方。另一个是到农科院工作之后，换了课题组，科研方向和科研内容都没能达到我的预期，想再考研但又去支边。第三次挫折便是想要出国却没能联系上机会。

但在我看来，长期从事管理工作的收获远远大于挫折。当时调到卫生部科技中心，我完全没想过能当多大的官，能在业内有多大影响，觉得这就是一份工作，到今天也是一步一步走过来的。实际上，后来挫折也就没那么多了。

记者：结合您的工作经历，请您向生物专业的大学生的职业生涯规划提些建议。

李青：生物是个纯理科的专业，既窄也宽，我上学时是热门，但前两年变成了冷门，现在对生物科学的设想和前几十年有比较大的偏差。生命科学没有发展成独立的专业，而是渗透到农业、医药、工业制造、环境保护等不同的应用领域去了。生物研究这个方向很窄，但能源、医药、环保等都离不开生物科学。同学们要打好生物科学的专业基础，现在越来越鼓励跨专业和学科交叉，将来大家无论深造还是就业，不妨眼光远一点、胆子大一点、思想解放一点，不一定非要死守大学所学的。我大学时学的是植物生理，但后来一直在做医药相关的工作。我总是和别人开玩笑，说我是农民出身，现在混到大夫圈里了。所以，我们学生物的同学，如果没有从事科研的机会和条件（科研工作对个人品质的要求很高），不妨拓展到农业、医药等应用领域，一定会有你独特的优势。比如这几年北京协和医学院的"4+4"临床医学试验班，就是从国内外顶尖大学招收优秀的非医学专业的本科毕业生，并且所学专业与医学的跨度越大越好，再经过协和的4年培养，授予医学博士学位，成为临床医生。我们的目标就是：纳爱医者学医，纳英才从医，纳多学科背景者行医。同学们应该把视野放宽一点，我们生物学的优势可以用在很多地方。

记者：您对南开生科青年学生有何寄语？

李青：希望同学们奋发努力，成长成才。我作为校友，盼望着南开再创辉煌，也希望南开的学弟学妹们能出更多的大家，这些就要靠你们了。

采访记者：郭益彤　康小曼

文稿撰写：郭益彤　康小曼　王天皓

宋林生

——矢志不移的海洋生物学专家

宋林生，研究员，博士生导师，国家杰出青年科学基金获得者。现任大连海洋大学校长。

"863 计划"海洋科学技术领域主题专家，"973 计划"项目首席科学家，科技部重点领域创新团队及农业部创新团队负责人。

主要从事海洋动物的分子遗传学、基因组学、分子免疫学以及病害防治等研究，入选国家百千万人才工程"有突出贡献中青年专家"、山东省泰山学者特聘专家、辽宁省特聘教授。

记者：宋老师您好，我们了解到您是 1983 年考入南开的，您能不能讲一讲当年高考的故事？当时为何选择了南开？

宋林生：1983 年，国家的高等教育已经恢复正常了。当时正好是改革开放的初期，全国上下形成了一种尊重劳动、尊重知识、尊重人才、尊重创造的社会风气。当年我们国家的高等教育不像现在的水平，大学生招生的数量非常有限，当时的年轻人都会有通过的努力学习来提高自己，进入大学学习的梦想。现在年轻的一代上大学的比例比较高，但当时进入大学的比例是很小的，所以当时每个人在填报自己的高考志愿时十分慎重。你们现在就读的南开大学，我心怀梦绕的母校，在国内的知名度和社会影响力是家喻户晓的。当时各种信息的交流不是特别的方便，但是在那种情况下，全国还是知道南开大学是周总理的母校，她的地位，她的学风都在国内是非常有名的。当年我在老师和长辈的鼓励和支持下，最终选择报考南开大学。在报考南开大学后，南开大学的老师十分热心，在当年信息交流很不方便的情况下，把电话打到了我的高中，我十分感动，现在想起来，选择南开大学真的是今生无悔。南开大学厚重的底蕴、严谨的治学和极大的社会影响力吸引着我，让我很荣幸地成为一名南开人，我为南开感到自豪。

记者：您在南开的学习生活想必一定丰富多彩，有什么趣事儿或对您影响重大的事情可以和我们分享吗？

宋林生：我本科、硕士和博士都在南开学习，毕业之后留校当了老师，执教了几年，南开的一草一木刻在了自己的骨子和血液里。南开带给了我很多故事，我一生都难以忘记，南开园的美好萦绕在我的脑海。

刚刚考入南开时，我非常地骄傲和自豪，南开以"允公允能"作为校训，文化积淀十分厚重，在校园里接触到的世界对我影响很大。当时南开学子十分勤奋，我们的标配装扮就是书包、水壶和坐垫，让我印象最深刻的就是晚上挨个教室寻找自习座位，晚上吃完饭后第一件事就是看看教室门外的课表，确认哪个教室晚上没课，用坐垫占座，去得稍微晚一点，就没有位置上自习了。南开的业余活动也是非常丰富的，当年我们的周末只有一天，周六下午基本上不排课，我都会去操场运动，当年的操场还是土操场，那片土操场给我留下了非常美好的记忆。当时体育馆后方还有一个湖，冬天的时候学校会在那里开设滑冰课，我出生在河南，是南开教会了我滑冰。南开的"允公允能，日新月异"体现在各个方面，留在我记忆中的美好太多了。

记者：您作为在南开学习生活过十多年的老校友，曾在 2017 年 10 月再次回到南开校园。经过 20 多年，您感觉南开、南开生科院有什么变化和发展？

宋林生：一方面，南开大学的大楼变化非常大，但是光有大楼还不能叫大学，还有一批大师。给我感触最深的就是这两个方面——大楼和大师。1983 年的时候，生科院还只有四教一栋楼，在四教和实验楼间一片小平房，是生科院的办公室。当时我赶上了生物楼的建设，生物楼的设施和当时生科院的大楼相比，发生了翻天覆地的变化，从那开始，南开大学的一栋栋大楼平地而起，无论是科研教学还是同学们的生活起居，都有了翻天覆地的变化。教学和科研的设备设施发生了根本性的变化，南开大学培养出了一批又一批的大师，同时也创造出了一个又一个科技成果。我回到学院后也见到了很多原来的老师们，很多老师在国内的相关领域都成为知名的学者，尤其是曹校长和饶校长的到来，给生命科学学院带来了卓越的变化。南开培养出来的毕业生在社会上取得了广泛的好评，在各个领域发挥着重要的作用，这是南开得以长青，得以蒸蒸日上的根本。

记者：您从南开毕业，已经三十几年了，可以请您简单向我们讲讲毕业至今的工作经历吗？

我们了解到您现在在大连海洋大学工作。海洋是一个广阔而神奇的地方，是什么驱动着您选择了海洋科学这一研究领域呢？

宋林生：毕业后很荣幸能够在南开留校任教，为母校做贡献，在科研、教学等方面也承担了许多任务，进一步得到了锻炼。1995 年，国家对海洋方面逐渐重视起来（也是现在"建设海洋强国"的起源）。当时的海洋生物学，与陆地生物学、人类医学等分支相比，仍有着比较大的差距。当时觉得，应该把自己在生命科学领域学到的知识尽快应用起来。适逢南开校友、时任中科院海洋所所长来到母校，寻求人才方面的交流合作。我想，应该把现代生物学技术应用到海洋生物学中去。我的博士生导师是当时的生科院院长、南开教务长张自立老师，听说南开校友有这方面诉求，就推荐我去了中科院海洋所，从事海洋生物方面的研究。这一去青岛，就待了二十多年，从一个"旱鸭子"开始下海（笑）。刚开始的时候，有人调侃说，我连对虾的雌雄都分不清。毕竟，这是个全新的领域。好在生命科学都是相通的，无非是实验对象、材料的不同。于是我就发扬了南开精神，运用南开教给我的东西，不断地去学习、去适应，提高自己、丰富自己，很快就适应了工作岗位。在海洋所，主要从事遗传学、免疫学、水产养殖、病害防控等相关工作。

到了 2015 年，有感于自己在科研工作中的体会和积累，想到了我们国家对于海洋人才的需求。当时，辽宁的大连海洋大学在领军人才方面也比较匮乏，到中科院来寻求人才交流。于是 2015 年就从中国科学院来到了大连海洋大学，继续从事海洋生物相关研究，当然也多了一份教学、管理的任务。其实在科学院的时候也有教学任务，不过主要是研究生教学。而到了大学，很大一部分精力就放在了人才培养方面。科技创新和科研工作虽说也没有丢下，但多少会受一些影响。可以说，母校赋予我的这种"允公允能，日新月异"的"基因"，这种精神一直支撑着自己。不管做什么事情，都要把它干好，干到"日新月异"。现在在大连海洋大学工作，也算是找到了自己回归学校的初衷，就是立德树人，为党育人，为国育才，这也算是我自己的一种使命吧。整个的工作经历就是这样，时刻不忘南开烙在自己心里的印记，一直想着"允公允能"，为母校争光。

记者：我们了解到，您曾多次承担重大研究课题的主持工作。作为本科生，我们很多同学正在进行大学生创新创业训练。可以请您向本科生们分享一下担任项目"领头人"的经验和心得吗？

宋林生：在青岛，在科学院的时候，工作重心都放在科研上，到了大连后，也还是有相当一部分精力投入科研，就像你们了解的，前后也承担了一系列重大课题。之前我们国家搞"863 计划""973 计划"的时候，我从"十五"开始，就一直在"863 计划"的专家组里，然后也担任了"973 计划"项目的首席科学家。现在我们国家的科研管理制度有所改变，叫重点研发项目了。我除了承担课题之外，在科技部三个专项重点研发项目作为首席专家组成员，也参与了一些国家重大项目从早期孕养规划，到实施、中期评估、验收等一系列工作。

进入"十四五"之后，农业领域产业技术体系做了调整，我也担任我国现代农业产业技术体系的首席科学家。这些说起来是个名头、岗位、称呼，其实它们背后是一份责任，是一份国家的需求。所以这一路走来的体会，想跟你们年轻人分享的就是：心中得有一些信念，有一些追求。把自己的所学，自己的能力，时刻记着为人民谋幸福、为民族谋复兴、为世界谋大同，解决我们的国家和人民关心的问题。这样的话，你们的价值、能力，才会得到真正的体现。所谓的"国之大者"，就是心里要装着人民，急国家所急，急人民所急。

这些重大项目，都是我们前期从产业也好，从人民需求也好，总结和凝练出来的，肯定都是急需的东西。只有把这些记在心里，作为奋斗方向、奋斗目标，各项工作才能做好，尤其是做科研。母校教我们"日新月异"，所以一定要从我们所从事领域的前沿去勇攀高峰，同时面对国家经济社会发展"卡脖子"的理论和技术（即经济主战场）。尤其是我们学生命科学的，更应该记住人民的福祉，关心人民的生命健康。只有这样把所学和能力与人民、国家、民族结合起来，才不负使命和担当。这些年，不管是国家委托的"竞争性"重大科研项目还是其他项目，我一直秉持着这种态度。

知识也好，能力也罢，都是党培养出来的，有了这份能力，才能为人民、为国家、为民族做些事情，要把这一逻辑理顺了。不是说做了首席做了领头人就怎么样，都是在做贡献，这个逻辑对年轻人应该也是适用的。能力小说源于父母，大说源于党、源于国家，应该学会"反哺"，拿来报国，学会感恩。有了这种想法，你们就不会想着"躺平"了，而是会觉得每天非常充实，时间都不够用。这算是我这个"过来人"跟年轻人共勉的一点体会吧。

记者：科研难免会经历反复和困难，在您长时间的科研工作中有没有遭遇过令您难忘的困难？如果有的话，又是什么能使您一路坚持下来呢？学长有什么可以分享给我们的经验吗？

宋林生：我想，不只是做科研，干任何事情都会遇到困难和失败。年轻时如果能有很好的培养和历练，形成一种品质，面对困难的时候就会坚韧而从容了。还是从我自己说起吧。改革开放刚开始的时候，都把出国当成"好出路"，因为好多东西见都没见过。不只是国家领导人出国考察看人家的航母，我们这些做科研的也一样，之前哪能见到那些先进的仪器设备。在南开期间，大概1990年之前吧，国家整体的科研都处在一个非常落后的水平。我做博士论文的时候非常幸运，南开在20世纪80年代，通过向世界银行贷款买了一批好的设备。我的博士论文是染色体的超微结构，用的是电子显微镜，这在当时是非常"奢侈"的，"南开有电镜"是很有名的。我是做细胞遗传学，借助"电镜"研究染色体的高级结构。所以要说遇到什么困难，更多的还是科研条件的限制，这也是没办法的事儿，不是说我们不想去做，实在是有时候受到的制约太大了。

我回到学院后，看到我们各种设备都已经武装到牙齿了，当年想要个"超速离心机"来纯化分离东西都没处找。真正全身心投入科研是1995年到科学院之后，当时在科学院也留下了很多传说，说我是我们所少有的"晕在实验台子上的人"（笑），晚上也不睡觉，白天黑夜连轴转。要说困难，其实还是科研设备、科研投入两方面，2000年之前我们中国人做科研就是靠着我们的聪明智慧。这是当年做科研最大的困难，很多设备都得我们亲手去做。你们应该都做过电泳了，我当时可是能工巧匠，电泳槽、上面的梳子都是我自己做的，有机玻璃的锯末用氯仿溶一溶还能再粘起来，很漂亮。所以，只要有兴趣，这些都不是困难。

说到科研，科研中出现的失败，这都是在所难免的。我们生命科学和材料等工科，与其他需要很好的逻辑思维的学科不太一样，只要你付出，总是会有结果的。我们主要是去发现，而不是论证什么。所以，如果出现了失败，那应该是操作的问题，或是实验本身没有设计好，这样的故事太多了。一次不行，就再来一次呗。生命科学的展示，往往是需要好的结果的，那么在拿到好的结果之前，就需要精益求精。你们现在还没有真正地做科研，这里面的酸甜苦辣多得很，涉足之后就会发现，没有最好，只有更好。即使跑一个电泳，跑完觉得哪里不满意都想再跑一次。当然，也有很多的乐趣在里面，包括很多 PAGE 胶跑出很漂亮的图片，简直跟艺术一样。其中有许多的喜怒哀乐，其魅力也在于此。

所以面对挫折能经受，面对困难不畏惧，面对失败别害怕。你们现在还处在成长阶段，自己心里有坚守，有喜好，有追求，一切问题都会迎刃而解。摔倒了，就再爬起来，这样下去，目标一定会实现。

记者：您从事科研工作三十多年，作为我们的老学长，能不能给我们和其他生物专业的同学指导一下，我们在学习中最重要、最不可或缺的特质有什么？

宋林生：对一个过来人说，因为岁月无情、人生百年，总要有一个谢幕的时候，如果从自己的成长或自己工作一路走来之后的一份坚守到底是什么，回归到原点的话，应该是因为理想和信念，就是你的人生目标到底是什么，尤其我们学生命科学。

人各有志，格局有大有小，目标有高有低。如果说就是为了一份比较优越的、比较舒适的物质生活，我觉得也无可厚非，如何去实现，也就是说投入和产出，你给社会创造多少，社会就给你反馈多少。但是这种满足有时候非常容易就能达到，所以你在学习生活中的动力也是有限的。如果你把自己的理想和信念放在自己的父母身上，让父母也过上好日子，那这个责任和使命就会更重大一些。如果你把你的目标和理想放在为人民、为一个行业，心系整个国家，为的是国家乃至全人类，那身上担的东西就更不一样了，你在学习成长过程中的动力就更不一样了。

对年轻人来说，我们平时写作文口口声声说我们要志存高远，这句话说起来很容易，也很容易写，但要真正地把它确立为目标，作为世界观和人生观的话有时候还真的需要我们静下心来认真思考。如果我今天考第一就是为了吸引那个女孩的注意，我今天拿了三好学生就是为了让父母夸夸我，这样的格局和目标都太具体或者说太近。如果想实现自己的人生价值的话，那一定得想我创造的东西能满足社会的需要，能满足我们国家各种发展的需要，我想这样对我们平时的学习甚至将来工作中遇上很多情况就完全不一样了。所以，我说南开之所以有今天的南开，正是由于有这种"允公允能"的积淀在指引着我们，也是能够让我们南开一直辉煌的根本所在。就是心里不能只想着自己，一定要把自己的格局打开，我想这可能对我们年轻人来说，尤其是现在你的格局越大，你的理想信念、追求的目标越高，平时学习的状态就会不同，那么将来对社会所能做出的贡献也就会不一样。

志存高远不是一句空话，所以大家静下心想一想的话，实际上就这么简单。我们敬爱的周总理说的"为中华之崛起而读书"，我们也应该这么做。2035 年的目标，我们要怎么实现；中华民族的伟大复兴，要等到什么时候。如果把这些当作自己身上的责任和使命的话，那就行了，就不怕学数学、学生化等一些比较难的学科。所以，我想摆在第一位的还是自己的追求、理想以及信念，这样的话我们尤其是年轻人对社会做出的贡献，令我们国家和社会的发展所给我们提出的一些需求和期待也能够吻合起来了。

记者：都说"21 世纪是生命科学的世纪"，您对我们 21 世纪的南开生科青年学子有何寄语？

宋林生：当年我选南开的生命科学专业也是受到了这句话的影响。记得我们当年考大学的时候，所有的综合性院校都有生命科学专业，而生命科学专业的录取分数也是最高的，不含糊地说，你们学长我当初去了南开生科院就发现大家的分数都是最高的。开玩笑地说，当时南开中学前几名应该都来咱们生科院了。

当然这句话本身我觉得是没什么问题的，但是和实际是否能吻合得上这个我们还要商榷。就像发达国家现在发展太空一样，欠发达国家要进行有关的研究是不现实的。我们国家，就像我现在做海洋有关的项目，我们有能力去马里亚纳海沟了，但是对于不发达国家而言就难以实现，所以我想生命科学现在面临的问题也是一样的。当年我们说"21世纪是生命科学的世纪"是一点没错的，因为我们人类是这颗星球的主宰，生命活动是最复杂的运动，生命科学是奥秘无穷的，有太多未知需要我们去解开。如果从科学发展的角度来说，生命科学确实是悬而未决的东西太多了，也关乎我们人类的健康，随着科学技术的发展，人们把精力放在生命科学上，这是非常合理的。但是如果从物质层面，从经济社会发展的角度来考虑可能就不见得了。我们当年学生命科学的学生，如果是按照分配工作来考虑，可能确实体现不出生命科学的重要性。

当然西方国家的生物产业经过了从工业革命后一百年的发展，比我们要快很多，他们对生命科学人才的需求不一样。而放眼我们的生物产业，除了种植业都不是特别发达。这也是为什么很多人说何时从IT转到BT，即从信息技术转到生物技术，我想这个转变早晚有一天能够来到。

从科学的角度来说，每年《科学》（Science）评全球的十大科技进展，涉及的十项中生命科学一般都在七项左右，所以生命科学是当之无愧21世纪的科学。但是讨论科技发展带给我们生产生活的变化，生命科学的作用也是在慢慢地凸显的。如果在改革开放初讨论生物产业的发展是不现实的，能称为生物产业的只有养殖种植业了，我大学学习的微生物专业，但要说与产业有关，可能也就是生产一些调味品了。但是现在随着我们科技的自立自强，我们庞大的人口的卫生健康、衣食住行都要靠生物科学来提供保障，所以从这个角度看21世纪确实是生命科学的世纪，有很大的前景。但是经济社会发展对我们的诉求和生命科学发挥的作用之间还没有达到一致，所以发展还未能高速进行，在我们国家伟大复兴的过程中，生命科学肯定会发挥重要的作用。

在这个时候我们选择生命科学专业，也不必要只以毕业后可能得到的薪酬为标准，要确立自己远大的理想信念。我相信随着我国国力的增强，人民物质文化生活的发展，生命科学的作用会越来越大，所以我们就业的机会等都会得到发挥的，这是毋庸置疑的。简单举例，就像新冠疫苗，药店里的具有自主产权的药物表明现在还不足以支撑生物技术（BT）的发展，也对生命科学的学生是一种挑战，要实现生命科学技术的自立自强，是任重道远的。随着我们自主的技术成果的发展，我们自主的BT产业也会不断涌现，对你们也是一种机遇。所以从各个方面考虑，21世纪也确实是生命科学的世纪。

允公允能，日新月异。最后祝福南开生科院 100 周年，也希望你们为民族复兴做出更大的贡献，涌现出更多优秀的南开人，为南开增光添彩！

采访记者：齐堃锐　刘骁昂　栾立业

文稿撰写：齐堃锐　刘骁昂　栾立业　禹秋成

刘玉乐

——致力于植物病虫害研究的科学家"卫士"

刘玉乐，博士，清华大学教授，博士生导师。主要研究方向为植物抗病毒免疫、植物病毒病理、植物细胞自噬。

1988 年本科毕业于南开大学生物化学专业，1990—1992 年硕士毕业于北京中国科学院微生物学研究所，1994—1997 年为中国科学院微生物学研究所与英国苏格兰作物研究所联合培养博士。

1988 年至 1998 年任北京中国科学院微生物学研究所实习、助理、副研究员、研究员；1995 年至 1996 年英国苏格兰作物研究所访问学者；1998—1999 年美国得克萨斯大学奥斯丁分校博士后，1999—2002 年美国耶鲁大学博士后。2002 年至 2006 年美国耶鲁大学 Associate Research Scientist，2007 年至今清华大学教授。

1997 年中国科学院青年科学家奖获得者，2007 年清华大学"百名人才引进计划"责任教授，同年获得国家杰出青年科学基金。

记者：今年是 2022 年，距您考入南开大学已过了 30 余年，您还记得当年高考是什么情景吗？您为什么选择南开大学？

刘玉乐：南开大学是周总理的母校，在我们高考那个年代，是非常好的大学，现在也是如此。在北方是最好的大学之一，实际上在我老家河北省，当年南开大学录取分数比北大还高 10 分，非常厉害。除了南开大学是比较好的学校以外，我也很喜欢南开的生化专业，于是我就填报了南开。

记者：听起来您与南开的缘分是很深的。在南开求学期间，有什么事情给您留下了深刻的印象？

刘玉乐：这样的事情还是挺多的。比方说我们的辅导员冯小品老师，印象最深的是她特别关心学生，包括学习与生活各个方面等，对我们每个学生都是这样。

另外有一件事情是关于我自己的，当时我们宿舍是 8 个人一间，估计现在条件已大幅改善，和那时不一样了，我们在集体生活中学会与同学们相处，我觉得这是很关键的一个阶段，对我自己也挺重要的。

记者：我们很好奇，当年的微生物学是什么样的？在南开求学是什么契机吸引您选择微生物学作为最开始的研究方向？

刘玉乐：实际上最初我学的是生物化学，后来才走上学习微生物的道路，现在做病毒学。可以说是一个机缘巧合吧，因为微生物一直是整个生命科学的生长点，好多重要的发现都是从微生物研究中得出的。再讲到我现在所做有关病毒的研究，正如我们都知道的那样，病毒的复制等都在寄主的细胞中进行的，都依赖于寄主的生命活动，大多时候都遵循寄主正常系统中的规律，病毒基因组很小，研究起来比较容易突破。

另外一项我自己在做植物和病毒相互作用的相关研究，因为植物病毒引起的病害在农业领域中是非常重要的，病毒学研究也是生命科学的前沿，所以既有应用价值，又有理论价值，两方面结合在一起，所以我就学了病毒学，特别是植物病毒学，在当时就是这样的一个想法。

记者：这个工作听起来挺有意思、也挺有意义的。那您在毕业之后为什么选择成为一名教师？其中有没有发生什么有趣的故事？

刘玉乐：我大学毕业后，去了中科院微生物所，这一时期对我是一个重要的研究经历，后来我前往美国留学，在留学以后就有一个选择。当然大学和研究机构各有各的好处，如果选择去做一名教师，就不仅要做好科研，教书育人也很重要。

现在随着自己年龄增大，希望自己的研究有传承，我觉得这是多方面的，包括本科生和研究生教育。希望自己的事业让学生可以学到。就科研方面而言，在大学和研究所并没有太大的区别，都有学生，都有人做，都可以为国家做一些事情。在这方面没有需要特别做出抉择的，不会说一定要去大学或者研究机构，这两个对我来说都一样，都很好。我在大学也是教师，在研究机构也一样是。

记者：听了您的经历，我觉得您应该也是受到了我们南开的校训和爱国主义的熏陶。我们知道您在这些年的科研中取得了很多的成果，那么哪一个是使您最有获得感的？这种获得感是来自取得这项成果过程中的自我提升，还是这项成果本身带来的自豪，抑或其他方面？

刘玉乐：作为一名科研工作者，取得科研成果本身，就可以给我带来获得感，如果做得比较好的话，科研过程也是一种自我满足。实际上对我个人而言，我觉得还有一些工作，可以算得上能够影响研究的领域，举个例子，我们在国外或者国内发展了一些工具，比如病毒诱导的基因沉默载体，利用病毒作为工具研究植物基因的功能，这类病毒载体系统已经在世界范围内广泛应用，这就非常好。

我们有的发现也影响整个领域。比如我们第一次把细胞自噬与植物抗病和细胞死亡联系在一起，后来发现细胞自噬是一个新的抗病毒机制，是一个新的降解叶片淀粉的机制，这些是一个比较重要的发现。在这方面，我就觉得自己做的东西不但能影响自己所在的领域，也可以对与自己没有那么相关的领域带来影响，觉得自己做的这些事情还是不错的，很有自豪感，因为发现自己做的东西有意义。

记者：科研之路艰辛且漫长。许多年轻人因为一段时间的付出没有结果，最终放弃了科研这条道路。请问您是如何看待科研中付出和收获的关系？

刘玉乐：一般来说，这肯定要作平衡。对我个人来说，因为自己早年比较幸运就一直坚持下来。我也像大部分人一样，刚开始不知道干什么，比较迷茫，但在做科研的过程中如果刚开始可以做出一些东西的话，这个东西小一点也没有问题，就像前面说到的获得感，会觉得自己确实做了一些事情，就可以正反馈，就是付出了，也得到了回报，这样的话一直做下去就会越来越有兴趣，就会一直走下去。但是如果努力很长时间也没有获得什么，我觉得大部分人还是会放弃。当然这个时间不能太短，短时间内没有成绩就放弃，这是不合适的。

记者：您觉得在科研探索中，南开精神对您有什么帮助？

刘玉乐：我觉得我们南开的校风是比较低调、比较务实。南开学生都是比较低调，比较务实，比较努力，这非常好。但是在某种程度上有个缺点，可以说是正反两方面。但南开确实对我影响非常深刻，主要是做事第一位，这一点也是很好的。

记者：老师您的意思是在务实的同时，我们也需要学会向大家展现自己，对吧？

刘玉乐：对，应当是这样。在南开这样务实和低调做事的基础之上还要表现自己，要把自己的东西，自己的成果展示出去，这样的话会更好。

记者：那您认为想要成为一名生命科学领域优秀的科研工作者需要具备什么样的素质？

刘玉乐：对生命科学来说，努力应该是第一位，如果努力的话，自然可以做出成果。因为我想我们大部分南开的学生智力足够了，只要持之以恒地努力下去，一定会成功。对大部分学生都是这样，我相信这一点。

记者：这些素质在您南开求学中有没有受到同窗或者师长的激励使您坚持下去？

刘玉乐：确实是这样，南开大学有很多在各个领域很有名的老师，我觉得以他们为榜样，就可以帮助我们坚持下去，我们跟他们学，希望成为他们这样的人，这就是一个很重要的方面。

再说到坚持，把南开的这个务实先做下去，只要不懈地努力，一般都会成功。

记者：但现在很多学生抱怨自己的生活非常枯燥，没有价值，感觉自己的生活没有意义。请问您觉得我们应该如何平衡科研和生活的关系？

刘玉乐：这个现象确实存在，我觉得可能是一个认识上的问题。很多人可能会认为，他做的东西没有意思，在短期内可能看不到意义，但做下去从长期看可能就有意义，比如很多基础理论研究，他做的东西可能不会马上得到应用，而从长期来看可能会对这一领域产生巨大影响。

另外还有一个问题是他做的事情，如果正经做事业或做研究，抑或做其他事情，这些都有意义，但如果整天游手好闲肯定就不会有意义。实际上，我认为只要对个人、对国家，或者从更大范围对这个世界有一些进步，只要有，那就或多或少都有意义。但有时候有的人做的贡献更大，意义更大一点，有的只有一个小意义，但它总是有意义的，就是在实现个人价值。

记者：您说我们不管做出一些小意义还是大意义，我们能够为国家和社会做出一些贡献。我们在做出一些贡献的时候可能会用到现在发展比较迅猛的技术，比如说人工智能与大数据，它们在生命科学领域中也得到了越来越多的应用。请问您是如何看待新技术对科研所提供的帮助？

刘玉乐：新技术对科研的帮助是巨大的，实际上很多重要的发现都是技术推动的，有时候技术的进步比单纯的某一项具体的发现更加重要，不管是人工智能还是大数据或其他的一些技术，都可能为科研提供巨大的帮助，甚至能带来革命性的变化。

记者：比如说在您目前的研究领域，有了人工智能技术的帮助，那对您现在的工作能够起到一个什么样的作用呢？

刘玉乐：比方说，以前我们做基础研究，会涉及两个蛋白之间的互作，希望找到不互作的蛋白突变体，现在就可以利用大数据阿尔法折叠做结构预测，它背后就是用大数据、人工智能做支撑，它可能很快地找到不互作的蛋白突变体位点，用于研究两个蛋白质互作的生物学意义，这十分快捷。但如果使用经典的实验方法，你可能需要花很长时间才能够找到。阿尔法折叠这样的技术可以先帮助你预测，预测以后你可以直接试验验证，这样很快就可以找到，节省很多时间。这仅仅是一方面，总之技术可以说是非常重要的。

记者：老师您觉得新技术的发展会给科研人员带来更多的机会，还是会造成一些科研人员的失业？

刘玉乐：应该机会更多，因为新技术会带来更高的平台，但如果你因循守旧、继续做一些旧的东西，可能就被淘汰。在生命科学这个领域，站在新技术基础之上，你应该会获得更多的机会，获得更大的成就，实际上帮助更大。

记者：百年来，生命科学的发展离不开每一位像您一样无私奉献的学者。其中有不少和您一样与南开结缘。今年是南开大学生命科学学院百年院庆，请问您对南开生物学科的发展有什么期待?对生科学子，您的学弟学妹有什么嘱托或希冀?

刘玉乐：我作为生命科学学院的学生，希望南开生命科学做得越来越好，在国内可以有大的提升。我希望南开能培养更多更好的学生，广纳贤才，希望南开变得越来越好。

好，谢谢老师，谢谢您的寄语。就像您说的那样，希望我们能够涌现出越来越多像您一样的学者，在生命科学的领域深耕不辍，为我国生命科学的发展做出贡献。再次感谢您能接受我们的采访，祝您身体健康，科研顺利。

采访记者：潘润锋　李响　哈秉均
文稿撰写：潘润锋 李响　哈秉均　禹秋成

张泽民

——坚持学习、精益求精的生物信息学家

张泽民博士，国家高层次人才项目北京大学生物医学前沿创新中心（BIOPIC）主任、北京大学生命科学学院终身讲席教授。2014 年加入北京大学以前就任美国基因泰克近 17 年，负责生物信息学和癌症基因组学研究，挖掘抗癌靶点。他的实验室目前致力于用前沿的基因组学和生物信息学技术来解决癌症生物学中的核心问题，包括应用单细胞测序技术来研究肿瘤微环境、在单细胞水平研究肿瘤免疫以及各种细胞成分对肿瘤功能和药敏的影响。由他领导的肿瘤免疫微环境研究获得了 2021 年北京市自然科学一等奖。他担任国家卫健委精准医学研究重点专项首席科学家，承担了国家自然科学基金重点和重大项目，现任国自然重大研究计划指导组专家成员。他也是几个国际顶尖杂志（Cell，Cancer Cell & Cell Research）的编委。

记者：您当初选择南开生物读本科的原因是什么？在南开四年，有没有对您产生过重大影响的事情？

张泽民：我们都认定"21 世纪是生命科学的世纪"，我的数理化成绩还不错，对生物学也有一定的兴趣和向往，所以就决定报考生物。南开是很不错的一个学校，我觉得非常幸运去到南开大学。至于对我影响比较大的事情，其实很难说是哪一件，而是南开生物的四年对学生都会产生很重要的影响，它决定了一个人的为人处世，决定了个人的事业目标、未来的朋友圈等。从整体上讲，我觉得南开的风格之一就是低调务实，它提供了一个让大家都能静下心来做事情的环境，我们南开人都比较扎实，很少浮

躁。这是氛围的影响。另一方面，在南开只要努力就一定能做出成果，因为南开从不依靠其他的因素来左右一个人的命运。从个人的成长来讲，我是在南开开始的自我积淀的过程。在来南开之前，我虽然成绩好但自信心不足，是南开让我一直都有机会去锻炼自己、增强信心，也给了我出国交流的机会，拓宽了国际视野，这些对我的成长都是很重要的。

记者：您是在南开读书期间确立了科研志向的吗？

张泽民：是的，进入南开之前我就对生物很感兴趣，在南开的四年更加坚定了我致力于生物研究的信心。因为南开有比较纯粹的科研环境，做科研就是做科研，很少有其他分散注意力的事情，所以我在南开能够非常专注地进行科研探索，并且找到了兴趣方向和未来的事业方向。

记者：大学生活中最难得的就是良师益友，您在四年中遇到过对您的价值观塑造产生深远影响的人吗？

张泽民：的确如此，我在南开遇到了许多非常好的老师。比如我的研究生老师是当时生物学系的主任，他对事业的认真态度和对学生父爱般的关怀，让我觉得成为他的学生非常幸运。还有辅导员冯小品老师，这些老师都非常无私。当时我已经毕业，在生活水平比较高的广州培训英语，经济上有一些拮据。在给张老师写信的时候无意中透露了一点，结果他给我寄了一个月的工资，这件事情让我非常感动。现在我当老师了也会以他们为榜样，对待自己的学生。

记者：我们在查阅资料时发现，您在南开学的是遗传学，在宾夕法尼亚州立大学是在生物化学和分子生物学领域取得博士学位，之后在伯克利做 IT 训练，博士后训练又是在医学实验室完成的，在不同的阶段您在不同的领域深耕，那么在转换研究方向的时候您是否产生过犹疑呢？您是怎样一步步确定自己的研究领域呢？

张泽民：人的成长过程中会经过很多不同的阶段，但是会有一个自己非常希望有所建树的领域。刚进大学的时候我想学遗传学，想做一些近乎科学幻想的基因改造，但后来发现遗传学实际上与我想象的有所不同。也因此我曾经产生过转专业到生物医学或生物工程的想法。但系主任给我提供了很多正向的引导，也让我认识到本科专业不会固定人生方向，所以我在遗传学上坚持下来。事实证明，遗传学的研究方法确实对我一生的科研思路都有很重要的影响，现在看来当初的坚持非常重要。

我本科毕业的时候最想做的事情就是基因调控，要朝着这个方向前进，我就应该在生物化学、分子生物学上多做研究，所以去宾夕法尼亚州立大学做博士生的时候，我研究的就是这一方向。最初我做的是酵母性别基因调控的相关课题，但它的直接应用价值几乎为零，所以我就想离医学应用方面更近一点。为此我开始在加州大学做生物医学的工作，慢慢转为小鼠的血蛋白调控研究。但做小鼠的节奏慢，而我是个急性子，就想在等待实验结果的时间里再做一些事情，所以生物信息的念头就开始有点萌发了。

因为在宾夕法尼亚州立大学做遗传筛选的时候，我做了很多和测序有关的工作，但在加州大学旧金山分校做博士后期间，我发现很多人并不会做序列分析，也不会用 UNIX。我想如果能学好计算生物学，运用好编程，或许可以实现测序分析的自动化并帮助到很多人。所以从此我开始尽量学习 IT 方面的知识，去自费学计算机这个非常核心的技巧，在旧金山市立大学上课学习计算机编程。后来我依靠生物信息相关技能找到了工作。在当时的生物信息领域能够进行数据分析、编程、数据库和网站搭建的人还不多。所以我借此获得了第一份工作，编程分析员。而后公司出资供我深造，我就白天上班，晚上和周末在加州大学伯克利分校上学，一直持续了两三年，获得了系统性的培训。

总体上就是这样，看起来很复杂，但其实这个过程中还是有一条主线的，我也一直是沿着这个主线走的，那就是坚定初心，做自己最初想做的事情。人生的选择过程中，不坚定肯定会有，就比如说我，虽然我的兴趣一直在遗传物质、基因改变方面，想在这方面做一些有用的东西，但是过程很坎坷，博士、博士后期间我都没能发文章，也会担心找不到工作。在此期间我也会想做点其他的东西，不断充实自己，为自己赋能。我探索编程，申请过商学院，还卖过保险，也尝试过法律方向。但是尝试过后，发现其实有些东西并不是我想做的。一个人真的碰到愿意做的事情，会愿意加班，愿意花很多时间，并且不会觉得累。所以我逐渐坚定决心，去做最初想做的事情，这样也最开心。我一旦找到方向就变得坚定，不会再动摇。经历过这个探索的过程，我会觉得心里安定很多，也会专注很多。

记者：您刚才谈到了生物信息学，我们也了解生物信息是生物计算机统计的一个交叉学科，现在我们正需要这种精通交叉学科的人才。但是在实际学习过程中，经常会遇到课程多、不深入的困境。您能给有这样烦恼的学生一些学习上的建议吗？如何平衡"广"和"深"这两者之间的关系，怎么制定本硕博的学习计划呢？

张泽民：我认为制定学习计划先不用着急。大学期间很多知识是需要在课堂上系统学习的。我虽然工作多年，被认为是生物信息学的专家，但我仍然觉得知识面不太够，所以说学无止境。但我们不可能在大学里什么都学到，不论是本科、硕士还是博士，知识量肯定都是不够的，所以要先把重要的学到。对于这个学科来说，最重要的就是数理统计，这门课程在离开学校之后也很难学好，所以一定要在大学把它学扎实了，此后再学编程等方面的知识。像我就是做博士期间才开始学编程。掌握自己的节奏，就很好。

另外，所谓学得深，是要有选择性地深一部分。生物信息确实是交叉得越多越好，但并不一定把每个都学精通了，最后总要有所专攻。为此，你应该有选择性地把一些你最感兴趣、最想做的学到手，不需要面面俱到。

记者：您在美国读博士后加入了罗氏公司，深耕近 17 年，最后做到了癌症基因组学和生物信息学的首席专家。但是您并没有选择继续留在美国，而是回国担任北京大学的教授。是什么让您做出了这个决定？

张泽民：一个重大决定肯定不是单一因素影响，有个人、事业、国家发展等很多因素。我觉得在个人发展到一定阶段，或是处在一种安逸状态的时候，就会觉得：我是不是还能做些其他的东西？怎样做可以意义更大？我在罗氏公司的基因泰克公司里，虽然工作、学术方面在公司内部做到了顶尖，但发展还是有局限性的，因此我想要做出改变。另一方面，中国发展十分迅猛，虽然当时条件可能不如美国，但是我想参与中国发展的过程也非常重要。回国后，我也深深地被很多优秀的科研人才打动，看到中国在人才资源、临床资源等方面都非常丰富，我越发感觉自己应该尝试走不同的路。我在国外待了很久，对中国的贡献很有限，所以我一直想着自己是不是可以做更有意义一点的事情和事业。

我认为在事业的旅程中，没有必要在一条路上看同样的风景，有时候为了丰富人生阅历，我们可以尝试更多的可能。我做出了新的尝试，并且发现自己还挺喜欢，不管是科研方面、工作环境，还是和老师、学生之间的关系。在这个过程中我们会有很多收获，不管是靶点发现，还是发表文章。但是最让人有成就感的就是自己的学生取得了成就。当时在南开的时候就有很多老师说他非常喜欢当老师，在美国期间我培养出来的年轻人也非常成功，现在在北大看到学生的成长，我现在慢慢地也喜欢做老师了。

记者：我们看过您之前的采访，您当时对青年学生说做科研要有良好的抗压能力和心理素质。您在这么多年的职业生涯中遇到哪些挫折和困难？又是什么让您一直坚守在这个地方呢？

张泽民：科研过程不可能一帆风顺。我刚才讲了自己的经历：我在博士六年期间一篇文章没发出来，做了几年的课题，总是被别人提前发了；我的课题换了很多次，还没毕业，我的导师就离开了学校到了工业界。我读博士后期间，课题也非常不顺，没能直接发表文章。研究上我就是这样一路挫折地走了下来，因此我后面再碰到困难的时候，也都觉得没有什么了。就像爬山一样，有可能开始觉得挺顺的，挺平坦的，后面突然就高起来了，你会觉得这该怎么过啊，我怎么会突然不顺起来了？但也有可能你一开始就爬坡，遇到各种困难，克服了困难之后你开始看见美丽风景，各种事都好起来了。所以从这个角度来讲，我觉得有点挫折很正常，也是一种积累。

每个人经历挫折的时间都不一样，但关键点是，你要判断这是不是你喜欢做的。要探索出哪方面是自己想做的，想做就要去行动，成功当然更好，不成功至少我们也还在做自己喜欢的事情。我虽然当时一篇文章都没有发，但是整个过程还是很喜欢的。用这样的方式去感受人生，我们就不会因某个阶段性的挫折而放弃。科研就是有成功有失败，如果每件事都很顺利，那也不叫科研。

另外，失败才能积累经验。科研过程中会有很多失败，只要不放弃，就会学到很多。研究生期间虽然我的文章没有很快发表出来，但是我跟我导师学到了很多东西，尝试了多个课题。因为研究生期间没发文章，博士后就很难找到接收单位，但是当我有了面试机会，面试者发现我懂的很多，我说纯粹是因为我都尝试过，在不断尝试中，拓宽了知识面，所以他们录用了我。因此，在看不到成绩的时候不用太着急，只要你知道自己一直在积累，只要积累到位了，就会有回报，我觉得这点还是要自信的。

记者：今年是南开生物百年，您对南开生科的青年学子有什么寄语吗？

张泽民：第一点是希望大家要做自己爱做的事情，发扬南开精神。南开带给我们的品质是什么，其实就是低调务实，不是你说出来的，而是你做出来的。要踏踏实实地做事情，你只要坚定自己的兴趣，坚持自己喜欢做的事情，不管你经过多少挫折，坚持下来都能够成功。

第二点是真诚待人。把我们最好的、最真实的态度展现给他人，就能得到别人对我们的坦诚以待。这对一个人的未来发展是非常重要的，这也是绝大多数南开人的样子。

采访记者：陈思吟　朱子婷
文稿撰写：陈思吟　朱子婷　王一涵

胡 炜

——水生生物学研究专家

胡炜，中国科学院水生生物研究所研究员、副所长。国家杰出青年科学基金获得者、国家自然科学基金创新研究群体学术带头人。国家水产原种和良种审定委员会委员，中国水产学会淡水养殖分会副主任委员。先后在南开大学和中国科学院研究生院获学士、硕士和博士学位。主要从事鱼类生殖发育调控和分子遗传育种等研究。发表研究论文80余篇，参编国内外著作5本。获美国发明专利4项，获中国发明专利8项。

记者：您当初为什么会选择南开大学？

胡炜：当初选择南开大学求学主要原因有两点，一是南开大学作为周恩来总理的母校，在我心目中具有非常崇高的地位，南开大学深深地吸引着我；二是在大学生尚属天之骄子的20世纪80年代，我当年就读的中学有师兄荣幸地被南开大学录取，我因此有了学习的榜样和明确追求的目标：到南开去，成为一名南开人。

记者：您对它的第一印象是什么样的？这么多年过去了，您对学校的印象有什么变化吗？

胡炜：记得当年从天津西站搭乘学校的迎新大巴，风尘仆仆地来到南开园时，感觉是进入一座学习的殿堂，有一种油然而生的自豪感，对未来4年的大学生活充满了憧憬与期待。这么多年过去了，身为南开人的那种自豪感仍然相伴相随。

　　记者：提到南开生科院，令您最先想到的是什么？您能向我们具体描述一下吗？

　　胡炜：提到南开生科院，我首先想到的是四教。我的 4 年大学生活在四教留下了太多的印记，四教见证了我在南开园 4 年的难忘岁月。我当年在四教报到开始大学生活，在 4-106 教室第一次见到老师和同学，开军训动员会前，"动物来了没有？微生物来了没有，植物来了没有……"充满生物系特色的点名和欢声笑语仿如昨日；在 4-106 教室参加生物系组织的许多活动和欣赏荡气回肠的足球赛；在四教完成专业课的学习与实验，更难忘在动物学专业的实验室里与 13-512 的同窗们备考研究生的日日夜夜，紧张而又充满乐趣；大四时在四教完成毕业论文的研究工作和通过毕业论文答辩，自此告别南开园。

　　记者：在南开求学的过程中，有让您印象最深刻的人或事吗？可以简单地谈谈这个人或这件事为您带来了什么样的影响吗？

　　胡炜：在南开求学期间，印象最深的事情是入学之初，在河北省青县马厂接受军训时，我发现部队非常强调养成教育。经过一个多月的军训，对养成有了深刻的体会，充分感受到一切行动听指挥的战斗力来源于日常的养成。在我随后的科研工作中，"养成"二字也经常出现在我与研究生的沟通交流中，通过分享我军训时的切身感悟，希望研究生勿以善小而不为，勿以恶小而为之，从日常工作的点点滴滴中养成严谨、认真、求实等良好的科研习惯，以助力年轻学子的成长。

　　记者：我们知道您在中国科学院水生生物研究所，想请问您一下，您是在南开求学期间就有了以后想要从事水生生物方面研究的想法吗？如果有，请谈一谈；如果没有，是从什么时候开始、什么事情启发您，想从事这方面的研究呢？

　　胡炜：我生长在素有鱼米之乡美誉的江汉平原，非常喜欢吃鱼。南开大学动物学专业设有水生生物学研究方向，杨竹舫老师、徐振康老师、王新华老师、王良臣老师、刘修业老师等传授我们水生生物学专业知识，聆听他们的授课后更觉得水生生物有意思。我在大学四年级时参加了徐老师和王老师承担的科研项目，经常在渤海、海河和塘沽海边的盐场等进行水生生物的采样和分析工作，本科毕业论文也是在徐老师的指导下开展水生生物的相关研究。另外，动物学专业的这些老师与中国科学院水生生物研究所有非常密切的联系和合作关系。因此，从南开毕业后，我就成为中国科学院水生生物研究所的研究生，踏上了从事水生生物学相关研究的科研道路。

记者：在您的研究过程中，有没有遇到过极其艰难的时刻，如果有您又是怎样面对并克服它的？

胡炜：我的研究过程中遇到过很多次失败和无数的困难，但这些失败和困难似乎达不到极其艰难的程度。

记者：在我们查询资料的过程中，了解您不仅从事鱼类基因工程相关的工作，还同时研究鱼类生殖，以及水域生态环境的保护，在您看来这三者有什么样的联系吗？

胡炜：水域生态环境保护是我们研究所的重要方向，我个人主要从事鱼类基因工程育种和鱼类生殖调控等研究。鱼类基因工程是进行精准育种的生物技术，鱼类生殖调控则属于基础研究的范畴，在我的研究工作中，两者具有密切的关系。

鱼类的生殖策略几乎涵盖了脊椎动物界的所有生殖类型，揭示鱼类生殖调控机制，对于阐明动物生殖发育机制具有非常重要的理论意义。生殖是优良养殖鱼类新品种培育和扩群应用的基础，如果不了解某一种实验鱼的生殖，无法对其进行人工繁殖等操作，我们显然是无法开展这种鱼的遗传育种工作。此外，鱼的生长和品质等重要经济性状与其生殖特性息息相关，利用基因工程等技术建立精准的生殖操作技术，可以在优良养殖鱼类新品种培育和优良品种的种业健康发展等方面发挥重要作用。

记者：能谈谈您对于今后的科研道路的一些想法吗？比如说想要在科研方面做出哪些改变和创新吗？

胡炜：就我个人来说，无论是现在还是今后，科研工作将始终围绕着学科发展前沿和产业发展的需求。希望我们的研究工作努力做到顶天立地，在相关基础研究方面取得重要发现，在相关应用方面满足产业发展的迫切需求。

记者：从目前来看，社会上主流观点不太能够接受转基因食品，那您认为转基因食品的未来在哪里？

胡炜：针对转基因食品的安全性，联合国粮农组织、世界卫生组织、欧盟食品安全局、美国 FDA 以及中国农业农村部等监管机构和国际社会主流科学界一致认为：通过各个国家批准上市、获得安全证书的转基因产品与非转基因产品一样安全，可以放心食用。

我国及世界各国对转基因产品有严格的管理制度，建立的严格监管体系涉及转基因对象的研究、产品研发和产业化的全过程。采用个案评估，批准商业化的每一种转基因产品都经过了有史以来最严格的生物学安全检验，可以说没有任何一种产品经过像转基因产品这样严格的管理和检验。转基因食品的争论一直是聚焦在没有发生的假想风险上。迄今为止，转基因食品没有发生一起经过证实的食用安全问题。

不可否认，人们对于科学技术的认识和科学成果的传播及接受需要一个过程，许多人对于转基因安全性问题的担忧主要源于对它的不了解，导致对转基因产品带有偏见，甚至恐惧。因此，科学普及工作对于公众正确认识转基因，以及推动转基因研究和应用的发展都非常重要和迫切。

记者：您对于生命科学的发展有什么期待吗？

胡炜：我们当年上大学时流行一句话：21 世纪是生命科学的世纪。现在完全可以这么说，我们正处于生命科学的世纪。生命科学的发展日新月异，大有可为。

记者：今年也是南开生物百年，您对正在南开大学学习生命科学的青年一代有什么寄语吗？

胡炜：作为南开大学建校之初最早建立的学科之一，生物学科走过了百年的发展历程，创造了辉煌的成就，我深深地为自己能有幸成为南开生物的一名学生而骄傲和自豪。

生命科学正处于飞速发展的新时期，南开生物学科正在开启新的百年征程，南开大学追求创新的文化和求实的学风为南开生命科学的青年一代提供了极为宝贵的成长环境，衷心祝愿年轻的南开生物学子们学业有成，共同书写南开生物学科发展的新篇章。

采访记者：张超仪　吴菲菲

文稿撰写：张超仪　吴菲菲　王一涵

杨淑华

——坚持不懈 勇往直前的植物学专家

　　杨淑华，现任中国农业大学教授，植物生理学与生物化学国家重点实验室主任。1991 年、1994 年先后在南开大学获得学士和硕士学位；2002 年获新加坡国立大学博士学位。2002—2004 年在美国康奈尔大学从事博士后研究。2005 年受聘为中国农业大学教授。2012 年获得"国家杰出青年科学基金"资助，2018 年获北京市"三八红旗奖章"称号，2021 年入选"特支计划"科技创新领军人才。主要研究方向是植物响应低温胁迫的分子机制。先后在《分子生物》（Molecular Cell）、《发育细胞》（Development Cell）、《植物细胞》（Plant Cell）、《美国国家科学院院刊》（Proceedings of the National Academy of Sciences of the United States of America）、《欧洲分子生物学学会报告》（EMBO Journal）等国际期刊上发表论文 70 余篇，论文总引用 5000 余次，入围 2020 年、2021 年科睿唯安（Clarivate）全球高被引科学家。兼任《植物细胞》（Plant Cell）、《新植物学家》（The New Phytologist）、《植物学报》（Journal of Integrative Plant Biology）、《逆境生物学》（Stress Biology）、《植物生理学杂志》（Journal of Plant Physiology）资深编委和《植物学报》副主编。

　　记者：作为南开生物 1987 级的校友，从本科入学再到硕士毕业，您在南开园度过了 7 年的求学时光。那时候的南开校园有什么地方给您留下了比较深刻的印象呢？求学路上有没有发生让您难忘的故事？

　　杨淑华：我在南开求学 7 年，毕业后又留校工作 4 年，人生最美好的年华都在南开度过，南开几乎每一个地方都印在我的脑海中。印象最深刻的是南开的总理像，一个是在马蹄湖边写有的"我是爱南开的"总理像。每次我回母校都会去看一看，留一张照片作为纪念；另一个是主楼门前的总理像，应该是在 70 年校庆我还在本科的时候建的。还有很多地方，包括新开湖、马蹄湖、大中路、新图书馆逸夫楼、四教、三食堂等，很多很多地方都给我留下了深刻的印象。

求学路上发生的让我难忘的故事有很多。我本科报考的第一专业是植物生理学专业，最开始对这个专业并不了解。到学校之后慢慢了解植物生理学专业和农业科学相关，有可能为我的农业发展做贡献，加上我本人的性格是做一行爱一行，做什么都尽自己最大努力去做好。所以我从本科到研究生再到出国读博士，到现在的科研工作，一直都在植物生理学这个专业领域往前走。在求学的路上，南开生物系植物生理学教研室的老先生也给我留下了深刻的印象。他们低调务实的作风，孜孜不倦的精神，对我的人生和成长起到了非常重要的作用。

我难忘的还有研究生导师赵仲仁教授，他对我的培养我终生难忘。我是他的第一个研究生，他做科研态度特别的严谨，他教会我怎样提出科学问题、解决问题和写英文论文，他的那种严谨求实、兢兢业业的精神，深深地影响着我，让我受益终身。

记者：请您介绍一下您的主要研究内容和取得的主要成绩。

杨淑华：我是 1998 年离开南开到新加坡国立大学攻读博士，三年半读完博士之后我去了康奈尔大学从事博士后研究，做了两年零十一个月。回国后来到中国农业大学植物生理生化国家重点实验室从事植物耐低温的分子机制研究。我主要是在蛋白酶调控植物耐低温，低温诱导的钙信号的产生、感知和解码，以及光温互作调控植物低温应答的分子机制等方面取得一些研究进展。

记者：您最终选择植物学相关领域作为自己的主要研究方向，请问您大概是什么时候确定了自己的研究方向呢？可以具体地谈一谈您认为选择植物学研究领域，哪些因素对您产生了比较大的影响吗？

杨淑华：选择植物耐低温的分子机理研究，跟我的经历有关。我的家乡是在黑龙江的最北边，天气寒冷。我回国到农大工作，我所在的植物生理生化国家重点实验室主要研究方向是抗逆高效,特别是针对非生物逆境,比方说干旱、盐碱、低高温等方面的研究,因此我就选择从事植物耐低温研究,也是希望能够为家乡,为国家做出自己的一份贡献。

选择植物这个研究领域作为我的研究方向,这粒种子实际上是在南开生根发芽的。因为在上高中的时候,虽然我非常喜欢生物,但是当时没有想好是做植物、微生物、动物还是生化等。高考报志愿的时候家乡消息相对闭塞,机缘巧合我报南开的时候第一个志愿就是生物系的植物生理学专业。通过学习本科的课程,逐渐加深了对植物学的了解,在这个过程中发现自己越来越喜欢这个领域,因此就爱上它了。

记者:科学的路上并非平坦大道,难免也会有坎坷挫折。请问您在职业生涯中遇到过哪些挫折和困难呢?面对这些挫折和困难的时候您的态度和处理办法是什么?您最后又是怎样克服的?

杨淑华:要说在整个职业生涯中遇到的困难和小的挫折肯定会有一些,比如做科研的课题进展得不顺利,申请项目不顺利等。在面临大的困难和挑战的时候,选择继续坚持还是挺难的。我倒觉得反正是碰到了就面对,通过自己的坚持和努力,通过向周围的人求助等,最终困难都能被克服。我觉得我这一路走过来,老师同学的帮助非常重要。有时候我也会跟我的学生说,我每走一步都遇到很多贵人,他们的帮助让我一路走来还是挺顺利的。当然这个过程中不可避免地会有困难、不容易过去的时候……但实际上坚持一下就都过去了,解决之后回头看,反而会觉得这些都不算特别大的困难。

记者:外界对于科研工作者的印象是具有"板凳甘坐十年冷"的刻苦精神,并且肩负着发展国家综合实力的重任,但也有很多科学家热衷于自己的研究领域,乐此不疲,认为是"兴趣使然""怡然自得"。那么对您而言从事科研工作,更多的应该是兴趣使然还是责任驱使?

杨淑华:我觉得两方面都有。一方面,我确实对自己的专业非常热爱。我属于比较用功的,笨鸟先飞嘛。这些年几乎是每周六天到七天,每天都工作到晚上 10 点半甚至 11 点。这其实是基于我对这一行的热爱,让我觉得只要一到办公室就"满血复活"。另一方面,因为我们是花纳税人的钱来做科研,我们肯定有责任把科研做好,希望能够在不同的领域提升我国的综合实力，为我们国家的农业可持续发展做贡献。归根结底，对从事科研工作的人来说个人兴趣和社会责任密不可分，二者有机结合才是相得益彰。

记者：有人认为，对于生物这类基础科学，社会实践生产具有一定的滞后性。很多人都在说我们现在做的许多科研工作很难在短时间内转化为对当代社会"有用"的成果，甚至显得"无用"。请问您是如何理解科学研究领域的"有用"和"无用"呢？近些年国家也在鼓励高校研究成果转移转化。请问您是如何理解和实践研究成果转化的呢？

杨淑华：大家对于这个问题讨论得比较多，到底科研做得有用还是没用？尤其是我们做基础研究的，应用研究没有这个问题，因为应用研究可能会很快看到成效，而基础研究的周期相对来说比较长，有些基础研究是需要长期投入的。但是基础研究可能在若干年之后就能转化成生产力。当然，我们做的研究一方面是科学前沿，另外一方面还要兼顾国家重大需求，比方说我做农业，选择研究生物育种的卡脖子问题等，我们还是要考虑到国家重大需求，把所做的研究和国家需求结合起来，这样的科研是更有意义的。

记者：作为优秀校友和我们学习的榜样，请您结合您的本硕博学习经历，对处于不同阶段的学弟学妹的学习和生活提一些建议。

杨淑华：因为我和你们年龄差得有点儿多，很多经历不一定合适。我的理解，本科阶段是综合素质的培养，这也是为什么很多大学在本科开设通识课，引导学生在大学里全方位地提升自己各方面的素质和能力。18 岁到 22 岁是人生最美好的时间，不能荒废了，一定要珍惜时间。同时工作和生活是分不开的，我也倡导同学们在大学阶段努力学习的同时，尝试谈一次恋爱，这些都是个人成长非常重要的。

研究生是进入了另外一个阶段，尤其是科研方面的学硕，现在很多研究生都是硕博连读的，这个阶段应该更专一些，努力去学习专业知识，多读文献，多听学术报告，加强科学素养，在自己的领域里去深入学习和探索。

还有一点，不管是本科还是硕士博士，锻炼身体是最重要的。有了身体才有了其他的一切，所以一定要好好锻炼身体。

记者：南开百年生物的辉煌由像您这样的前辈创造，新百年的接力棒也即将传到我们手中。您觉得南开生物有什么可喜的变化？您对新百年南开生物发展有什么建议呢？

杨淑华：南开生物经过百年，培养了很多优秀的学生，在各行各业发挥了非常重要的作用，我为母校和生科院感到非常骄傲和自豪。在百年学科庆之际，我在此深深感谢生科院对我的培养，也深深感谢老师们对我的教导。祝愿南开能够培养更多的优秀人才，写下更加辉煌的篇章！同时，我也祝愿学弟学妹们，在母校脚踏实地努力前行，充分汲取生科院的营养茁壮成长，实现自己的人生目标，为南开增添光彩！

采访记者：韩玥 蔡宸
文稿撰写：韩玥 蔡宸 李鹏琳

郭红卫

——以科研为志业上下求索的植物学专家

郭红卫，教育部特聘教授、国家杰出青年科学基金获得者、科技部中青年科技创新领军人才、广东省"珠江人才"科技创新领军人才、深圳市海外高层次 A 类人才。现任南方科技大学生物系讲座教授，生物系副主任，南方科技大学-北京大学植物与食品联合研究所所长。主要从事植物激素乙烯的作用机理、叶片衰老和果实发育的调控机制、RNA 降解和基因沉默等方面的研究，取得了一系列开创性的研究成果，在这些领域处于国际领先地位。已在《细胞》（Cell）、《科学》（Science）、《自然》（Nature）、《美国国家科学院院刊》（PNAS）、《植物细胞》（Plant Cell）等国际刊物发表论文 80 余篇，授权发明专利 8 项。在《植物细胞》（Plant Cell）、《植物分子生物学》（Plant Molecular Biology）担任编委，并在中国植物生理和植物分子生物学学会植物成熟衰老专业委员会担任主任，中国遗传学会担任国际交流委员会委员。

记者：请介绍一下您从南开毕业至今的主要经历和目前所从事的主要工作。

郭红卫：我 1988 年到 1992 年在南开生物系读书，那个时候南开还是生物系，生物系分成几个专业，当时我是在植物生理专业，后来生物系就发展成生科院了。

1992 年我从南开毕业之后，去了北京大学生科院继续攻读硕士，1995 年又去美国加州大学洛杉矶分校读了生物学的博士，2001 年从加州大学洛杉矶分校（UCLA）毕业之后去了加州圣地亚哥的沙克研究所（Salk Institute）做博士后，2005 年博后做完回国，回到北京大学生科院当老师。2016 年从北大生科院到南方科技大学，现在我研究的方向主要是植物分子生物学，主要是关于植物激素的作用机制的调控。近几年也开始研究植物小 RNA 和基因沉默的调控机理。

记者：在南开求学期间，对您影响最深的事情是什么？

郭红卫：实际上我跟南开的缘分是挺奇妙的。我原来在高中的时候最喜欢的是物理，学得也最好。高考我第一志愿报的是物理系，第二志愿才是生物系，后来阴差阳错我被录取到了生物系。那个时候，差不多是 20 多年前，换专业、换系还是蛮困难的，当时还觉得有点小失望，因为并没有选到自己最感兴趣的物理专业。后来到生物系学习之后，慢慢开始接触到越来越多的生物学知识，尤其是植物领域的知识，我觉得生物也挺好玩的，也就越来越感兴趣了。一直到现在我从事的研究都是生命科学领域，我真的非常喜欢，非常享受通过自己的研究来探索生命奥秘的过程。所以这点我确实要特别感谢南开，我觉得也许是冥冥之中的安排，南开大学把我带到生命科学这个领域，从事我自己真正喜欢的职业，我想这可能是在南开最独特的经历吧。

记者：在南开求学期间，您最大的收获是什么？

郭红卫：在南开的四年我有很多收获，因此非常感谢母校。南开在国内大学中是非常低调的一个学校，我们有实力，但是我们不张扬，这是南开一贯以来的校风学风，慢慢变成了南开人的一个特质。踏实低调，把事情做好是母校教给我们的第一课。

另外的一个收获就是在南开四年的学习经历，从最初感兴趣的物理，到后来慢慢喜欢上植物学，通过这个转变告诉我，我们的人生有很多预期不到的变化，很多变化可能刚开始会让你手足无措，但实际上这些变化同时也代表了更多的机会。所以这件事给我一个很大的启示，我们人生中可能有很多不同的选择，当你觉得某个时期，生活对你关上一扇窗，但可能同时又给你打开了一扇门，只要我们不害怕，不逃避，不放弃，去努力，去尝试，总会找到真正适合自己的道路。不管是专业也好，还是人生的方向也好，都是同样的道理。这些经历告诉我，以后不管发生任何事情都不要放弃，人生的不确定性本身就意味着机遇。

记者：是什么让您选择从事科研这条道路呢？

郭红卫：我对大自然的兴趣最早应该可以追溯到我小时候，因为我在农村长大，所以小时候跟大自然接触非常多，看到很多的动物植物，这些非常奇妙的生命现象给了我最初的生物学启蒙。

真正进入到生命科学这个领域就是在南开，当时有一些很好的老师，比如教我们植物生理的朱亮基老师，朱老师人瘦瘦的，但是精神矍铄，精力充沛，他跟我们讲了许多植物生理方面的有趣的故事和有用的知识。通过学习朱老师的课程，我觉得生命科学尤其是植物学，有特别多的问题，有待我们去探索去挑战，这使我开始喜欢上生物学。后来在生物科学专业上的学术训练，更多的是在读研究生之后，尤其是博士期间，经过特别严谨的科研训练之后，慢慢就觉得做科研确实是我特别喜欢的一项事业，所以一直走到现在。

记者：是什么让您选择从事有关植物生理学的研究呢？

郭红卫：我报志愿的时候跟高中老师咨询了一下，因为我是湖北人，当时老师们推荐了一些武汉的高校，但我想去外面闯一闯。知道南开大学是当年周恩来总理的母校，西南联大的三校之一，素来心向往之，所以决定报考南开大学。我们那时高考志愿可以选两个专业，第一志愿和第二志愿，因为我高中物理成绩很好，所以第一志愿我报的物理，第二志愿我报的生物，是因为觉得植物学也挺有意思的，我们在乡下要干各种农活，我想知道庄稼是怎么长的，它怎么可以长得更好等，这些最朴素的兴趣和对植物学的认知可能早就埋在心里了。

记者：您在美国已经取得了很多优秀的科研成果，是什么让您在2005年毅然决定回国任教的？

郭红卫：我是 2005 年回国的，当时很多在海外学成的人都慢慢回来了。我回国的第一个原因是对故国故土的思念和眷恋，那时候我已经在美国待了 10 年了，确实挺想家的，我的家人都在国内，家人也很支持我回国。第二个原因是中国当时发展形势非常好，21 世纪初中国的科学发展处于快速上升期，国内对科学研究包括基础研究越来越支持，投入越来越多，回国也可以做很好的科学研究，可以培养更多的人，所以我选择了回国。

记者：您致力于植物激素作用机理的研究，在研究气体激素乙烯的调控机理方面取得了重大突破，在整个研究的过程中是否存在困难与挑战？是什么支持着您坚持下去的？

郭红卫：我回国后在北大建立了自己的实验室，前面两三年还是蛮艰辛的，建立自己的研究组都要经历一个过程，我们原来作为研究生或者博士后，在一个很大的、技术条件等方面都很完善的实验室。突然之间来到一个新的地方，一无所有，所有工作都要从头建立起来，尤其要从学生的培养开始。前两年有一阵确实比较迷茫，学生们跟着我做科研，我到底要做什么呢？三年之后实验室终于找到了方向，相应的技术和实验材料也建立起来，课题得以顺利进行，并开始在国际期刊上发表我们的研究成果。四五年之后，我们也开始有一些高水平的文章发表了。但接下来就碰到这个方向的瓶颈了，该怎样去突破原来的框架呢？于是我们应用新的实验手段和思路，找到了新的研究方向，并在此全新的领域也获得了突破性的发现。我觉得每到一个时期，总会碰到一个瓶颈，这个时候就需要慢慢寻找新的突破点，需要走出舒适区，寻找新的甚至不太熟悉的一些实验方法，试试新的实验思路，才有可能在科学上有新的突破。

记者：您认为成为一名出色的科研工作者需要具备哪些能力和素质呢？

郭红卫：要成为一名卓越的甚至伟大的科学家或科研工作者，我觉得需要这几点：第一，因为科学家本身就是来理解这个世界是怎样运行的，所以我觉得对世界的好奇心是作为一个科学家最基础、最重要的必要条件。第二，我觉得要有敏锐的洞察力，或者说科学上的直觉。要成为一名真正的科学家很多时候都是靠对科学的直觉或洞察力，这需要日积月累地训练和提升。同时，还要有严密细致的逻辑思维和归纳能力。大千世界纷繁复杂，存在各种表象，谁可以从这么纷繁复杂的外在现象中直达本质，谁就可以非常迅速地看清它背后的运行规则是什么，这就是科学本身在追求的东西。另外我的一点感受是，要成为一个好的科学家，要有正向思维，即所谓的 positive thinking。因为科学研究时，我们花的时间可能大部分都是无法体现在论文里的。在科学研究的过程中，会经常性地碰到挫折失败，很多科学大家的伟大发现或者突破，都是来自出乎意料的失败，或者意外，所以对这些所谓的负面数据（negative data）要有包容心和正确的心态，每一次失败或意外并不是没有意义的，这是科学探索本身的一部分。这一次失败和上一次失败可能不一样，它也许告诉我们有不一样的东西或规则存在，所以我们要学会与负面数据（negative data）打交道，要做到负面数据的积极思考（positive thinking about negative data）。

记者：目前有部分生物专业的本科生对于未来的发展与规划是十分迷茫的，您能谈谈您当年本科阶段是如何规划未来发展方向的吗？

郭红卫：大学四年对我们整个人生的真正意义在哪里？实际上大学期间不管选什么专业，总会学到一些知识，这些知识并不是大学的意义，因为未来有的是时间去学，而且专业知识永远学不完。这四年最重要的其实是两门课，这两门课一是要及格，二是要学好。第一，你得知道自己到底喜欢什么。第二，你得知道自己到底擅长什么。这两个问题没有人能教会你，甚至没有哪个老师能够给你解答，只能靠你自己去探索、去比较、去回答。因此，大学期间应该多去理解不同的学科知识，去尝试不同的生活方式，去多交朋友，多参加活动，多听讲座，只有去尝试、去比较、去体会，才能够回答好这两个问题。

记者：生命科学领域的研究对英语水平的要求很高，请问您在学习英语方面有什么好的方法与技巧呢？

郭红卫：我刚上大学的时候英语特别差，那个时候从农村去的孩子，跟城市的孩子相比，普遍来说英文比较差。如果听不懂说不好的话，往往会使你更加不愿意开口，就形成恶性循环。后来慢慢发现不管是做科研还是出国，都要用到英语。刚开始到美国的时候必须要说，必须要跟人家打交道，所有的课程都必须要过，在那种不得已的情况下咬着牙去学，后来发现原来没那么费劲，学英语真的挺简单，就是多读多说多听。如果英语成为你以后每天需要用的工具的话，现在最好多花点时间把它学好，不需要太多的技巧，只是需要时间。

记者：您对南开生物和南开生科的青年学子有何寄语？

郭红卫：首先，感谢母校以及南开生科院对我的培养，我觉得南开是一个特别优秀的学校。不管是我们整个学校的气质，还是老师同学都非常优秀，不张扬，我们总是踏踏实实地做事情。作为南开校友，母校的精神气质给我们的熏陶一辈子都难以忘记。作为一个师兄，对现在的师弟师妹，我想说，作为一个年轻人，一个大学生，基本上没有人是不迷茫的，因为年轻就是用来迷茫的。人生就是一个充满不确定性的旅程，所有的不确定性，可能既意味着不可把控，意味着挑战，同时也意味着无限可能，意味着机遇。我希望师弟师妹能够学会相信自己，这是最重要的一点！不要轻易去否定自己，很多时候如果觉得自己某件事情做得不够好，这并不是因为你不够好，而是因为你做的这个事情你不喜欢，或者说它并不适合你。要学会相信，相信自己，相信未来！只有相信你自己，才会认识你自己，最后找到你自己。

采访记者：张未雨　王健云

文稿撰写：张未雨　王健云　李鹏琳

罗鸿博

——美国哈佛大学的免疫学专家

罗鸿博，现任美国哈佛大学医学院教授、波士顿儿童医院教授，1992 年毕业于南开大学分子生物学专业，1999 年于美国布兰迪斯大学获得博士学位，2004 年受聘于哈佛大学。罗鸿博教授专注于免疫细胞及其功能调控、免疫微环境与造血的相关性研究，已在《细胞》（Cell）、《自然》（Nature）、《免疫学》（Immunology）、《免疫》（Immunity）等刊物发表学术论文 100 余篇。

记者：罗教授，距离您从南开生物系毕业已有 30 年，对于当年的南开大学您还有哪些印象？您当时在南开生物系的学习环境是怎样的呢？

罗鸿博：我对当年的南开大学印象比较深刻的是一些生活经历。那时候的校园是以马蹄湖和新开湖为中心的，我们周末会去天南街吃饭，平时和同学们在操场上踢球。近十年我也来过南开大学，感觉变化还是很大的。

至于我当年的学习环境，我上学的时候南开大学生物系的分子细胞生物学在全国也算是顶尖的。那时候学习条件没有现在这么好，但是老师们都很认真，很负责，班级的学习氛围也很好。

记者：回忆往昔，您当年为什么选择南开生物系呢？

罗鸿博：我高中的时候就很喜欢生物，当时常看诸如《进化论》一类的书籍，所以报考大学的时候全部填写的生物专业。我记得那个时候从山东省考南开大学，生物系是录取分数最高的学科之一。我们那时候也听说过"21 世纪是生命科学的世纪"，实际上这句话是有道理的，数学、物理、化学这些学科都逐渐在向生物学靠拢，各国科技投入最高的基本上都是生物学科。因为对于大多数人来说，他们都想知道怎么延年益寿，或者说怎么治疗疾病等。

记者：布兰迪斯大学以大法官路易斯·布兰迪斯的名字命名，以严谨的治学态度和多元化的氛围著称。就读博士期间，您对布兰迪斯大学的"严谨"和"多元"这两个关键词有哪些切身体会，这种氛围对您又有哪些影响？

罗鸿博：布兰迪斯大学是我到美国的第一站，学校确实令我在科研基本技能方面打好了基础。布兰迪斯大学严谨和多元化的氛围与它的建校理念有关，对各种事物的包容度都很高。在美国的大学里，它的多元化和严谨的特质是很显著的。

现在回想起来，学校的教师们都是很优秀的，在生命科学领域有生物化学、分子细胞生物学、神经生物学40多个实验室，规模并不大，比咱们南开小很多，但实验室都有自己很"专"的方向，大家专心做学术，并且在各自的领域里都颇负盛名，布兰迪斯大学的美国科学院院士的比例甚至比哈佛还要大。我是分子和细胞生物学专业的，但我的实验室是生化专业的。布兰迪斯大学做学问的气氛特别好，老师会花很多时间在实验室里手把手地教学生，对学生的培养特别重视，很多教授就是喜欢做科研，喜欢在实验室里和学生在一起，记得有段时间大家都不愿意当生化的系主任，然后安排轮流当系主任。在美国其他大学可能不会是这样的，很多实验室做不到这一点。

布兰迪斯大学很宽容，你可以想象一下有多宽容，很多学校是禁止宠物入校的，但布兰迪斯很多教授喜欢领着狗上班，获得诺贝尔奖的杰夫·霍尔（Jeff Hall），每天领着一群狗去上班。在这样一个很轻松的环境里，大家做实验做得都很专一，不受外界影响，没有说一定要发《自然》（Nature）、《科学》（Science），但做得都挺好的。

记者：科研路上难免也会有挫折。请问您在求学路上和职业生涯中遇到过哪些挫折和困难呢？您最后又是怎样克服的？

罗鸿博：说到困难与挫折，这要看你怎么定义它。比如说博士生有人四年就毕业了，有的时间很长，我是五年多毕业。当你喜欢这个东西的时候，你去做，如果实验一两个月没做出来，这是否算是挫折，对有的人来说算是，但我就没觉得这是个挫折。你如果真喜欢这个东西，那你就想办法去克服。有些人花的时间长一些，有些人花的时间短一些，它就是一个过程。在想做但没做出来的过程中，我会查一些文献，问我的导师和实验室其他的朋友。这本身是一个提高的过程，不能说是一个挫折，只不过在那个阶段没做出来，那就想办法把它做出来，然后慢慢地往前走。可能我这个人心态比较好，我从来没有做不出来就不能吃饭不能睡觉的这种感觉，现在回头来看，我也没有觉得是多大的挫折。

下一步做博士后，博士后有的做四年，我做了五年，现在还有人做六七年的。你要是高高兴兴地做，那可能也不是个多大的事。我觉得可能算是困难吧，我不好说算是挫折。遇到困难以后，如果是真喜欢这个东西，那就想办法去解决。怎么去克服呢？比如说我们做一个课题，这种方法不奏效的话，那就想另一种办法，这样的心态就会让你在这个过程中不会特别地难受。

记者：您觉得从事科研工作，在生物学这样的自然科学领域持续探索并有所成就，需要怎样的个人特质？

罗鸿博：我觉得最重要的应该是好奇心（curiosity），你得先知道你的兴奋点是什么，你做什么的时候是快乐的。好奇心就会让你一直问为什么，直到得出一个答案。你如果把科研当作一个职业也可以，从应用的角度探讨要解决什么问题。比如说现在很多人在做关于癌症的研究，可能是自己的亲人因为某个癌症去世了，所以想研究出一些治疗方法。要根据每个人具体的性格和喜好去思考，你是真的对某个生物问题特别着迷呢，还是想用这个技术去拓展一下，做相关的药，它是不一样的两个方向。

关于某个特质，我觉得也不是说"必须"具备，自己最了解自己，根据自己的一些特质或特性来决定哪个方向最匹配，我没觉得是一定得怎么样。但是如果做科研工作，以探索为主要目标的话，我觉得好奇心还是最关键的。因为那是你的发动机，有了好奇心，你才会去追逐，去问为什么，才会去想我怎么解决问题。你一开始连个问题都没有的话，怎么去追逐呢？

记者：您目前在哈佛大学任教，哈佛大学也是无数学子向往的名校，您受聘于哈佛大学后又有什么样的体验？

罗鸿博：哈佛的医学院很大，我是在它下属的儿童医院里，是世界上最好的儿童医院，很多先进的治疗是从这里开始。哈佛的科研网络很大，分为很多小的组，一个组有五六个实验室，好处就是在做实验的过程中你可以结识很多朋友，在这里可以找到做各个方向研究的人，有各种各样的活动、聚会，对博士、博士后培养独立性、开阔视野和拓展人脉是一个很好的环境。很多人喜欢到哈佛来做训练，世界上最先进的一些理念、技术往往是先引进到这边来，而且它旁边是麻省理工学院，它们很近，学术气氛都很浓。

记者：您在哈佛大学医学院主要的授课对象是本科生还是研究生？您觉得哈佛大学的学生和咱们南开的学生有哪些不同？和求学期间的您又有何不同，是否有一些相似之处？

罗鸿博：我是 2004 年来哈佛的，之前教了三年医学博士（MD），现在主要在教免疫学的研究生。最近几年在夏季招生中，我主持招收了几个中国的本科生，其中一个就是南开的。这些学生知识面都很广，最后是去了普林斯顿大学、哥伦比亚大学、华盛顿大学。我们中国学生其实没有什么大的区别，现在条件已经很好了，国内学生训练并不比国外的差，不过也许是因为来的都是比较优秀的，这个我不太清楚。

但要是跟三十年前的我们比，那肯定还是有些差距。哈佛的课程设置是蛮好的，在哈佛我教的 MD 课程的形式就是课堂讨论，模拟一些病人就诊的情况。病人进来了，就说自己哪里不好受，学生需要一步一步地剥开，诊断出到底是什么病，怎么治疗。有些病能治，有些病就治不了，治不了的时候怎么办？下一步学生就会去看些文献，对这个病我们现在知道哪些，哪些东西不知道，如果要治这个病，我们下一步要干什么。它是这么一个思路，不是说仅仅记住这个病怎么治就行了。

除此之外，哈佛免疫学专业在星期三会邀请世界各地最好的一些科学家做讲座，他们讲一些很前沿的东西。讲座大概四点开始，我们从两点开始讨论受邀教授的实验室课题，他讲的东西为什么是重要的，还有什么不足，要保持批判的态度。有的学生就会弄一堆东西，来证明那篇《自然》发表的文章是不对的（笑）。讨论结束之后马上去听讲座，教授讲完必须要留出时间和学生交流。这种交流，学生的参与意识特别特别强，这会提高学生的自信，思路也会很开阔，即使在《自然》上发表文章，或是诺贝尔奖获得者，学生也不会把这些看得特别重。这样的课程可以激发学生的批判思维和独立思考的能力，学生的主体意识特别强，他会想跟你交流讨论，跟你争论，有自己的一些独立的观点和看法，而不只是接受。

但我们求学的那个年代就以学为主，以教科书为准。在当时的环境下，老师们都很好，很敬业；但是那时候意识上确实不如现在，学习有些被动。现在已经没有太大区别了，南开也有很多像这样优秀的演讲者和研讨会。

记者：现在我们身边有同学觉得对生命科学了解不深不透，进而对自己未来的学业和职业生涯感到迷茫，您是如何建立起对生命科学的兴趣并选择以生命科学研究作为职业呢？作为学长，您能给学弟学妹们分享一些建议吗？

罗鸿博：我觉得你不一定非得选择做科研，就像我前面说的，你可以把大学在生物系的当作自己的技能，除了科研，你去创业或者干别的都是可以用得上，我大学的一些同学现在有做投资的，有自己开公司的，都很成功。如果你确定要选择做生物方面的科研，你肯定会加入实验室，你的导师给你的课题应该是很具体的、可实现的，所以你也不用去担心找不到可研究的方向。在做科研的时候找方向要站在高处看，比如说看你想做出什么样的贡献，是解决疾病还是对生命现象本身的探索。当你把科研当作职业的时候，你得喜欢它，不然你会觉得它很苦很枯燥；当你做这件事情的时候是兴奋的、不累的，你觉得解决遇到的问题是有意义的，那就应该是你喜欢这件事。

记者：您觉得近些年南开大学生命科学学院有什么可喜的变化？

罗鸿博：最近的两次校庆活动我都有回来，30 年来南开大学变化真的很大。就生物系来说，新的科研大楼，大批的优秀学者。生科院的老师大多都对世界生物前沿研究很了解，也有很多的前沿科研成果，这对培养、指导学生很重要，现在学生的综合素质也大有提高。

记者：您对南开生物和南开生科学子有何寄语？

罗鸿博：南开大学有着优良传统，现在我们的国力越来越强，是求学做学问的黄金时期。希望学弟学妹，在南开获取你们想要的知识，为以后的发展打好基础，并找到了自己喜欢的发展研究方向。更重要的，在这个过程中去享受这段时光，结识一生的良师挚友。祝生科院越来越好，再铸辉煌。

采访记者：张可欣　石珺琅

文稿撰写：张可欣　石珺琅　李鹏琳

王秀杰

——坚守初心的爱国生物科研工作者

王秀杰，女，1977 年出生，博士学位。现任中国科学院遗传与发育生物学研究所研究员，博士生导师。

1994 年至 1998 年在南开大学生物系学习并获得学士学位，之后在香港科技大学获得硕士学位，2004 年于美国洛克菲勒大学（The Rockefeller University）获得博士学位，同年在洛克菲勒大学完成博士后训练。

2004 年至今在中国科学院遗传与发育生物学研究所工作，担任分子系统生物学研究中心主任。

现任国家重点研发计划项目首席科学家。担任《核糖核酸生物学》（RNA Biology）、《定量生物学》（Quantitative Biology）、《生物信息学前沿》（Frontiers in Bioinformatics）等杂志编委或副主编。兼任第十三届中华全国青年联合会常委、中国侨联特聘专家委员会青年委员会委员、中国细胞生物学学会功能基因组信息学与系统生物学分会副会长、中国生物工程学会计算生物学与生物信息学专业委员会副主任委员等职务。

记者：1994 年刚满 17 岁的您通过高考被南开大学生物系录取，您可以跟我们分享一下当时您的想法吗？为什么选择了南开大学生物系？是"机缘巧合"还是"早有打算"？

王秀杰：很惭愧，其实我第一志愿报的是国际金融，是被调剂来生物学系的。其实自身还是挺感谢那次调剂的，因为如果真的去学了国际金融的话，也许我未必很适合，我现在发现生物确实是很适合我，我很喜欢。

记者：那是缘分所致。我们了解到您在香港科技大学的科研经历，有什么比较有意思或者印象深刻的事情值得分享吗？

王秀杰：在香港科技大学有很多美好的回忆，因为它是一所学术上很前沿的学校，当时我来到这所学校发现学校很新，各种设施也很完备，是一所风景优美的学校。我是 1998 年去的香港，是香港回归一周年之后，教育部从各个大学公派学生到香港学习。当时南开有七名同学一同前去，彼此比较熟悉，所以经常交流。我现在回想起来，令我印象深刻的还是当时在生化系的时候，系里规定每周为学生讲一篇文献，系里的老师如果不出差的话，基本上都会参加，和大家一起讨论，当时可能不是特别理解这种形式对于学生科研能力的培养有多重要，现在回想起来，我觉得收获特别大。

记者：您在香港科技大学攻读的是生物化学硕士学位，随后，您在美国洛克菲勒大学求学这段时间基因组学、结构生物信息学高速发展，请问这是您在博士阶段选择生物信息学的原因吗？

王秀杰：我在香港求学的时候，我的硕士论文是做两个蛋白互作，然后分析它们到底是蛋白上面的哪一个区域和另外一个蛋白的区域互作，这项工作我做了两年，中间有很多的困难要一点一点克服。因为细胞基因组上有很多的蛋白，如果是按照之前的方式来了解它们的功能，效率可能有些低，当时去洛克菲勒大学的时候，人类基因组计划接近完成，我的导师是做基因组研究的，是一位相对比较先驱的科学家，选择进入他的实验室，是因为我更希望从一个宏观的角度，全面地去理解生命调控的规律，所以这是当时从生物化学转到生物信息学方向的一个最主要的原因。

记者：王老师您一直在生物领域从事科研，请问您是否对生物的未来有所期待呢？可以冒昧问一下您对您的科研事业的期待是什么？

王秀杰：随着这几年科技的发展，尤其是新冠疫情对整个社会和生活的影响，大家应该已经感受到，生命科学对于未来人类的发展是至关重要的。人类历史上一直都是无间断性地受到各种疾病的影响，但已经有很长一段时间没有这种传染病的大流行，所以大家可能更关注的是像肿瘤、糖尿病、心血管疾病等慢性病。这次的新冠疫情，给我们一个深刻的教训。尤其对做生命科学的研究人员来讲，我觉得我们要做的事情还很多。我们需要去了解生命调控的奥秘，需要在现在气候变化的情况下，保障我们人类的粮食供给，需要去攻克一些慢性疾病，或者说来保障人类的健康，同时还要去预防和治疗这些传染性疾病。之前有一种说法是"21世纪是生命科学的世纪"，我们期待生命科学能够为人类的生存和健康做出更多的贡献。

记者：这些年随着国家对科研经费的大量投入，我国的科研工作无论是硬件设施还是软实力都发展得很快。2004年，您选择举家回国发展，虽然您也曾说过"回国的不确定性在当时对我们有着更大的吸引力"，那么还有什么其他的原因使您放弃美国优越的发展条件，选择到中国科学院遗传与发育生物学研究所进行研究工作呢？

王秀杰：我在香港科大面试洛克菲勒大学的时候，面试我的是一位华人科学家，新加坡的蔡南海教授，他是美国洛克菲勒大学的终身冠名教授，早在20世纪80年代就对中国的分子生物学的发展做出了很多贡献。面试的时候，他就讲到希望将来我学成回国。后来我从这些华裔科学家身上学到了很多，作为一个中国人，出国求学是学习生涯的一环，学成之后，回到祖国，我觉得就像回家一样是很自然的。而且我们这一代人也没有感受到国外和国内的条件差别有多大。研制两弹一星的老一辈科学家，他们所处的年代确实国内外待遇差别很大，但事实上在2004年我们回国的时候，中科院已经提供了比较好的科研条件和个人待遇，虽然和美国比还有差距，但是这些已经足够支撑我们开展前沿的科学研究，并且可以生活无忧。所以说我们这一代人回国是奉献，不是很恰当，其实就是一个选择。我们中国人，我希望学成之后在中国贡献自己的力量，同时也希望我们的小孩，能够在中国健康成长。祖国的怀抱是最温暖的，在自己家做什么事情都会觉得很放松。

记者：我们在网上查阅了很多关于您的研究成果，在科研这条道路上会面对各种挑战和困难，请问您是如何看待挑战、解决困难的呢？

王秀杰：任何一个职业都不容易，我觉得能够做科研其实是很幸运的一件事情，尤其是自己又很喜欢，当然这个喜欢不是最初来南开读书的时候就明确的，而是在求学过程中越来越发现生命科学领域有很多奥秘等待着我们去发现，这就像在大山里面寻找宝藏，在研究生命科学的过程中不断发现新的东西，这种乐趣不是其他职业能带给我的。也就是说，当你把兴趣爱好和自己从事的职业融合在一起的时候，就是一种幸运。当然在这个过程中，我们需要付出很多时间，需要很努力，这是顺理成章的事情。每一份职业想要做好都需要这样，所以我觉得这并不辛苦。

记者：老师，我们了解到您作为党员代表参加了中国共产党第十九次全国代表大会，此次会议的主题为"不忘初心、牢记使命"，请问您在科研工作上的初心是什么？是什么样的力量使您一直坚守初心？

王秀杰：我认为"不忘初心、牢记使命"主题教育非常重要，对我们每个人的发展成长来讲，只有牢记自己的初心，才能够在面对一些困难和诱惑时去坚守。就像刚才谈到的，我的初心就是去做有价值的科研，取得重要的科学发现。人类掌握的知识加深了我们对生命科学调控规律的了解，让我们能够为人类的健康做出贡献。这几年对我影响比较大的事情就是我会更加注重科研项目的选择，要去考量科研价值，我们的时间和经费是有限的，而国家需求也是很迫切的，所以就要求科研人员要具备一定的判断能力，在自己擅长的领域，选择最重要的科学问题，选择最有价值的研究方向，让成果能够更有效地为国家发展和人民生命健康服务，我想这就是我们需要坚持的初心吧。

记者：您的学生生涯、从业生涯一直未离开过生物领域，在这一过程中，您一定遇到过形形色色的人和事，给您感触最深、印象最深刻的人或事可以与我们分享一下吗？比如说您的家人、朋友、老师等。

王秀杰：有很多老一辈的科学家对我影响很大，南开的教授是非常质朴、非常亲切、非常学术的一批人，是他们奠定了我最初的科研价值观。在香港科技大学求学过程中，我的导师是现在南方科技大学的张明杰教授；在美国的时候，学术委员会的主席是我论文的主要合作导师；我后来工作中，身边的很多同事都是非常优秀的科学家，从他们身上，我学到了非常多的优秀品质，这些对我的发展影响特别大。

记者：可以举例说明一下是什么样的品质呢？

王秀杰：一个是科学家要坚持刻苦钻研、求真探索。我遇到的人都非常勤奋，热爱科研工作，很有激情，非常严谨，精益求精。科学研究要求我们必须有求真的精神，不能马马虎虎，不能用似是而非的结论发表文章。另外一个是科学家有很强的家国情怀。像我们所的李家洋院士，他回国之后，主要的研究对象是拟南芥和水稻，因为当时国家需要他做橡胶草，他马上改做橡胶草。一方面他的勤奋给我们树立了很好的榜样，另一方面他积极响应国家需要，不断调整自己的研究方向。还有我们所的李振声院士是做小燕麦培育研究的，小燕麦是我国小麦的一个品种，也是为国家的需要一直在坚守。前辈的坚持对我们影响很大，我们也因此学到很多。

记者：您有很多让人羡慕的荣誉，您对从事科研工作的女性工作者有什么建议吗？

王秀杰：女性科学家在历史上做了很多重要的贡献，比如说两次获得诺贝尔奖的居里夫人，还有发现转座子的麦克林托克，其实我并不觉得女性科学家做科研工作一定要牺牲什么，只是这个行业需要我们投入的时间更多。但科研工作有很多优势，是其他行业不能比的，比如说我们在思想上的自由，包括科研方向的选择、科研奥秘的探索等，并且科研带来的成就感和收获是巨大的。如果有足够的兴趣，加上足够投入，同时你的思维方式又适合做科学研究，那么取得成果其实在很大程度上不是取决于智商，而是个人的综合投入，这与付出基本上是成正比的。从国际上来讲，对于女性科学家的支持力度很大，就拿我来说，比如基金委的青年科学基金，女性的申请年龄要比男性放宽两岁，还有一些学术会议，会要求女性科学家报告人的比例等。整个国际社会非常重视女性科研人员的作用和地位。当然我觉得科研并不是适合每一个人，还是要根据自己的兴趣做出选择。

记者：作为一个学习生物专业的学生，能够去您所在的科研院所继续学习深造的机会有多大呢？

王秀杰：我们所的老师们非常欢迎南开大学的学生来到我们所继续深造、就业。我们对南开学生的印象非常好，也很愿意给南开的师弟师妹们提供这样的机会，我们欢迎大家，也希望你们帮我们多宣传，动员更多的南开校友加入我们研究所。

　　记者：今年正值南开大学生物学科成立 100 周年，作为生科院的杰出校友，请您对南开生物和南开生科学子寄语？

　　王秀杰：首先，我很高兴看到南开生物学科成立 100 周年，这是给了我科研启蒙的地方，刚才我也提到了，南开的老师们传授了我们很多优秀的品质。生命科学是非常重要的一门学科，所以进入生命科学领域学习的同学们，将来一定会大有作为。生命科学相比其他学科有很多的优势，它最大的优势就在于这是一个很年轻的学科，还有很多未知的，重要的发现等着我们去探索，所以同学们有很多的机会，要传承老一辈科学家的精神，牢固地掌握知识和技能，并且要能够跳出固有的思维框架和知识体系，去取得更大的发现。

采访记者：吉雨　孟钰杰　张保英

文稿撰写：吉雨　孟钰杰　张保英　由佳

贾雪峰

——成功的创业者

贾雪峰，男，1982 年出生，硕士学位。现任金匙医学首席执行官（CEO）。

2001 年至 2005 年在南开大学生命科学学院学习并获得本科学历，之后在清华大学获得生物学硕士学位，在职期间获得中欧国际工商学院高级管理人员工商管理硕士（EMBA）学位。

2008 年在毕马威华振会计师事务所工作，担任审计师职位；2008 年至 2011 年担任招商和腾创投高级投资经理；2011 年至 2014 年担任深圳市同创伟业创业投资有限公司副总裁；2014 年创办深圳市聚电网络科技有限公司，曾任聚电科技创始人兼 CEO；2017 年创办金匙医学科技有限公司，现任金匙医学创始人兼 CEO。

记者：请您讲述一下在南开大学的求学经历，和值得怀念的人和事。

贾雪峰：我是 2001 年参加高考来到南开大学的，在南开度过了 4 年的美好时光。在南开的求学经历是值得怀念的。当时刚刚离开家乡，在大学的生活也和学弟学妹们一样，非常怀念在教学楼上课和自习，特别是当时一起去抢教室座位的经历。由于我们南开是文理兼备的综合院校，所以当时也选了不少人文和商科的选修课，开阔自己的视野，也为以后的工作做了一些准备。另外让我印象最深的就是当时大三的考研备考阶段。我报考的是清华，我宿舍的一个兄弟报的北大，两个人每天早出晚归，每天一起核对进度、互相督促的时光是非常难忘的，也是很有意思的。

记者：请问您当时选择考研是出于什么样的考虑呢？和您之后的工作，以及创业过程有关联吗？

贾雪峰：当时肯定没有想到后来会创业的。当时选择考研，主要还是觉得本科学的东西还是相对比较少的，对这个学科和这个行业了解还不够，所以希望有机会能继续深造。另外我当时也考虑过出国留学，我们有一些同学毕业以后去了哈佛和普林斯顿这类学校。因为我当时学分绩点不太够，所以就决定了要考研。

记者：请问您在大学期间有没有那些天马行空的理想和梦想？

贾雪峰：理想和梦想是有的。我是一个比较喜欢憧憬和幻想的人。当时在就读本科和研究生期间，一直都想着能够去环游世界和改造世界，一直有这样的梦想。

记者：您创办的金匙医学主要从事的是感染诊断方向，请问为什么会选择这个方向呢？

贾雪峰：我一开始没有很明确的创业目标，是一步步探索论证得到的。我研究生毕业后的第一份工作是风险投资，大概做了七八年的时间。当时在深圳工作，几乎每天都会跟各种各样的创业者打交道，也是在这个过程当中逐渐萌生了创业的想法。我一共有过两次创业的经历，第一次是新能源方向，当时我们做了大概三四年，被一家上市公司并购了，也初步实现了经济自由。在这种情况下，经过一段时间的思考，还是决定选择自己已经耕耘了 7 年时间的生物大健康行业，首先是因为自己对这个行业是有感情的，其次对这个行业是非常感兴趣的。

另外，从某种程度上来讲，创业的方向并不是我们主动选择去做什么，而是需要思考在那个时间点或者未来有哪些好的机会。从这个角度来看，创业不是一个选择题，而是排除法，当把那些可能做不成或者做不好的事情都排除掉了，能够做的其实非常少了。

对于我们选择感染诊断的原因，是因为有很多疾病都是跟感染病相关的，我们人类和病原微生物的抗争已经延续了上千年，相信在今后也会一直面临这种挑战。我们企业的主营方向是围绕着测序技术去开发产品。对于测序技术，用于治疗的场景并不是特别多，但是用于感染的诊断是一个相对成熟的应用场景。当时，肿瘤的检测和生殖遗传的概念是比较热门的，而测序作为一个新的技术刚好可以解决很多感染的诊断问题，在未来应该会有比较大的市场，所以我们坚定地选择了感染诊断里面的测序方向。另外我的合伙人也是学生物的，她是北大毕业的博士，我们相信自己有能力去做好这件事情，也有机会把企业做到头部，所以一拍即合就选了这个方向。事实证明，在这几年与新冠疫情的斗争中，我们的产品和技术也发挥了很大的应用价值。

记者：您可以谈谈对创业的理解吗？比如说公司的管理与运营或者选拔人才的角度？

贾雪峰：工作以后，我担任过的角色有投资人、创业者。作为投资人，我们的工作是去支持创业者，听他讲他公司的故事，助力他们成功。当然在投资之前，也会关注各种各样的风险，问各种各样的问题。但是当自己创业以后才发现，公司真正遇到的风险和问题，是一个局外人很难理解的。从另一个方面来讲，我也会面对各种各样的投资人，这些投资人有很多是名校毕业后直接做投资的，能看出来他们确实是对一个企业或者一个产业的理解是不深入的。作为企业管理者来说，会遇到方方面面的问题，包括赛道的选择、合伙人的选择、现金流的管理，甚至每个机会的把握等。任何一个细节出了差错，都会导致这个企业崩盘，所以每一天都是如履薄冰。目前我们公司的发展取得了一定的成就，在这个行业算是个佼佼者，公司初具规模也在多个城市落地，但是不能说就成功了，未来的路还是很辛苦的，还需要慢慢地摸索。

记者：您经历了投资人和创业者的身份转变，在这个过程中，您的心境是否有变化呢？

贾雪峰：心境的变化是和社会角色的变化相关联的，随着社会阅历的逐渐丰富和年龄的增长，确实会有一些沉淀。我读书或者刚毕业那会儿是一个比较张狂的人。刚开始做投资的时候非常活跃，棱角分明，很高调，后来也是经历了一些挫折。

创业以后，我发现做一家企业，其实也是反观自己的一个过程。尤其是企业会放大创始人身上的很多缺点和短板。老板的喜好会成为公司的企业文化，老板的兴趣点或者关注点可能会成为企业发展的方向和战略。但是自己身上的短板，可能最终会直接导致企业出现危机。所以从某种程度上讲，自己的企业也是对个人的一种放大，通过做企业可以给自己一个机会去观察自己的方方面面。

对于年轻人来说，不可能在刚毕业的时候就尽善尽美，犯错误是比较正常的。但是我希望大家在遇到困难的时候不要轻易被击倒。另外，大家一定要学着去和自己和解，多多包容自己，不要觉得自己什么都很优秀，什么事都必须做得特别好。也不要因为某些不完美的工作就觉得对别人有亏欠，不论是对家人，还是对朋友，还是对员工或者合伙人。只要努力了，把该做的事情都做到位了，就没有必要去背负那么多。如果能够与自己和解，你就会拥有平和的心态去包容别人。

另外，我们有的时候对别人非常苛刻。在某种程度上讲是因为不能接受自己某些缺点在别人身上的投射。一旦跟自己和解了，也就能够包容自己的缺点了。连自己都能原谅了，也就可以原谅别人了。当你用平和的心态去跟别人打交道的时候，你会发现别人也会愿意跟你交流，这样就会给自己创造更多的机会。这是我这些年的一个感悟，自己沉淀下来以后，会发现周围也变得美好了很多。

记者：您有过两次创业的经历，今后您考虑新的创业项目吗？以及您比较看好什么样的赛道？

贾雪峰：我的第一个创业项目是新能源领域，赶上了新能源行业的快速发展，后来创办金匙医学也是在商业中遇到了很好的机会。机会是属于有准备的人的，这不代表我们非要刻意去抓什么机会，但是机会来临的时候，就要不顾一切地冲到前面去，把该做的事情做好。另外我发现创办一个公司并成为行业内的佼佼者是很耗精力的事情。因为任何一家企业做到任何阶段，它其实都是有生存压力的。当公司再革新的时候，你是不可能指望让别人冲在前面，自己仅仅在背后当一个指挥官就可以的。一个企业如果要做好，一把手需要把精力放到新的业务线上，亲力亲为把把握好每一个机会。高管和合伙人要做的事情是把你原来已经证明过的模式能够有条不紊地推进下去，它可以在运营过程中逐渐地去强化和优化，但是新的机会是一定要企业创始人亲自去抓。对于金匙医学来说，它会有一个经营范围的边界，如果说我认为有些机会不适合当前金匙的平台去拓展，我可能会去创造一个新的平台。

对于未来的打算，由于我做了七八年的投资，又有当前的创业经历。

如果再过十年左右，我有可能会把这两段经历结合到一起，去尝试一种中间的状态或者模式。对于投资人这个角色，我会反思：投资人或者投资公司的核心竞争力是什么？商业模式是什么？有什么优势？我在思考投资公司经营模式的时候，我认为传统的风险投资模式也是有问题的。那么未来的话是不是会有一种新的介于投资和企业之间的模式出现？这个过程是：首先你可能是企业的大股东，但是在创业过程中你会逐渐地释放股份，然后去搭建团队，到最后还原成一个投资人身份，而对方是创业团队。

关于未来的趋势，从商业模式或者产品角度来讲，有一些趋势还停留在文字阶段。比如说我在天津大学工作的室友，他的实验室在做合成生物学，我认为是不错的，合成生物学和能源行业、医药行业等都有很强的交集，我认为像这样的一些革命性的技术，它的产业化是有很多好的方向可以挖掘，比如像基因编辑和细胞治疗的结合，我认为就是一个非常好的方向。

我们现在做的是以诊断为主，那么如果再做一家跟生物相关的企业，我可能会考虑治疗方向，类似于这样的新技术，如果有好的机会，我认为可以去尝试，但目前还没有这方面的计划。

记者：您的用人观是怎样的？另外对于我们这些即将走入社会的大学生，您有什么建议？

贾雪峰：首先我不太喜欢夸夸其谈的人，但我非常欣赏同学们有很高远的理想。不过坦率地说，任何事情都需要从最底层一步一步去做，而且很多能力实际上是在不断解决问题的过程中形成的，并不是天生具备的。所以我并不介意刚刚踏出校门没有什么经验的大学生，我比较看重的是他面对问题时的态度和他对问题的理解，以及做出的选择。我们都处于一个资讯很发达的时代，这样会导致大家在遇到问题的时候很难静下心来去深入地思考，而会过多地依赖别人的经验或者想法。从某种意义上来说，我们获得的信息越多，其中包含的虚假信息也会越多，这些信息可能并不是一个很好的方案。另外我发现一个现象，真正做得好的人并不一定是很有天赋的人。这些人往往在他刚起步的时候没有那么多机会，他甚至都不知道自己能做到多好。但是他们一直会坚持走好这一条路，把工作做得很深入，而不是凑合和应付，我觉得这样的人后劲是非常足的。

对于名校的毕业生，可能眼光也会很高，甚至会觉得有些底层的工作是看不上的。举个例子，比如我们很多的毕业生上来就说我要做产品经理、市场经理，根本就不考虑实验员或者销售这样的岗位。然而对于企业来说，其核心是基层岗位。一个企业做得成功，离不开每个基层岗位的贡献。如果说一个同学能够从基层岗位做起，把基本功打好，并且有自己想法，他成长会非常快。但是那些一毕业就在产品岗位上的，其实是没有基本功的，也很难做出比较大的成绩。所以对于我们的名校毕业生而言，可能最直接的问题就是眼高手低。

记者：对于生科院的师弟师妹们，您还有什么嘱咐吗？

贾雪峰：首先我们应该认可自己的专业，学校里老一辈的导师们没有说错，21世纪确实是生命科学的世纪，只不过一个世纪有100年，前二三十年还没看到亮光，我觉得这也是正常的，但是以后会更加繁荣的。

随着行业的发展，留给大家去创新的机会看似越来越少了。在21世纪初，可能复制一些思路或者理念，就可以发展成一个很成功的企业。但目前来说，仅仅通过上述投机取巧的方法就想做成一个很成功的企业是越来越难的。所以，还是希望同学们要有一技傍身，这种独特的技能，才是支撑自己后续发展的基石。我建议已经读到研究生的同学，不要轻易转行，不要觉得别人的饭就比自己捧的这碗饭香。大家要相信自己所学的专业，多接触一下这个行业，去了解一下这个行业到底是什么样的。仅仅通过在学校里上几门课或者进实验室做一两年实验是不够的。如果有机会的话应多交流，也可以考虑多选择一些在行业内口碑很好的企业实习和实践，去了解这些企业到底在做什么，为什么要做这些事，是怎么做成的。

记者：您对于南开生物学科的发展有什么建议呢？

贾雪峰：我希望我们的南开会越来越好。我也相信南开的领导会定制适合南开的发展路线，能够把生命科学学院做得更好。我曾经在深圳工作十几年，然后在北京创业，也去过欧美的一些国家考察过。据我所知，包括哈工大在内的很多高校都在各地建了很多校区，也有像清华与常春藤院校联合办学，开设了一些联合研究生院和项目，我觉得南开也可以考虑借船出海，把我们的生物学科推广出去。

记者：今年是南开生物百年，请您为南开生物学科、南开生物百年寄语。

贾雪峰：21世纪是生命科学的世纪，我非常希望南开的生命科学专业，尤其是生命科学学院能够代表学校引领时代发展，希望校友们能够打开格局，传承南开务实的学风，积极把握新世纪的前沿技术方向，最后祝愿师弟师妹们走出南开园后，能够成为我国生命健康大行业的中流砥柱！

采访记者：李一丹　孙昱琪　陈昱妙
文稿撰写：李一丹　孙昱琪　陈昱妙　由佳

第五部分　在校生证文

我和南开生科的故事

李雪桐

刚来南开的时候，我还是一个习惯于躺在自己舒适圈里一动不动的人，哪怕一点点小小的挑战和尝试都会引起我的恐慌。所以，军训时推选班长的时候，我很果断地选择了缩在角落里。

但我又觉得，都已经上大学了，不能再像以前那样逆来顺受了。于是我又在后面推选班委的时候默默地举手，"捡"了一个宣传委员——还特意挑了一个最不需要跟人打交道的，可见当时的我有多么"怂"。

宣传委员的工作是写军训简报和军训日记，根据当时的兼职辅导员叶翔老师的安排，大家轮流上岗，每个人承担几天的任务，井然有序，井井有条——但是跟我没什么关系，因为第一天我就看错了中午开会的消息，说是在生物站，而我赶到了田家炳（学生活动中心田家炳音乐厅），所以我压根就没被写进工作安排里。等我赶到生物站的时候，简短又高效的宣传委员会议已经结束了。

我赶紧给叶翔老师发微信承认错误，言辞恳切，情感真挚。叶老师很快回复道："知道了，准备俯卧撑吧。"

我在南开生科的四年就这样有点草率地开始了。

第一次跳出舒适圈的尝试以一种荒唐的方式收尾，导致我在整个大一期间基本上没有尝试什么新鲜事物，只是机械地做好自己手头的事。好处是，没有被各种各样的可能性和发展方向扰乱心智，使得我取得了一个不错的成绩；坏处是，在大一结束的时候，我突然觉得非常迷茫：我到底想要什么呢？我能做什么呢？

幸运的是，生科院给我们每个人都配备了一个"学业导师"。我的学业导师是一位非常有智慧的女科学家，每次与她交谈都能令我顿感醍醐灌顶，然后重燃激情。在她的引导和建议下，我花了几个月的时间去探索自己的兴趣，终于发现我好像还挺喜欢科普这件事的。我的导师知道之后给予了我巨大的肯定和鼓励，并且非常耐心、细致地指导了我该怎样去提升自己创作科普作品的能力。至此，我终于感觉到自己成为一个真正的"大学生"。

李雪桐担任南开大学百年校庆志愿者

大二对我来说是异常忙碌和充实的一年。愈加深入的专业课知识，繁多的课时，辅修专业全然未接触过的新领域，加之初入科研实验室的慌乱，繁杂琐碎的学生工作，种种压力齐齐压到我身上。但大二对我来说，也是飞速成长的一年。我逐渐发现，自己不再害怕在众人面前发言了，不再因举办活动而焦虑了，不再面对一堆任务而手足无措了，不再觉得自己天生"不适合做一个领导者"了。在一次次摔倒又爬起来的过程中，我做事情的效率越来越高，妥善安排工作的能力越来越强，遇到突发情况也能够冷静自如地处理。一次又一次"不知好歹"地从自己的舒适圈里跳出来，然后再把这个圈子的范围扩得越来越大，似乎就是我大二一直在做的事。

李雪桐在经验分享会上发言

　　大三大四，我的视野越来越广阔，生活也越来越丰富。站在这个南开生科这个很好的平台上，我得以接触多种学科、多种视角、多种思维。在这里，我参加了很多学术报告会和交流会，接触到了许多前沿的科研成果，感受到了生命科学的独特魅力，也切身体会到了科学家们的幽默、浪漫和坚持。生科院有一门"名师引领"课，每周都有一位在自己的研究领域做出非常精彩、卓越的工作的老师来给同学们分享自己的研究。这门课对于一只脚刚刚踏进生命科学研究大门的我们来说，既是一场学术的盛宴、科研的狂欢，又是一种方向的指引和点拨。

　　在生活方面，生科院团委的老师们对每一个学生都倾注了十足的心血，保障着每个人自由而全面的发展。在他们的照顾和培养下，曾经不善言辞的我硬生生变成了"高产的段子手，行走的表情包"，变化大到连我的亲人们都啧啧称奇。

　　在上大学之前，所有的学校对我来说都是一样的——是一个符号、一个名称，然而几年过去，在南开，我才真正明白了大学的意义。

李雪桐与 2021 级学弟学妹们

不觉间，生科院已经成立一百年了。有幸参加过南开园百年校庆的我，在生科院百年之际，也想以"校友"的身份记录一下我与她的故事。对我而言，生科院像一位长者，充满智慧，满腹掌故，历尽沧桑，包容着一届又一届学子的来来往往。但她也永远年轻，永远焕发着生机和活力，永远追求着科学真理，永远孕育着年轻的科学家们。这个学院可以满足我对大学生活的一切想象，也带给了我不曾设想过的幸运和成长。

毕业典礼的时候，我作为本科毕业生代表发言，身披学士服站在田家炳的舞台上，我突然感慨万千：四年前那个看错通知慌慌张张跑到田家炳却扑了个空的我，最终竟还是回到了这里告别自己的大学时光。这一头一尾，将我在生科院的四年连成了一个圆，画成了一个圆满的句号。

李雪桐作为本科毕业生代表在 2021 年毕业典礼上发言

　　在生科院里的四年打马而过，猛然一想好像没有什么特别"不一样"的时刻，反复回味却又觉得每一刻都弥足珍贵。这四年的时光和经历对我而言影响深远、意义非凡。我深觉自己十足幸运，在这里遇到了许多许多的贵人，收获了许多启发、成长和蜕变。四年前，我带着对未知的恐惧和迷茫来到这里；四年后，我带着自信、情怀、感动和满满的爱离开这里。以后，无论我走到哪里，这四年的点滴过往都会影响着我、塑造着我，正如徐志摩的诗所描述的——我是天空里的一片云，偶尔投影在你的波心。

　　作者简介：李雪桐，女，1998 年出生，2021 年毕业于南开大学生命科学学院，现就读于北京大学生命科学学院。在校期间曾任生命科学学院团委宣传部部长、学生团委副书记、兼职辅导员。曾获国家奖学金、南开大学周恩来奖学金；获评天津市优秀学生、南开大学优秀共青团干部、南开大学优秀志愿者、南开大学优秀毕业生。

从生科起始，于南开发光，在祖国大地绽放

李晶晶

2018 年我走入南开园，走进生命科学学院，攻读博士学位。不辞艰辛考来南开生物，只为圆幼年的梦。第一次从东门初入南开园，就被大中路旁一排排挺拔的毛白杨，庄严肃穆的校钟和古朴的第四教学楼所震撼，他们无一不彰显历史的厚重感，我顿时心生敬畏。生科院里，院士照片威严肃穆，仿佛在默默给我勇气；大家忙碌的身影，也感染着我去做一个敢想敢干的生科人。

来到南开四年有余，感念南开创造良好的平台，让我的科研顺利进行；感念生科院创造良好的学习科研环境，让我有勇往直前的勇气；感念老师们悉心指导和谆谆教诲，让我在科研和生活的道路上少走许多弯路。南开生物在我的成长过程中所给予我无法衡量的财富。南开生物，一片培育树木的沃土，一个让莘莘学子引以为豪的学院。您给予我们一片和风细雨，我们将还您一秋累累果实。

心系田野——在百年生物感染下更坚定初心

我来自河南农村，从小就经常跟随父母下地干活。当时村里的作物经常遭病虫害，只能大量施药，若逢灾年，颗粒无收也是常有的事。自那之后我便立志要克服万难，探寻出一种绿色方法，彻底解决虫害问题，让中国人吃上放心菜，带领农民走科技兴农的小康之路。

为了实现心中的理想，我义无反顾报考了农学相关专业，随着科研工作的深入，我发现只有登上更加广阔的平台，才有机会实现心中的理想和抱负，就这样我一步一个脚印踏实地前行。2018 年，我成功地走入南开园，成为生命科学学院阮维斌教授团队中的一员。在这里我还成功找到了解决虫害问题的钥匙——昆虫病原线虫。

作为从农村出来的学生，我深知农民的艰辛，更知党带领人民在脱贫攻坚战斗中是无数人的日夜坚持和奋战才有了现在的成果。百年生物，无数前辈学人无不将个人命运与国家民族命运紧密相连，在为国家发展贡献智慧力量的过程中实现人生价值。这也更加坚定了我在农业道路上走下去的决心。因此我带领团队致力于研发一种以昆虫病原线虫为基础的、安全无污染的生物防控技术。希望以科技兴农助农民致富，防止返贫，守护这来之不易的成果，走上绿色可持续的农业发展之路。

在导师的指导下，我充分发挥专业优势，研获了一种"以虫治虫"的绿色生物防治技术，有效解决了农药残留、害虫易抗药、环境污染等问题，而且可防控 200 多种害虫。经过多次的田间走访，我注意到韭菜因聚集在根部的韭蛆危害导致产量降低 80%，一般的喷洒农药无效，只能频繁使用农药灌根的方式来防治，而且没有有效的绿色防控方式，农药残留严重，食品安全问题严峻，农民增收困难，环境污染严重。我下定决心将昆虫病原线虫应用于田间，让老百姓用得起，让人民吃得放心。

攻坚克难——在名师引领下不负使命

生物名师引领，让我在困难中仍心怀希望。昆虫病原线虫可以有效防控害虫，但一种昆虫病原线虫只能防控少量害虫，那么资源从哪里来？从 2018 年开始我就在老师们的支持下带领团队奔赴全国各地采样，走过 11 个省份，300 万平方公里的土地，从最初的几十份合格样品，到如今的 4000 份土样，200 多份线虫。得到线虫资源后，它在常温条件下极易死亡，如何储存？若要将"以虫治虫"的技术应用于田间就必须扩大虫源生产，如何大批量生产？我带领团队历经百余次试验，解决染菌的关键性问题，终于在 2021 年解决了线虫储存难和生产难问题。

批量生产线虫之后，以什么样的方式应用到田间？如何实现大规模应用？一个个的问题引导我不断深入科研。于是我又开始了虫尸剂研究。虫尸剂就是感染线虫的昆虫尸体，它可将线虫呈百倍扩增，且能持续释放 3 个月。经过千余次工艺调整，2021 年终于将次品率由 70% 降为 0，成功解决虫尸剂量产难问题，将成本从 3000 元 1 亩（1 亩≈0.067 公顷）降为 30 元 1 亩，实现量级上的突破，相比施用农药收益提高 5 倍以上。最终建成了全国最大的昆虫病原线虫资源库，创立固体培养技术，国际上首次实现了虫尸剂规模化生产，日产超 1000 亩。

释放能量——在祖国大地不断绽放

南开生科创造条件，让我们的技术得以在祖国大地绽放。"以虫治虫"技术在实验室相对成熟后，我从农药残留最为严重的韭菜开始了田间应用之路。在生科院和相关企业支持下，最初在山东寿光为农户提供虫尸剂并开展培训，施用一个月后，韭菜长势良好，农药检测零残留。而后，我们就开始在云南玉溪，天津宝坻、蓟州、武清，河北乐亭、廊坊等地，针对其他烟草的害虫小地老虎、花生的害虫蛴螬、番茄害虫金针虫和烟青虫等多种作物害虫防控开始同步示范。

2021 年 5 月份，我带着研发出的小批量虫尸剂跟随生科院领导和老师

们到"扶贫号角吹响的地方"河北省阜平县黑崖沟村用以防治番茄地下金针虫。当时番茄还是小苗，金针虫将地下根茎咬断，出苗率不到 70%。我立即带领村民施用刚研制出的黄粉虫虫尸剂；6 月份得到反馈，地下金针虫的防控效率达到 80% 以上。同时在 7 月份，番茄果期，烟青虫危害严重，我们又邮寄过去线虫溶液，远程教授喷施方法，在地上烟青虫防控上也取得良好效果。村民张红亮说，"'以虫治虫'技术对于金针虫、烟青虫等害虫防治效果很好。现在虫害的问题得到解决，这下我就放心多了，完全有信心做好有机农业"。得到村民们的肯定和好评，让我觉得再辛苦也是值得的。

目前，我带领团队研发出的产品品系可以防治 200 多种有害昆虫，并将这种"以虫治虫"的生物防治技术推广至国内 9 省 15 市的 4600 余亩试验田，在韭菜、番茄、土豆、花生、人参、桃子、茶叶等 10 余种农作物害虫防治上取得良好效果；累计助农 300 余户，培训 1000 余人，帮助农户获得经济效益超 1500 万元。后续昆虫病原线虫产品还将推广到其他蔬菜、中草药、果树、城市林木、高尔夫球场等多个领域应用。产品应用成果被中青网、人民网等媒体多次报道。同时，我带领团队成功斩获第七届中国国际"互联网+"大学生创新创业大赛金奖。

生命科学学院是我坚强的后盾，总是把一缕缕温暖输送给我们，让我在勇往直前的路上没有后顾之忧；让我们在纷杂的尘世中永存那份做人的品性，不失那份人之初的纯真。我也更加坚定将南开生物教育百年风范传递下去。将"以虫治虫"技术大面积推广，将更多品系的昆虫病原线虫应用于田间，解决因农药残留过量而导致产品价格低廉和食品安全问题，让中国人吃上放心菜，带领农民走科技兴农的小康之路，保护祖国的绿水青山。带动更多的人加入创新创业的队伍，投身乡村振兴。

很幸运也很荣幸来到这里，经历南开百年，生物百年。我爱南开，爱生科，爱生科人，爱生科楼宇，甚至楼前的一草一木。百载风雨兼程，百年青春如歌，南开生物蓬勃发展，奋发图强，得以桃李满天下。在 100 周年华诞之际，祝愿南开生物积历史之厚蕴，更展宏图！再谱华章！

作者简介：李晶晶，中共党员，生命科学学院植物学博士研究生。2019—2021 年先后担任党支部宣传委员和党支部书记。申请专利 3 项，发表论文 3 篇。研究生期间曾获得南开大学青年五四奖章、南开大学十大学生年度人物、优秀共产党员、优秀学生干部等多项奖励。带领团队研获"以虫治虫"的绿色技术，建立全国最大的昆虫病原线虫资源库，国际上首次批量生产虫尸剂。同时作为项目负责人，获得第七届中国国际"互联网+"大学生创新创业大赛红色筑梦之旅赛道全国金奖。

君子如珩，羽衣昱耀

段星晨

我想，我是幸运的。2019 年博士入学恰逢南开大学百年华诞，新老校友欢聚一堂，共叙荣耀，齐展宏图。百年芳华，承载的是百年南开的辉煌历程，传承的是南开人"公能日新，初心不改"的精神，身为南开学子，我为母校而自豪；2022 年博士毕业之际，我又十分幸运地见证了南开大学生物学科成立 100 周年，看到百年来生物学薪火相传繁荣发展，累累科研硕果造福人类社会，身为生物学科一名学生，我为学院而骄傲。时光荏苒，转眼间我将阔别我深爱的母校和学院，我想无论何时何地，再回首，这份荣耀于我来说都将是最珍贵的回忆，这段时光也将是我一生最宝贵的财富。

科研是一门神圣而庄严的学问，令人向而往之。很幸运的是，一直深埋内心的这朵理想之花，在当我选择报考南开大学生命科学学院研究生之时，悄然破土而出，开始萌芽。终于在 2017 年 9 月，功夫不负有心人，我如愿实现了这一目标，真正踏入南开大学生科院开始了我的研究生生涯。还记得第一次踏入南开的校园是参加研究生入学的复试，竟没有一丝陌生感，这种熟悉和亲切的感觉或许就是南开的魅力吧，厚重、博学又十分谦逊。

在憧憬与忐忑中，我开启了研究生生活。作为科研小白的我对一切都充满了好奇，在师兄师姐的带领下，我开始学习实验技能和锻炼分析数据的思维能力，慢慢地培养自己的科研素养，这是一段艰难但又十分奇妙的旅程。难的是研究生与本科阶段的学习生活完全不同。导师的角色不再像本科阶段一样时刻叮嘱你要做什么，研究生导师跟学生的关系更像是"兔子理论"所描述的那样，导师指出有兔子的那片森林，而我们要从学习打一只视野中奔跑的活兔子，到可以打一只看不到的活兔子。这个过程中，不再有导师的耳提面命和师兄师姐的手把手教学，更重要的是自己对科研的兴趣和自觉性，要积极主动去做这件事，因为被动和主动地去做一件事，最终的结果定然是截然不同的。我们要学会在这个过程中喜欢上"狩猎"，并用学来的方法和技术，一次次地"猎取"，最后享受"擒到兔子"后溢于言表的喜悦，这就是历尽千帆，得偿所愿后的成就感。当成功做完一个课题，最终以 SCI 论文的形式收获时，于自身而言这不仅是从 0 到 1 的突破，更是一种成长，我想这也是科研的奇妙之处，也正是这份对未知的好奇与探索的成就不断激励和鼓励着我继续前行。在科研这座学习殿堂里，大部分人并非天才，笨鸟先飞靠的是勤能补拙。作为普通人，我们不仅要花更多的努力，还要学会在相同的时间里高效地学习和工作，事半功倍才能望其项背。时间就像海绵里的水，挤一挤总会有的，当我们在课题上投入的时间和精力越多，回报就会越多。我们也不难发现很多科研人没有周末，没有节假日，整日泡在实验室，过着实验室、宿舍、食堂三点一线的生活。废寝忘食的精神固然可贵，但这种工作方式也因人而异，但不可否认的是劳逸结合对长期奋战在科研前线的工作者来说更为重要，高效的产出必定有充分的休息作为保障。前进固然重要，但是适时的驻足思考和回首反思对于探索更为重要，就像鸟儿飞得再高再远，也会停下来养精蓄锐，满血复活后再整装出发。

　　我与别人不同的是，刚进实验室时就获得了一个快速进行科研训练的机会，当时的我懵懵懂懂地跟着师兄和师姐，组成了"养细胞和小鼠大户"，这次与众不同的深刻体验为我打开了学术研究的大门。两年的学习与摸索，两年的历练与成长，让我收获良多，我的硕士生涯也随之落下帷幕。回望这两年的学习生活，虽然是忙碌的，但也从中学到了很多，心中的萌芽也在"养分"的滋养下渐渐长大，当我发现自己对科研的热爱并没有因困难而消沉，反而与日俱增时，我知道自己内心已经坚定了接下来要走的路，我选择了继续深造，开启更具挑战的博士生涯。经常会有人在毕业之际思考自己是工作还是读博，毕竟科研充满了太多的未知。关于读博我也有一些心得和建议，不要因为其他人和事的存在而干扰自己的选择和判断，有的人是想满足父母的期望，有的人是为了自己的另一半，这些都不是读博的理由，也不可能成为一直激励你前行的动力。人生的很多决定都要自己去做，读博也必须要是深思熟虑之后的选择，因为选择读博，就是要做一个孤勇者，尝尽破茧重生的酸甜苦辣，才能得到幻化成蝶的苦尽甘来，而这一切旁人无法与你感同身受。因此，他们只能提供意见供你参考，你走的路一定要遵从自己的内心。

　　既然选择了远方，便只顾风雨兼程。博士阶段是对硕士所学的升华，硕转博的学制短，但这也意味着我一定要付出更多的努力，才能顺利地完成学业。有了硕士阶段的学习和沉淀，在博一上学期，我不再迷茫和无措，十分快速地完成了硕士到博士身份的过渡。当别人还在适应新环境时，我在看文献；当别人因为人际交往而劳心费力时，我已经在做实验……熟悉的环境和人，为我节省了很多的时间，让我能心无旁骛地投入到科研当中，真正地开始了三点一线的生活。这里我想告诉大家的是时间成本的代价，作为群居的人，我们总会被各种各样的情感左右，无论是亲情的羁绊，还是友情和爱情的考验，我们要学会自我解压，自我释怀，可以给自己一个缓冲期来处理情绪，但要尽快走出来，投入到学习和工作中，因为你用来颓废的这段时间里，别人却在埋头向前。

就这样时间来到了 2019 年底和 2020 年初，新冠疫情使我们的生产和生活都受到影响，我也意想不到地在家度过了最长的寒假。在全国人民的共同努力下，我们也终于在 5 月底迎来了开学日。这一长假让我得到充足的休息，也给我带来了更多的焦虑，我想这种心情应该是很多研究生共有的心境。我开始了新的课题研究。为了补回这段时间落下的工作，来到学校后，我尽快调整心态，把时间安排得更加紧凑了。甚至为了节省从一个实验楼到另一个实验楼的路上所要花费的时间，我为自己投资了一辆小电车。这样忙碌而充实的日子俨然成了时下研究生的生活常态。时间总是过得很快，2021 年春节，疫情并未结束，担心课题再度受影响，我选择留校过年，这是我第一次在天津过年，也是第一次在外过年，虽然遗憾无法与家人团圆但又期待第一次在学校过春节，这期间学校给予了我们很多温暖，每天不仅有免费的餐饮供应，还收到了零食礼包和大红包，给我们留校生一个温暖而难忘的春节。

总以为这场新冠疫情会像 2003 年"非典"一样，熬过寒冬就能迎来春天，却从没想到这次疫情虽整体可控，时刻有局部暴发的风险，我的整个博士生涯也都在疫情中度过了。其中记忆最深刻是 2022 年初，天津津南区暴发了新一轮的疫情，奥密克戎病毒的肆虐给我们带来了很大的恐慌和影响，这是自 2019 年疫情发生以来我感觉第一次离它那么近，封校管理和每日的核酸检测已成为我们的日常，慢慢地也成为习惯。疫情的冲击使我们的生活变得非常难，但每个人也都在努力做好自己的工作。这段时间最辛苦的当属辅导员老师们，他们没日没夜地时刻待命，在全校师生的同心配合下，疫情一个月就得到了有效的控制。为了让学生能回家过个团圆年，学校更是贴心地将我们专车送达车站，并且积极地与各地政府协商，确保学生平安顺利回家。在车站候车室里，南开大学的学生队伍成了一道亮丽的风景，身在其中的我也为自己是南开学子而感到自豪。

前期辛勤播种在博三这一年有了一定的收获，我的课题终于有了新的进展，也发了几篇不错的文章，算是给自己的博士生涯画上了一个圆满的句号。回过头来看，在转博这个重要的路口徘徊时，我从来没有想过自己会为了实验和论文熬一个又一个通宵，也不曾想过课题的瓶颈能够一个个地迎刃而解，更没想到最终能够取得不错的科研成果，不仅顺利毕业，还获得了南开大学优秀毕业生等荣誉，我想，这就是坚持和努力留下的痕迹。所以，想做的事尽管放手去做吧，终有一天，你也可以收获属于自己的果实。

段星晨　2022 年 5 月 16 日　答辩结束后国重三楼拍摄纪念

光阴荏苒，在母校的这五年，南开大学见证了我的成长，生科院目睹了我的努力。十年树木，百年树人，我要衷心地感谢南开大学和生科院对我的培养，让我从一个平凡的学生变得勇于追求卓越。临近毕业，心中万般不舍，曾经因整日埋头苦学还未好好走过的校园，还未用心去丈量学校的每一寸土地，那些不曾为之驻足的花草树木，都成了我离开时的羁绊。

但天下无不散的筵席，未来，我将继续恪守"允公允能，日新月异"的校训，秉承南开"公能"精神，砥砺前行，做"允公允能"的传承者，做一个为母校争光的"南开人"。我爱我开，我爱生科，祝愿未来的南开生物捷报频传，取得更加辉煌的成绩，期待下一个百年辉煌！

　　作者简介：段星晨，女，汉族，中共党员，南开大学生命科学学院生物化学与分子生物学专业博士研究生。在学期间，获得南开大学研究生二等公能奖学金、南开大学"潍坊奥丰"专项奖学金、南开大学研究生优秀毕业生等荣誉称号。曾担任生命科学学院津南博士团支部团支书一职，为同学服务。研究生期间致力于科研，共发表 SCI 科研论文 13 篇，其中以第一作者和共同第一作者身份发表论文 8 篇，均为一区期刊，影响因子均在 9 分以上，累计影响因子：126.642。

奋斗者，正青春

程曲汉

每天早晨起来拉开窗帘，我都会再一次想象窗外仍然是延绵无尽的雪山，耳畔似乎依然能听到牦牛脖子上悬挂的铃铛发出的清脆叮咚声……那是书写在距离南开园数千公里外的雪域高原上的南开生活。重返南开已经三年了，我的身份已经从一名"老师"重新转换为身着白大褂的研究生，而在西藏支教的那段时光仍然能不断给予我精神动力。

2018 年 7 月，本科毕业的我作为第二十届研究生支教团的一员从天津启程踏上雪域高原，这也是南开支教团在西藏开展工作的第四年。服务地是拉萨市达孜区，从原本一个不及内地小镇规模的县城经过短短三年发展，成为拉萨的市辖区，有了宽阔的柏油马路，通了方便的公交车。团县委还逐年为我们增配一些简单家具，让我们告别了"纸箱子既要当吃饭的桌子，也要当办公桌"的生活工作条件。而南开人对爱国、许国、报国精神的传承，在一代代支教团人的接力中历久弥坚。

我们所在的拉萨市达孜区中心小学是达孜区唯一的小学，这里海拔3800 米，氧气含量只有天津的 60%。学校生源 90% 以上是农牧民子女。作为西藏第一所全县集中办学的农牧区寄宿制小学，全区 2256 名学生在这里集中学习生活。学校硬件设施非常完备，但是教育教学水平迫切需要提高，师资不足是严重短板，这也是西藏许多学校的共同问题。我们支教团一共 5 人（其他 4 名同学分别来自经济学院、哲学院、商学院和马克思主义学院），要教学、行政工作"双肩挑"。我负责六年级一个班语文、美术和信息技术科目的教学，并担任班主任和学校安全卫生办公室干事。其中最富挑战的工作就是班主任，我是全校 56 个班主任中唯一的汉族班主任。

作为一名扶贫接力计划的支教老师，我一直告诫自己，"我不是过客"，而要想在这里深耕，就必须了解这里，要了解这里就必须走进这里。在我所带的班里，学生中最大的已经 17 岁，离异家庭学生占到了全班的三分之一，90% 以上家长不懂汉语。一开始，复杂的情况让我这个汉族班主任的工作格外难做。但是，在老师们的帮助下我很快发现，学生信任我，不把我和其他本地老师区别对待是我班主任工作开展的基础。我把他们当孩子，也当朋友，和他们一起吃饭，经常拉他们过来谈心，几乎每晚都去宿舍查寝。除此之外，这一年来我还累计骑行 300 多公里，利用节假日家访了 22 名学生。

2018 年 11 月 4 日，按照约定，这一天我要去最偏远的唐嘎乡家访 4 名学生。早晨 9 点，气温还徘徊在零下两三度。我骑上了小车，但是不足 5 分钟，就有些动摇了。寒风迅速地穿透了衣服，手脚先是冰冷，然后麻木。目的地还在 30 多公里以外，为了不让学生失望，一路上我边骑边走。40 公里的路，我足足骑了 3 个小时。在村里，我首先联系汉语较好的学生作为翻译和向导。在学生家里，通过他们的翻译我向家长介绍了学生在校的学习表现情况。家长不断地表达着感谢，在离开学生家里时，家长向我献了洁白的哈达后紧紧握住我的手，不断向我说着感谢的话。后来孩子和家长流下了眼泪，在我的再三询问下，孩子才告诉我说："他们很感激，这是第一位走进他们家的老师！"因为孩子从一年级开始就要寄宿，每个月有 20 多天要和老师在一起，家长拉着我的手说："对孩子来说，您比我们做父母的更亲！"

后来，我把支教工作当作一个窗口，透过这里去观察中国的社情民意，了解这个时代的发展，了解这个国家的需求。在此基础上思考如何将个人理想与中国梦结合起来，在哪里建功立业，才能不负祖国赋予我们这一代人的历史使命？在一次以"梦想"为主题的班会课上，有同学问道："老师，您的梦想是什么呢？"——"我们来这儿的梦想就是帮助你们每个人实现自己的梦想。"在那一年，我在西藏工作共 327 天，累计上课 846 节，撰写各类材料 100 多份，日均工作时间 12 个小时以上。

2019 年 3 月，在拉萨市达孜区小学支教期间的家访合影

　　2019 年，正值南开百年校庆，支教结束后我们重返南开园开启了新的学习生活。经历一年淬炼后的我们更加珍惜在南开的学习生活，同时，也更加深刻地理解我们身上肩负的重任——继续在学习科研的岗位上响应时代号召！那年冬天，在一次去医院做实验的路上，开车的出租车师傅在得知我们从事心血管疾病相关研究时竟主动提出不收我们车费了，因为他的父亲刚刚因为心血管病去世。下车时，司机师傅特地下车送我们，拉着我们的手哽咽道："年轻人，一定要好好做研究，早日把你们的成果用到临床上来，我们老百姓盼着呢！"听到这句话，我久久难以平静，这和在西藏支教时家长说的"孩子就拜托给老师了"多么相似！据《中国心血管健康与疾病报告 2021》报道，我国心血管疾病患病人数高达 3.3 亿人，随着老龄化的加剧，形势将会更加严峻。而我国在心血管疾病领域许多药物和医疗器械仍然依赖进口，"卡脖子"问题非常突出。早日在这一领域取得突破，既是国家和时代的重大需求，也事关许多普通人的健康需求。

　　时代无时无刻不在召唤着我们投入新的奋斗征程中去！在生物学科建立百年之际，我也开始了博士阶段的学习科研生活，继续师从孔德领教授，开展小口径人工血管的相关研究。从 2014 年本科入学至今，我已经在南开生科院学习八年，尤其让我们感激的是，许多学识渊博的教授为我们开启了专业学习的第一课，让我们从生命科学这片广阔的领域中找到感兴趣的方向；专业实习、科研训练、社会实践等立体化的培养体系，不断拓宽我们的专业视野，同时能把科研同社会重大需求结合起来。

2021 年 9 月，和课题组老师一起参加生物材料大会合影

百年正青春！南开生物学科建立百年来，一大批杰出先贤和前辈在这里学习奋斗；今天，生物学科正面临新的重大发展机遇，一大批杰出的科学家汇聚于此，正引领生物学科迈向新的辉煌。对于我们生科学子而言，这正是我们以青春之我继续奋斗和创造的广阔舞台！

作者简介：程曲汉，四川巴中人，南开大学生命科学学院组织工程与生物材料系 2021 级博士研究生，导师为孔德领教授，主要研究方向为心血管组织工程与生物材料。2014 年—2018 年就读于南开大学生命科学学院生物科学专业，2018 年—2019 年作为南开大学第二十届研究生支教团成员于西藏自治区拉萨市达孜区中心小学支教。

心有所向，何惧路长

彭 蓉

与南开大学相识在 2019 年的夏天，我怀着憧憬步入周总理的母校，在这里度过了人生中最宝贵的一段时光。三年一瞬，我的研究生生涯也落下帷幕，生科院也已经走过一百年的光辉历程，迎来了新百年。回顾在生科院的生活，实验室里井然有序，生物站前人来人往，崔澂教授雕像巍然屹立，我深刻体会到了在南开学习是一件幸福的事情，在生科院学习更是一件终身受益的事情，它教会我要做新时代的奉献者、奋进者和担当者。

坚定信念，甘做奉献者

还记得 2019 年初，在新闻上看到习近平总书记视察南开大学并发表重要讲话。他勉励南开学子把学习奋斗的具体目标同民族复兴的伟大目标结合起来，把小我融入大我，立志做出我们这一代人的贡献。习近平总书记强调"南开大学具有光荣的爱国主义传统，这是南开的魂"，这段讲话我一直铭记于心。初入南开园，我还只是一名入党积极分子，在具有浓厚爱国主义氛围的校园里，深知自己需要付出更大的努力，才能做一名合格的"南开人"。

为此，在日常生活中，我认真学习党的理论知识，加强领会习近平总书记重要讲话精神，补足思想之钙。我参加了生科院组织的第四十期党校培训，其中张健老师主讲的党史学习教育令我印象深刻，他曾提到电视剧《觉醒年代》中李大钊和陈独秀两人立誓相约建党就是在天津，而我们敬爱的校友周总理也曾勉励青年人要"为中华之崛起而读书"。这让我不禁感受到中国特色社会主义是党和人民历经千辛万苦取得的宝贵成果，得到这个成果极不容易，我们必须倍加珍惜！这也让我清楚地认识到入党是一辈子的事情，坚定了我志愿加入党组织的信念。在建党百年之际，我也荣幸地成为一名正式的中共党员，并继续发挥自己的光和热。在新冠疫情期间，我参加了生命科学学院青年突击队，在不到 30 分钟人数就过百的这个群体让我看到了生科青年抗击疫情的决心和斗志，他们或是在核酸检测现场挥汗如雨，或是在数据组联络统计人数，确保应检尽检。生科青年一起为学院战"疫"工作筑起了青春城墙，不禁令人感动和震撼！

未来，我选择成为家乡的一名选调生，继续满怀热血和真诚，将为人民服务的宗旨内化于心、外化于行，努力投身为人民服务的实践中，在实践中绽放南开生科人的青春风采。在未来的工作中踔厉奋发，勇担时代责任，不负青年使命，践行光荣校训，不负先辈荣光！

扎实学习，争做奋进者

吾生有涯，而知无涯。作为学生，学习科研仍然是我们的首要任务，努力学习专业知识技能，才能以专业之基筑才干之实。生命科学学院为我们学生提供了良好的学术科研氛围和平台，百年校庆系列讲座、生物站大厅绘声绘色的展板、"12 位院士的课"，这些大师座谈令我们学术得到了升华。

研究生一年级，学院为我们设置了符合专业特色的必修课程，同时为了我们更好地了解生物领域的更多知识，还设置不同专业的选修课，这为我们在研究生二年级更好地完成自己的课题提供了必要的理论基础，提高了我们的专业知识储备和学习能力。同时，学院定期举办学术讲座和报告，帮助我们了解本领域内的最新科研进展，奠定良好的学术基础。

入学第二年，在我的导师杨志谋教授的指导和实验室师姐帮助下，我找到了自己感兴趣的研究方向：生长因子模拟肽的构建和应用。这一新的方向将生长因子与小分子水凝胶的优势相结合，弥补了天然的生长因子本身半衰期短、成本高的缺点，促进生长因子的广泛应用。研究生期间，我参与发表 SCI 论文 3 篇，其中以主要完成人身份发表《用于电离辐射损伤修复的仿 PDGF 超分子纳米纤维》（PDGF-mimicking-Supermolecular Nanofibers for Ionizing Radiation-induced Injury Repair）在国际著名期刊《化学工程杂志》（Chemical Engineer Journal）。桃李不言，下自成蹊。在此也感谢我的导师杨志谋教授谆谆教诲和悉心教导。

秉公尽能，愿做担当者

服务同学，实践出真知。在学习科研之余，带着服务同学，提升自我的理念，我参加了学院的许多学生活动。生命科学学院为我们的学生实践提供了广阔的平台和机会，研究生期间最受益的经历莫过于在生科院团委工作的那段日子。第一次组织活动、第一次撰写新闻稿、第一次发布通知……学习到的每一个技能都离不开团委老师的耐心指导。在这段日子里，印象最深刻的是由佳老师在兼职辅导员会议上曾说过：在工作中要具有主人翁精神，要把工作中的事情当作自己的事情，这样才能做好工作。事实证明，主动、积极、负责、奉献、坚持，以"怎样才能做得更好，怎样才能做得更快"的标准处理每一个工作细节，就一定可以又好又快地完成工作。这段学生工作经历使我在学习能力和工作能力上有了进一步的提高，是未来顺利进入工作岗位的"必修课"。

一次偶然的机会，我加入了学院就业实践指导中心这个大家庭。在辅导员禹秋成老师的指导下，我们针对同学们的就业需求，举办多场选调生备考指导、申论写作、教师编考情解读、粉笔线上打卡等培训活动，累计参与培训学生达到 2000 余人次，切实提高了同学们的就业竞争力，得到了同学们的一致好评。同时为了给毕业生提供更多就业平台和机会，我们组织多场医疗卫生、生物制药和化学类等专场招聘会和企业宣讲会，助力生科学子选择心仪的就业岗位，顺利就业。在就业大家庭中令我印象最深刻的还是就业指导老师禹秋成，禹老师已经连续两年亲自为毕业生修改简历并提出自己的建议，为毕业生跨出就业第一步保驾护航。这段学生工作经历不仅让我感受到为学生群体解决所需所想的意义和快乐，更培养了自己认真负责和严谨细致的工作态度，而这也是未来工作中不可或缺的。

2022 年是极其特殊的一年，新冠疫情使每个人都受到很大的影响。但漫步南开园，看到大中路杨柳依依，新开湖波光粼粼，能让我们的心平静下来。这时也蓦然惊觉，要到离别的季节了。往年可以潇洒地挥手送别师兄师姐，而今年，忍痛含泪离开的则是自己。纵然有几分不舍，但无论未来在何处，我都会牢记"允公允能，日新月异"的南开校训，砥砺南开品格，践行南开精神，做公能兼备的"南开生科人"，时刻将习近平总书记的教诲与学府北辰的校根铭记于心，常怀感恩之心，清楚认识到是时代造就了青年，是母校成就了你我。要坚定理想信念，练就过硬本领，矢志艰苦奋斗，乐于善于奋斗，清楚认识到青春由磨砺而出彩，人生因奋斗而升华。

所有的不舍，所有的眷恋，所有的感激将在转身离别的那一刻，化作对百年南开、百年生科的祝福——衷心祝愿母校年年桃李，岁岁芬芳，祝南开生物永远年轻！

作者简介：彭蓉，女，汉族，1997年2月生，中共党员，南开大学生命科学学院 2019 级生物化学与分子生物学专业硕士研究生，曾担任南开大学生命科学学院就业实践指导中心培训部部长、南开大学"公能朋辈导师"。在学期间曾获得南开大学"公能奖学金"二等、南开大学研究生"优秀学生干部"和南开大学"优秀毕业生"等荣誉称号。

月亮才知道

苏凯凌

当时十分后悔选择了上铺，搞得每天上下床都像在做引体向上

我还记得刚到南开，开车在南门外的立交桥上转了好长时间，才从东门进了学校。宿舍真的很小，闷热的夏天风扇在吱悠悠地转，还有一个人没到，室友坐在我旁边，可能是为了缓解尴尬，大家一起开始聊天，她说"我们宿舍有一个衡中的诶"，另一个室友表示附和，表示会不会深陷学习无法自拔。我默默地抬起头，我就是那个衡中的。我们有了第一个话题，原来大家长得都比高考照片要好看。

现在回想起当时的军训还心有余悸，好像是生科的传统，每年的军训都异常严厉。自从第一个晚上做了80个蹲起后，我就再也没站起来过，当时十分后悔选择了上铺，搞得每天上下床都像在做引体向上。有时会很模糊地想起，6点钟操场的口号，休息时室友帮我拿过来的水杯，教官沙哑略带口音的调侃，匕首操靠坐标排练的队列……后来就再也没有机会见到了。

刚上大学，抱着一堆传单回宿舍，一股脑报了很多学生组织。举办的第一个活动是天南舞会，我还记得那个晚上，活动结束回去的时候，月亮刚刚亮，天气刚刚好，至于说了什么，一点都不记得了。部门里我还认识了非常好的朋友，她最初来找我说话的时候，说我很高冷所以觉得很酷，其实自己只是比较慢热。后来熟悉了，她说我不酷了，但我们依旧很要好。她的爱好跟我大相径庭，毫不相关，有一次我问她，为什么我们没有相同的喜好还能做朋友呢，她回答说不是啊，我喜欢她而她也喜欢我。

大一还是忙碌的感觉比较多吧，有很多现在想起来还历历在目的事情。新年晚会上因为工作人员身份拿到的搞定版的节目单，为了张贴海报

跑遍学校去办理证明，借着志愿活动到少儿图书馆看言情小说，30个人一起到东门吃牛排过集体生日，晚上整个宿舍不睡觉为朋友的爱情出谋划策，为了植物学跑遍校园去拍照，跟室友一起在宿舍里看恐怖电影，周五窝在一块儿看《奇葩说》（脱口秀节目），野外实习跟朋友到海边捡贝壳，爬山时因为分岔路隔着山头的遥相呼喊……

很多看似没有意义却充满仪式感的事情，原来只有在大学时才会做

大二做过的对我影响最大的决定，大概是在学院学生组织留任。我是一个上台会很紧张的人，但是又很喜欢聚光灯打在身上的感觉，做不了台前，我喜欢上了做幕后，喜欢在一场活动的海报上添上自己的小心思，喜欢看台本核对过的灯光不断闪耀，喜欢台前色彩绚烂台后手忙脚乱的慌张，喜欢活动结束后的一次次感动和一张张集体合影。大学跟小时候不同的，大概就是有机会去做自己喜欢做的事吧！

这一年也是我第一次做学姐。逢年过节的时候我很喜欢给大家准备些小惊喜，就像大一我的学姐照顾我一样，哦对，有一个学姐现在还不知道的秘密，跨年的时候送给我的书，由于实在是看不懂文言文，被我和隔壁同学换成了《精神科的故事》。学姐带给我的树袋熊卡包，直到现在我还留着。现在回想，我觉得自己还是有一些小幸运的，当时部门的弟弟妹妹都是非常可爱的小孩儿，至少每一次提出聚餐的时候大家都欢欣鼓舞地来凑热闹。我还记得那天天气很好，阳光从树枝上洒下来，带着大家一起在二食堂桥头进行配音比赛路演，路对面也有很多活动小摊，学弟穿着熊本熊的玩偶服发传单，大家在路旁给同学们冲咖啡发巧克力。因为新冠疫情，小摊很少见了。冬天和大家挂灯笼过元宵，春天约着一起到蓟州区爬山，夏天在树下配香料做香囊，很多看似没有意义却充满仪式感的事情，原来只有在大学时才会做。

现在我的输入法打 AT，弹出来的还是阿瞳

在文艺部的一年实在太美好了，学院的学生组织意外给了我很多家一样的感觉，所以大三的时候我继续留在了学生会。主席团的工作和我当初喜欢做的事情还是有非常大的不同的，但这一年我确实成长得很快，学习

到了很多，我更加了解学生组织的性质，也让我有机会见到了很多大神一样的人物。也正是因此，有时候也会很不自信，我甚至会觉得大家都太优秀了，我不配做他们的朋友。焦虑使人奋进吧，我好像有了要努力一把的动力。

大概是做不了文艺工作，我开始"曲线救国"。借着晚会的机会，这一年写了两个小剧本——《第三十九次告白》和《阿瞳》。和学弟学妹们排练真的很快乐，其实还有些秘密我好像也没有跟大家提起，比如说，三十九为什么对我有纪念意义，阿瞳又是我读的哪本小说的主角。说起来，现在我的输入法打 AT，弹出来的还是阿瞳。每一次排练时的笑场，每一次观众的笑声和起哄声，对我来说，都如昨日一样清晰可见。

令我有所感触的是，当时已经成为部长的学弟学妹们，对于我来说还是像小孩儿一样。我有一个备忘录，里面记录着每个人发生的与我有关的事情，如今翻起来还是会想到很多当初的小事。事实上大三一年的经历比我期待得更加快乐，我们去北大做交流意外赶上了北京的初雪，新年晚会整个部长团、主席团跳《失恋阵线联盟》，每次吃完饭一起乘着夜色从鲁能城走回学校……至今我都印象深刻的事情，每一个出去玩的晚上，都会有很多人送我回宿舍，我不知道有没有月亮，我只记得夜晚大中路的灯，生物站机器还在运转的嗡嗡声，还有向我挥手告别的他们。原来，如果和朋友在一起成为一种习惯，连再见都会变得很温暖。

以后可能再也不会有让我如此感动的生日了

在退出了学生活动舞台的大四，学生会的学弟学妹们还一起秘密策划了我的生日派对，也是我在大学里的最后一个生日。我想，以后可能再也不会有让我如此感动的生日了。其实换届以后，总是会有一些怅然若失，因为大家可能就没有理由再见面了。我又何其幸运，很多时候并不是我在照顾大家，而是所有人在一起照顾我。大部分人，我们可能不会经常见面，可能不会聊多么深刻的话题，但好像大家依旧有一种默契，有一种情结，我们曾是一起并肩作战的伙伴。

大四的时候还意外加深了对辅导员们的了解，在团委办公室兼职了半年，原本遥不可及的老师们原来都是非常可爱的人。毕业的时候，辅导员哥哥姐姐帮我们张罗着办毕业活动，当时学院还组织了拔河比赛，本来只是想凑一支毕业生队伍，却意外接二连三地取得胜利，挺进决赛，每次鼓劲的时候我都能听到身后的男生一声怒吼，又想哭又想笑，真的很感动，好像回到了从前。在招募活动团队的时候，我想起了大一时五月的鲜花，在田家炳音乐厅里飘荡着的那两句词好像一直拥有让人热泪盈眶的能力——有一天这首歌会变老就像老幺树上的枝丫，可我还会一遍遍歌唱它如同我的生命。

我有一个装满了宝藏的盒子，它像是我大学四年的缩影，室友说这是我最具少女心的东西。盒子是大二时学生会的学姐送给我们的，里面装着数不清的信封和明信片：圣诞节朋友送的苹果的包装纸，配音比赛的门票和宣传单，四年新年晚会的节目单，毕业时的纪念卡，辅导员哥哥姐姐送的印章，每一个特殊时刻能够留存下来的小礼物……每拾起一样，都有很多曾经的感动浮现在眼前。

本来以为常见面，时间就可以慢一点。但好像并不是，大学真的很短暂，明明是一件件数不清的小事，却如白驹过隙一般转瞬就不见了。毕业的时候有一个朋友给我写了一封信，从毕业以后我只读过三次，每一次打开都以泪流满面结尾。我总会想起大学里和朋友们一起的时光，怀念并不是因为以后都不会相见了，而是那段天天见面，窝在一起追剧，跑到隔壁只是为了开个玩笑，办完活动一起开庆功宴，唱歌、吃火锅、玩剧本杀一定会叫对方去的日子不见了。

我不知道有多少人在离开的前一个夜晚，在悄悄流泪。那些青葱岁月里不为人知的小事和无法言说的触动，大概只有月亮才知道。

作者简介：苏凯凌，女，23 岁，南开大学生命科学学院 2017 级本科生，2021 年 6 月毕业，大学期间担任南开大学生命科学学院学生会文艺部部长、学生会主席、学院兼职辅导员等。现于南开大学生命科学学院生物化学与分子生物学专业攻读硕士学位。

我在南开的成长之路

于旸天

2018 年我考到了南开大学，那个时候在津南的环科院军训，我对生物这门学科一直有着属于自己的兴趣，就报考了生物伯苓班。有幸考上了，结果从津南校区来到了八里台校区，住进了西区公寓，开始了我真正意义上的大学四年。

大一选择了植物学基础研讨，在石福臣老师的教导下，第一次感受到生活中紧密相关的生物学。生物站门口的丁香，宿舍门口的月季，化院楼前的山桃，中心实验室前面的紫荆，还有浴园四周的海棠等，都让我体会到了生活中处处存在的自然美，我印象最深刻的是鸢尾，当时被课程激起了求知欲，拿着单反相机一个人跑遍了八里台的校园，把所有鸢尾科植物都查了个遍，完全忘了一天的时间已经过去了。那个时候我也第一次在生科院感受到了，生命科学是多么美妙的一个学科。

印象很深刻的还有生物站，这是我当年认为八里台校区最有现代感的一栋楼了。在大家都为了图书馆、二主楼没有位子上自习的时候，院里在一楼设置了许多座椅，还有一台咖啡机，二楼也设置了座椅作为实验室师兄师姐休息的地方。这让我在学习时，心里始终还有一个无论什么时候都可以回去的地方。

后来正赶上南开百年校庆，学院组织了百年南开系列讲座，请到了诺贝尔奖获得者（Berry Marshall），作为一个从小就听过他故事的人，自然是非常激动，当天正好没课，就一个人去了小礼堂，看到座无虚席，瞬间有一种自豪感，心里也希望什么时候南开也能出一名诺贝尔奖获得者。

大二，我开始进入实验室，生科院首先给了我们市创的机会，让我在那年疫情居家过后来到了黄兴禄老师课题组，尝试构建铁蛋白新冠疫苗。这也是我第一次接触到了真正的科研生活是什么样子，老师与师兄师姐对我们的悉心教导更是让我体会到了科研的激情。后来伯苓班的科研训练我选择在陈伫老师课题组进行，在这里我也学到了科研与生活中的许多知识，也在这边认识了好多朋友，很多时候做实验到很晚，有一次师兄和我从生物站走回宿舍，带着我一起看天上的星星，教我认夏季大三角，告诉我时刻都要有自己的梦想。

大三开始申请保研，同时也对自己未来的发展方向有了许多的困惑。院里正好开设了生命科学现状与未来这门课，作为伯苓班班长我每次都要组织班里同学与院士面对面交流。在与一位位院士们的交流，以及与我的动物学、植物学老师的访谈间，我渐渐坚定了自己的想法。在暑期也成功保研了心仪的院校。

大四在保研清华后，我想着能不能为学校、为学院做些什么，就申请报名当动物学的实验助教，帮着老师一起给新的大二同学上课，这个过程对于我来说真的收获满满，我也体会到了教书育人是多么伟大一件事情。

得益于南开大学生命科学学院四年来的教导，我获得了周恩来奖学金，光是听到这个以周总理命名的奖项就让我激动非凡，也更让我感谢南开生科对我的培养。如今毕业在即，正值南开生科百年，我不禁认为这是我最后以一名本科生，对南开生科祝福的机会了。正值百年之际，希望南开生物不断革新，越办越好，让每一个学生回忆起来，都有一种家的温暖。

作者简介：于旸天，中共党员，2018 级生物伯苓班班长，校"先锋计划"成员。荣获两次国家奖学金，获得公能奖学金、校长杯决赛三等奖、创新科研项目优秀奖、百年校庆志愿者特别贡献奖、学院"抗疫实践先锋"等荣誉。作为班级团支书，曾带领支部荣获五四红旗团小组与先进班团支部等称号。他以所学知识服务社会、报效祖国。新冠疫情初发时期，他制作科普防疫长图，帮助社区提前全市一周进入封闭管理。作为项目负责人，他设计研发铁蛋白纳米疫苗，为新冠疫情提供可能的解决方案。河南汛情期间，他为百余名志愿者讲解汛后防疫知识。撰写多篇科普文章，单篇阅读量达 1.6 万次。已拟录取为清华大学直博生。

我与南开生物

戚馨文

我是南开大学生命科学学院 2019 级的一名本科生，也是南开大学团委社会实践和志愿服务督导中心的一名学生骨干，负责组织学校的志愿服务活动，曾组织过新冠疫苗接种、新生体检、核酸筛查等活动。

2022 年 1 月 9 日凌晨 5 点多，还在睡梦中的我突然接到电话，在得知天津市第一轮全员核酸筛查将于 7 时开始后，我第一时间赶往操场。因为有着之前核酸筛查参与组织的经验，所以我对现场的环境及安排非常熟悉，当下所面对的困难在于：如何在最短时间内，在已经进入寒假假期的南开园里，招募一批能为医务人员和同学们提供帮助的志愿者呢？这时几位生命科学学院的同学已经陆陆续续赶到操场，原来学院已经积极响应号召，迅速成立了志愿者储备群。很快，生科院的志愿者群拓展为第一轮全员核酸筛查现场的志愿者群，现场的志愿者越来越多。看到一个个熟悉的、不熟悉的面孔即将和我们一起战斗，一股暖流涌上我的心头。

在志愿者们的帮助下，现场用于核酸筛查的场地迅速搭建好，之后大家都进入"热备"状态。由于是第一轮全员核酸筛查，所以很多事情都略显紧急，需要等待进一步的通知，但志愿者们没有丝毫的怨言。在上午 11 时左右，第一轮全员核酸筛查正式开始，志愿者们迅速投入战斗中。

因为是第一轮全员核酸筛查，所以许多同学和教职工对于核酸筛查登记个人信息的流程还没有那么熟悉，现场的志愿者们非常耐心地进行一次又一次的讲解，与此同时也要维持现场队伍中的一米安全距离；扫码登记志愿者的手指在寒风中早已冻僵，但他们仍熟练地完成一系列流程；操场外引导的志愿者一方面要控制人流量，另一方面也要提醒大家登记个人信息……志愿者们在不同岗位上各司其职，使得现场核酸筛查进展得非常顺利。5 小时后，现场人流量逐渐减少，7 小时后，南开大学八里台校区第一轮全员核酸筛查顺利结束。

1 月 10 日和 11 日主要是总结第一轮全员核酸筛查并为之后的核酸筛查做准备：建立八里台抗击疫情专项志愿者突击队，学习使用新的采集系统，准备志愿者马甲、工作证、暖贴等物资，建立完整的志愿者签到签退和换班制度……在完成一系列准备后，我们迎来了第二次战斗，与第一次不同的是，第二轮全员核酸筛查是下午开始的，也就是说，我们也要在夜晚进行战斗了。前期的准备工作和第一轮基本相同，在建立了八里台抗击疫情专项志愿者突击队后志愿者储备数量非常充足，我打字的速度甚至赶不上大家报名的速度。志愿者集结完毕后，医务人员对扫码贴管的志愿者进行了集中培训。新系统相对于第一轮核酸筛查的系统更为方便，同学和教职工只需携带身份证扫描就行，极大程度上减轻了志愿者的工作量。下午 3 时左右，第二轮全员核酸筛查正式开始。虽说采集使用的是新系统，但参与核酸检测的同学们对整个核酸筛查流程已经熟悉，可以自觉维持一米安全距离，现场检测进度也有所加快。

到了晚上 6 点多，在完成志愿者的换班后，天已经完全黑了，气温也逐渐下降，但志愿者们的热情不减，现场的氛围也是忙碌而活泼的。老师们为了让医务人员和同学们在寒风中感受到温暖，引进了新的"战友"——移动音响，不同类型的歌曲为现场工作的医务人员、志愿者以及排队的同学们带来欢乐和祝福，抚平大家等待中的小小躁动。

晚上 10 点左右，第二轮全员核酸筛查基本结束，在现场进行收尾工作的时候，有一位同学拿着装有十几盒热牛奶的袋子让我帮忙转交给医务人员，我想邀请她亲自将牛奶交给医务人员时，她留下一句"不用啦，医生和你们都辛苦啦"，然后就默默离开了。之前这样的情景我只在新闻里看到过，当我真正遇上的时候甚至没有留下她的联系方式和任何的照片资料，但她带来的温暖将一直留在我们心中。

两天后，1 月 15 日第三轮全员核酸筛查拉开序幕。熟悉的早上 5 点，熟悉的"大白"和"紫马甲"，熟悉的浩瀚无垠的星空，作为战友，我们再次并肩作战。上午6时，第三轮全员核酸筛查正式开始。无论是志愿者还是同学，大家对核酸筛查的流程早已轻车熟路。同学们早早准备好身份证按一米间距排开，场内的志愿者一看门口，控制人流量的志愿者就已知晓场内的情况，安排排队的同学进场。在大家的默契配合中，在喇叭不断播放的"哏都"防疫段子的陪伴下，不到12点，第三轮全员核酸筛查就顺利完成了。

第四轮全员核酸筛查在1月20日正式开始，现场的进度越来越快，已从第一轮的7个多小时缩短为不到6小时完成筛查。

在此过程中，我们还收到了来自甘肃庄浪县的苹果和粉条，几十位志愿者车上车下迅速行动，仅用了一个多小时就完成了一大车物资的装卸工作，这批来自庄浪的爱心将送到每一位仍奋斗在抗击疫情一线的战士手中。

回想起这十多天与奥密克戎病毒抗击的经历，和我们并肩作战的每一个人都值得敬佩。我看到身边的医务人员、志愿者即使手冻僵了也要穿着防护服、隔离衣奋战在一线，看到辅导员老师们彻夜不眠地统计信息、安排工作，看到群里一呼百应的志愿者们，看到和我搭配默契的老搭档，想到在全国各地集中隔离、居家隔离的小伙伴们，太多太多的人在用自己的方式为抗疫做出着贡献，我的心中就又充满了力量，便继续投入到志愿工作中去，为志愿者做好保障，与大家一起为战胜疫情贡献一份力量。

截至2022年1月21日，共有1300余名志愿者参与完成了南开大学津南校区、八里台校区共13次核酸筛查，累计志愿时长近8000小时。在一次次的核酸筛查中，我们一起看着天黑，看着天亮，看着身边与我们一同奋战的医务人员、志愿者、老师同学们，看着飘扬的党旗、志愿服务青年突击队队旗，就会觉得这是我们所有人在朝着同一个目标努力，大家的眼神都非常坚定，也深深触动了我，让我更加坚信我们终会迎来胜利的曙光。

彼时正当风华正茂

——我与南开生物的独家记忆

魏天欣

我依然愿意在每个沉闷的阴影下振臂欢呼，关于生命，关于蜕变，关于我在南开生物肆意追逐梦想的美好时光。

"所以生命啊，它璀璨如歌"

第一次动了学生物的念头，是在高二自习课上。那天难得班里放纪录片，第一期的主题为烟花，关于骨癌患者。当镜头转换到三个平均年龄不到十岁的孩子们步履蹒跚地走在医院走廊时，除了惋惜，好像还有什么其他的东西开始在心中萌芽。稚嫩的生命本不该如烟花般转瞬即逝，我想我应该做点什么。

一道门，隔着高中和大学两个世界，大门里贮藏着我所知道和不知道的一切。

在南开生物的两年时光，我徜徉在生命的奇妙世界，见过蝴蝶破茧轻立颤抖着任由阳光将其双翼熨展，见过西府海棠暗香清浅不卑不亢迎骄阳簇于枝头，见过银杏小叶卷起边缘成为愈伤组织的奇妙转变，见过端粒闪耀于染色体末端恰如生命的时钟，遇过千种生灵，见过万般美景。在诸位学识渊博的老师教导下，我学到了扎实丰富的专业知识，取得了还算不错的成绩并获公能奖学金。纸上得来终觉浅，绝知此事要躬行。大二，我加入吕万革教授实验室进行科研训练，参与国家级大学生创新训练计划，研究 JNK 信号通路对神经胶质瘤染色质高级结构的影响。

在南开生物，我越来越靠近最初的梦想。它教我永远相信少年时期的感动，永远相信生命的力量。在无数人质疑生命科学的未来的时候，我的脚步却愈加坚定。

"谢谢你们办了这么棒的活动"

我们总会在做某件事之前觉得它很难，担心自己办不到，但很多时候只需要跨出一步，之后我们会发现，困难的大山并不如我们想象的那么难以逾越，最重要的是跨出去，打开自己的内心，内心的火种一旦在年少的胸中种下，就永远不会熄灭。

我想我做过最正确的决定之一就是在大一加入生科院文艺部并留任，跨出了摆脱社恐的第一步。两年学生工作的历练打磨掉了我的腼腆和青涩，教会我排版、文案写作、新闻稿写作、活动策划等硬实力和逐渐熟练的社交和应变能力以及时间管理能力。新年晚会、迎新晚会、树叶书签、线上抗疫、春日游园、多校合办珞珈十字街微小说创作大赛……让我邂逅了天南海北更多有趣的灵魂。大学给了我很多自由的时间，学生工作给了我拒绝躺平的理由。

学生工作是我的大学生活中除学习外最重要的部分，带来了无数小确幸：树叶书签活动获南开大学官微推送、线上新年晚会人气达 2000+、清明系列活动收到获奖同学的真诚感谢……当听到"谢谢你们办了这么棒的活动"的时候，我找到了学生工作除了锻炼自身能力以外的其他意义。所有工作进行中遇到的困难，到最后会变成光，照亮未来的路。

2021 年生命科学学院"群新璀璨"迎新晚会

"给予本身即是无与伦比的欢乐"

大自然的每一落笔，笔笔都是天意，生命没有败笔。怀着对自然的崇敬与热爱，大一的我在石福臣老师的介绍下成为天津自然博物馆的志愿者，空余时间去博物馆完成一些辅助活动。每每看到博物馆里孩子们闪亮的眼睛，求知探索的好奇心，我都深感欣慰，那是一颗颗生命的种子在生根发芽。在志愿者群里，我认识了许许多多同样热爱生活热爱生命的人，大家会在群里分享身边的动植物美景，逢年过节分享天津传统美食，让我因新冠疫情原因不能出校也能看到津城各地美好风光。

呼啸而过的不只有时光，还有怀着爱心、赤诚奔赴大山的信纸，钻入了那些我未曾去过的地方。灿烂时节大山里，我给予的爱有回音。成为蓝信封通信大使以来，我每月与四川的留守孩子通信，分享彼此的兴趣爱好，交换生活经历，做他人生道路的倾听者，帮他解决生活中的烦忧，并在此过程中反观完善自己，收获了真挚的友谊。"没有人是一座孤岛可以自全，每个人都是大陆的一部分，整体的一部分"。我越来越相信书信的力量，文字的陪伴，让我的通信孩子不再是一座孤岛，用生命影响生命。同一片蓝天下，我们共同成长。

"最清晰的脚印印在最泥泞的路上"

"南开大学具有光荣的爱国主义传统，这是南开的魂"。南开生物始终重视学生思想教育。入学之初，我就提交了入党申请书，并加入本科生党支部的红色小分队学习。时事分享、理论学习、红色印记寻访、先进榜样精神学习等多样化学习方式，让马克思主义和共产主义理想根植内心，立志承担中华民族伟大复兴的重任，高扬民族精神的旗帜，时刻准备谱写中华伟大复兴新篇章。

人间如梦，实践便是那只抚摸生活的手，让一切在真实的体味中落款清晰和具体。一味在二倍速时代匆忙赶路不是阅历丰富，而是无知和空洞对生命的掠夺。探骊方得珠，实践以为先。大一暑假我跟随班级实践队沿着海上丝路追寻中国共产党建党记忆。走过南京、杭州、嘉兴、上海，访览南京大屠杀遇难同胞纪念馆、中国丝绸博物馆、南湖红船、中共一大会址，并作纪念馆参观小记一篇发表于南开生物公众号上，增进了对海上丝路历史的了解，回顾灿烂的中华文明，增强民族自信，培养家国情怀，同时感受"一带一路"的辉煌成果，展望合作共赢的美好未来，坚定"知中国，服务中国"的理想信念。大二寒假我与红色小分队成员们参加了"青春献礼二十大，强国有我新征程"学生思想政治理论公开课大赛，以"追寻科学家精神，做合格接班人"为授课题目，并取得了优秀奖。红色是血脉里永不褪色的赤诚，五星红旗熠熠生辉，我们的信仰光芒万丈。时代托举青年，青年定不辜负时代。

这些就是专属于我与南开生物的独家记忆。两年时间，这个女孩从青涩懵懂，内向胆怯，到自信开朗，勇敢坚定。马蹄湖盛开的夏荷经历风的侵蚀、秋雨的滴落，青涩的季节远去，成长的骄傲让她可以喊出："我已亭亭，无忧亦无惧。"南开生物见证了她的成长，她也有幸见证南开生物百年风华正茂，他们的故事还在继续……

作者简介：魏天欣，女，汉族，2002 年 10 月出生，共青团员，生命科学学院生物伯苓专业 2020 级本科生，毕业于山东省高唐县第一中学。曾获公能奖学金、生科院学生活动督导中心优秀干事等荣誉。积极参与学生工作，担任生命科学学院学生活动督导中心文艺部部长，策划参与文娱学习活动 20 余项。热衷公益活动，为天津自然博物馆志愿者、蓝信封邮筒通信大使。

与百年生物共启新程

王赛麒

　　时间过得真快，感觉还没咂摸过味儿来，大一这一年就要匆匆过去了。站在南开生命科学院即将迎来百年生辰的这一时间节点上，回望自己的求学历程，多少有点儿压力陡增的感觉。作为一名本科新生，我的知识储备、科研经历以及对生活的体悟能力远不及师兄师姐们，但我确实有很多真诚的感受和想法要与大家分享。

　　还记得高考刚结束的那个暑假，我的心情五味杂陈。由于之前对南开大学了解甚少，当我得知自己被南开大学录取时，我的脑海里充满了未知。唯一值得欣慰的是，我很幸运地被分配由南开大学生命科学学院代管，这样无论如何都可以学习自己热爱的生物学专业了。在了解了生物伯苓班的培养计划后，我毅然决然地报名参与生物伯苓班的二次选拔，并成功入选，此后便更加坚定了自己在生物学领域一直钻研下去的决心。

　　所谓"一饮一啄，莫非前定"，我对于生物学的热爱和执着似乎与生俱来，这让我从一开始就很享受在南开大学生命科学学院中的学习生活。至今我还记得生科院的"迎新周"，那时我初见活跃在学生堆儿里的一涵姐，初见活泼可爱、认真负责的非凡哥，感觉自己仿佛走进了一个温暖的家庭。我瞪着好奇的大眼睛东张西望：生物站的现代造型、报告厅的紧凑式布置、周围窃窃私语的同学们、身边正在刷手机的室友……一切都是崭新的，都对我有着不一般的吸引力。

　　大约过了一个月，我逐渐适应了在南开的生活，那份初见时的新鲜感也随之消散。这时，带给我更多感动的是"普通生物学"的课堂。"普通生物学"是我在大学阶段上的第一门专业必修课，而朱正茂教授则是这门课程的第一位讲师。朱正茂教授是一位要求极为严苛的老师，他讲课一丝不苟，留的作业难度极大，其中第一份作业就是阅读孟德尔1865年发表的41页的英文原版论文并整理出思维导图，这对于本科新生来说绝对是一个不小的挑战。我已经忘记了那几天坐在电脑屏幕前阅读文献的日子是怎么挺过去的，但我还清晰地记得读到结尾时那种如释重负、重见天日的感觉。朱老师很钦佩孟德尔，他特别强调了孟德尔的科学思维、科研品质以及敢于挑战权威的特质，这些都在我的心中留下了深深的烙印。从此，勇敢和严谨成为我对生物学研究的解读。

朱正茂教授的普通生物学课堂

除了朱正茂教授之外，主讲微生物的吴卫辉教授也给我留下了深刻的印象。吴老师的讲课方式与朱老师截然相反，他总是面带和蔼可亲的笑容，讲话不紧不慢，却很有条理。吴老师主讲的内容是微生物学的基础知识，我记得老师对发现青霉素那段科学历史的充满激情的讲述，是我第一次认识到生物学研究充满了意外，每个意外都有可能是下一个划时代发现的前瞻。此外，吴老师在课堂上很关注和我们班三十人一同上课的留学生科菲，他几乎每节课都会用英语和科菲交流，我相信这一定让科菲感受到了"普通生物学"课堂的温暖。

当然，属于"普通生物学"课堂的记忆还有很多很多，在此就不再一一赘述了。在我的眼中，"普通生物学"课程的每位主讲老师都有各自的特点，他们既是我们初入南开生物的学科引路人，亦是我们科研人生的启蒙师。从他们身上学到的，不仅仅是生物学知识，更多的是做生物学研究的态度和对生物学的热爱。

在课堂之外，南开生物还有许多丰富多彩的课余活动。就个人而言，我非常珍视生科篮球队的训练活动和"五月的鲜花"合唱节的比赛活动。我从初中开始就喜欢打篮球，在南开生科院可以遇上一起打球的哥们儿，真的是我的幸运。极具智慧和战术素养的郭指，极负责任、任劳任怨的贾队，三分神射手轩哥，充满激情与活力的小迪……我从生科篮球队的每位队友身上都学到了很多，他们的果敢和拼劲儿、他们的智慧与刻苦，都是我在课堂里学不到的东西。我期待着每次的训练，它不仅是一种调剂，帮助我在学习的同时强身健体，更是难得的融入团体、学习体悟篮球本身的机遇。

对于"五月的鲜花"合唱节比赛活动，我的心境经历了几个不同的阶段：从一开始对合唱排练的期待，到后来对枯燥磨合的厌倦，再到最后录制时的感动。相信参与合唱活动的同学们大概也有和我相同的感受吧。直到今日，那句"军港的夜啊，静悄悄；海浪把战舰，轻轻地摇"仍时常在我的脑海里回荡着，似乎在某个特定时刻还会被唱响。尽管最后由于新冠疫情的原因，我们只能以视频的方式呈现一个月来的排练成果，但当我唱完最后一个音的那一刻，还是充满了成就感。台上的聚光灯照到我的脸上，我感觉自己从来没这么英俊潇洒过。

2022 年 5 月 26 日，生科院"五月的鲜花"合唱节比赛

作为一名真真切切热爱生物的学生，在南开生科院的生活怎能少得了与自然的对话？在大一上学期，我参加了伯苓强基联合组织的北大港观鸟活动，虽说由于季节的原因，没有看到大量的鸟类，但也体验了一次野外实践的乐趣。我很庆幸，自己的身边有很多志同道合的朋友，他们和我一样，都热爱生物和自然。他们有的人痴迷于昆虫，有的人热衷于鸟类，有的人则立志投身生化、细胞等微观领域的研究，有的人是植物分类的"大牛"。从他们身上学到了很多，在他们的鼓励和帮助下，我也开始在南开园里留心观察身边的一草一木、一花一鸟，甚至开始在宿舍里养些植物和昆虫，并与他们分享自己的经历。

在南开生命科学学院学习生活了一年，我愈发觉得，我们周围的那些各式各样的、数以万计的生物都是有温度的。大到几十米长的蓝鲸，小到纳米级别的病毒，都有自己的特点和文化。我时常想起贺秉军老师讲过的一句话——"生物的演化真是奇妙啊"！随着自己观察和学习的不断深入，我对这句话越来越有共鸣。

时至今日，我觉得能来到南开大学生命科学学院学习，而且在本科期间赶上南开生物百年华诞，真是我的幸运。从1922年建系以来，南开生物攻克了重重发展难关，屡创科研佳绩，培养了一代又一代生物学大家，始终走在中国生物学科教育的前列。从2022年夏天开始，南开生物就要踏上新的征程，而我们也要接住前辈们传下来的薪火，始终保持那份对生物学的热爱和初心，踏实地学习，质朴的生活。中国著名生物学家童第周先生曾说过："一分时间，一分成果。对科学工作者来说，就不是一天八小时，而是寸阴必珍，寸阳必争！"我想，虽然科学工作距离我来说还有些遥远，但如果我在南开生物的每天都过得充实，都做得到"行胜于言"，那或许是对南开生物百年生辰最好的礼赞。愿与大家共勉。

作者简介：王赛麒，北京人，高中就读于北京市第四中学，现于南开大学生命科学学院2021级生物伯苓班学习。性格乐观积极，独立沉稳，待人和善。热爱生物学，对动物行为学和肿瘤学尤为热爱。平时爱打篮球，爱看书，爱听歌。